公路工程标准规范理解与应用丛书

《公路工程无机结合料稳定材料试验规程》释义手册

《公路工程无机结合料稳定材料试验规程》编写组　编

人民交通出版社

内容提要

本手册为《公路工程无机结合料稳定材料试验规程》(JTG E51—2009)的配套图书,由规程编写组编写。本手册介绍和总结了有关试验方法的编制依据、基本理论、操作步骤的技术细节、注意事项和实践经验。

本手册可供从事公路工程施工、监理、质检、养护、设计的工程技术人员使用。

图书在版编目(CIP)数据

《公路工程无机结合料稳定材料试验规程》释义手册/《公路工程无机结合料稳定材料试验规程》编写组编.—北京:人民交通出版社,2009.12

ISBN 978-7-114-08047-0

Ⅰ.公… Ⅱ.公… Ⅲ.道路工程—建筑材料:无机材料—材料试验—规程—中国—手册 Ⅳ.U414.1-65

中国版本图书馆 CIP 数据核字(2009)第 199352 号

公路工程标准规范理解与应用丛书

书　　名:《公路工程无机结合料稳定材料试验规程》释义手册
著 作 者:《公路工程无机结合料稳定材料试验规程》编写组
责任编辑:杨文银
出版发行:人民交通出版社股份有限公司
地　　址:(100011)北京市朝阳区安定门外外馆斜街 3 号
网　　址:http://www.ccpress.com.cn
销售电话:(010)59757973
总 经 销:人民交通出版社股份有限公司发行部
经　　销:各地新华书店
印　　刷:北京市密东印刷有限公司
开　　本:720×960　1/16
印　　张:12.75
字　　数:222 千
版　　次:2009 年 12 月　第 1 版
印　　次:2016 年 10 月　第 3 次印刷
书　　号:ISBN 978-7-114-08047-0
印　　数:9001—11000 册
定　　价:32.00 元

(有印刷、装订质量问题的图书由本社负责调换)

前言

中华人民共和国交通行业标准《公路工程无机结合料稳定材料试验规程》(JTG E51—2009)(以下简称新规程)自2010年1月1日起施行。为配合新规程的宣贯和实施,由交通部公路科学研究院编写了《〈公路工程无机结合料稳定材料试验规程〉释义手册》(以下简称本手册),可供从事道路工程科研、施工、监理、质检、养护等试验检测的技术人员和有关管理人员学习参考。

《公路工程无机结合料稳定材料试验规程》(JTJ 057—1994)(以下简称原规程)自发布实施以来,对指导我国公路路面基层材料的试验和施工现场基层质量检测,保证路面质量起到了很大的作用。但随着公路建设水平的进步,半刚性基层的原材料要求和施工工艺水平全面提高,相关试验方法随之改进,原规程需作进一步修订和完善。为此对原规程进行了修订。

原规程在过去的十多年中积累了大量的应用经验,但随着一些新的技术和方法在试验中的应用,某些规定已落后于时代的步伐。如当前路面施工中无论是基层还是面层都统一采用方孔筛,因此此次修订也进行了统一。另外一些仪器设备如电子天平、压力机、标准养护室在试验室中已经广泛应用,因此结合发展的需要,对相关的仪器进行相应的精度提高(如称量仪器),同时和其他路面材料的要求相统一(如标准养生温度)。另外,随着半刚性基层材料的进步,当前在二级及二级以上公路半刚性基层中,基层已经普遍采用水泥或二灰稳定碎石,而不仅仅是稳定土类,因此在称呼上拓宽了其使用范围,将原规程中无机结合料稳定土统一改为无机结合料稳定材料，考虑到粗、中、细粒土是广义的称呼，此次没有变动。原规程在使用过程中最大的问题就是水泥或石灰稳定材料中水泥或石灰剂量测定方法（EDTA 滴定法）中室内标准曲线和现场取样的不一致，导致水泥和石灰剂量检测中存在人为误差。此次针对以上问题进行了修订。

原规程由 13 个试验方法组成，包含了当前施工现场检测中主要的一些试验方法。但对一些原材料如石灰、水泥、粉煤灰等，尽管《公路路面基层施工技术规范》（JTJ 034—2000）提出了相关的技术指标要求，但缺少可依据的行业规程，同时在现行的国标和建筑行业标准中其技术要求和方法与《公路路面基层施工技术规范》（JTJ 034—2000）并不完全一样，增加了其在实际应用中的难度，因此此次修订增加了几个原材料的试验方法：石灰细度试验方法；石灰未消化残渣含量测定方法；粉煤灰二氧化硅、氧化铁和氧化铝含量测定方法；粉煤灰烧失量测定方法；粉煤灰细度试验方法；石灰、粉煤灰密度测定方法；粉煤灰的比表面积测定方法（勃氏法）等。水泥初凝、终凝时间测定的试验方法可参考《公路工程水泥和水泥混凝土试验规程》（JTG E30—2005），新规程中不再引进。

路面对半刚性基层材料的主要技术要求有：①足够的强度和刚度；②足够的水稳定性和冰冻稳定性；③足够的抗冲刷能力；④收缩性小。在“七五”期间和“八五”期间，进行了大量的半刚性材料以上四个基本性能的研究，并提出了考虑强度、干缩、温缩、冲刷等多指标控制体系的设计思想，而在原规程中只有强度试验的标准方法，缺少其他几项性能的评价试验方法。新规程增加了一系列相关的试验方法，以便各施工单位和研究部门在应用过程中，统一相关试验方法，积累数据和经验，为确定基层材料参数提供依据。增加的相关试验方法有：无机结合料稳定材料弯拉强度试验方法；无机结合料稳定材料劈裂回弹模量试验方法；无机结合料稳定材料弯拉回弹模量试验方法；无机结合料稳定材料干缩试验方法；无机结合料稳定材料温缩试验方法；无机结合料稳定材料疲劳试验方法；无机结合料稳定材料室内动态抗压回弹模量试验方法；无机结合料稳定材料冻融试验方法;无机结合料稳定材料渗水试验方法;无机结合料稳定材料抗冲刷试验方法。

另外,为了规范无机结合料稳定材料的取样、成型和养生方法,避免其在各试验方法中重复出现,本次修订对成型方法进行了单独编写,并根据研究发展的需要增加了振动压实的试验方法。新规程增加的取样和成型方法有:无机结合料稳定材料取样方法;无机结合料稳定材料振动压实试验方法;无机结合料稳定材料试件制作方法(圆柱形);无机结合料稳定材料试件制作方法(梁式);无机结合料稳定材料养生试验方法。

由于新规程中有一些化学试验方法,本手册重点对化学试验的化学药品性质、化学用水、化学药品存取、玻璃仪器清洗、意外事故处理及一些化学基本操作(滴定、定容、减量法称量)进行了介绍,以确保化学试验的结果精确和化学试验的安全。同时介绍和总结了有关试验方法的编制依据、基本理论、操作步骤的技术细节、注意事项和实践经验。本手册的出版不仅对试验检测人员理解新规程条文十分必要,而且有助于提高试验检测人员的理论技术水平和应对试验中突发技术问题的能力,更好地进行试验操作。为便于读者使用,本手册各章节顺序与新规程完全对应(新规程的附录未列入)。

本手册由王旭东、李美江主编,参加编写并提供试验资料的人员还有:汪水银、周兴业、沙爱民、沈国辉、胡力群、路凯冀、何兆益、郭朝阳。

本手册的编写参考了新规程的部分文献资料。

由于编者水平有限,加之新技术和新设备的发展,本手册对国内外成功经验的总结亦不尽全面,疏漏和错误在所难免,敬请批评指正。

作　者

2009年9月

目录 MULU

1 总 则

1.0.1 为适应我国公路建设需要,保证公路工程无机结合料稳定材料质量,规范各类无机结合料稳定材料试验方法,特制定本规程。

《公路工程无机结合料稳定材料试验规程》(JTG E51—2009)由5章(35个试验方法)、2个附录构成。本次规程修订的目的是使无机结合料原材料及其稳定类材料的试验方法更加统一,保证试验结果的准确性和一致性。

根据公路工程试验检测机构资质认定的要求,将一系列无机结合料原材料的试验方法作为无机结合料稳定材料试验室试验检测能力的基本要求。因此,本次规程的修订,将相关的原材料试验方法,在参考其他行业规程和国标的基础上,根据公路工程中应用的特点,进行完善,并列入规程中。

无机结合料稳定材料的干缩、温缩、弯曲、疲劳等物理试验方法,多年来一直是广大科研工作者进行无机结合料稳定材料性能评价的试验方法之一。为了给公路路面基层设计和施工所用各类无机结合料稳定材料的质量指标和参数统一试验方法,新规程增加了一系列相关的试验方法,以便各施工单位和研究部门在应用过程中积累数据和经验,为确定基层材料参数提供依据。

1.0.2 本规程适用于水泥、石灰、粉煤灰等工业废渣及其综合稳定材料的物理、力学试验,以及石灰、水泥、粉煤灰等原材料的试验。

新规程主要服务于《公路路面基层施工技术规范》(JTJ 034—2000),涵括了该规范中绝大部分原材料的技术要求和混合料的技术要求。水泥初凝、终凝时间测定的试验方法可参考《公路工程水泥和水泥混凝土试验规程》(JTG E30—2005)中的水泥标准稠度用水量、凝结时间、安定性检验方法(T 0505—2005),新规程中不再引进。新规程所讲的无机结合料稳定材料包括:水泥稳定材料、石灰稳定材料、水泥石灰综合稳定材料、石灰稳定工业废渣(粉煤灰、炉渣、高炉矿渣、钢渣、镁渣、煤矸石和其他粒状废渣材料)、水泥粉煤灰综合稳定材料、水泥石灰粉煤灰综合稳定材料,其中被稳定的材料包括:各种满足要求的土(黏质土、粉质土、砂)、碎石土、砂砾石、级配碎石、级配砾石。

1.0.3 本规程使用的仪器设备,均应经相应的计量部门或检测机构定期检定合格,并满足相应的量程和精度要求。

新规程只对设备技术参数提出了基本要求。仪器应经过相应的计量部门或检测机构依据有关检定程序进行定期鉴定,合格的仪器方可使用。

新规程中将原规程的架盘天平用电子天平代替,其原因有两个方面:①架盘天平本身的操作,受人为因素的影响比电子天平大,取消此天平也是为了提高试验精度;②充分考虑当前试验室的仪器使用状况,有很多试验室备有电子天平而没有架盘天平,因此为了节约资源,不必再去配备架盘天平。

原规程中关于测力设备规定统一采用路强仪。由于新规程增加了一些试验方法,在有些试验测试中路强仪已经不能满足要求,因此在仪器设备中增加了试验机,同时规定在路强仪量程满足测试要求时仍可以用路强仪。这样对已有路强仪的单位,在路强仪满足测试精度要求时仍可以采用路强仪;没有路强仪的单位,可以配置测试范围更宽的试验机,以便减少试验室的重复建设。

1.0.4 本规程采用国家法定标准计量单位制。

1.0.5 公路工程无机结合料稳定材料试验除应符合本规程要求外,尚应符合国家和行业现行相关标准及规范的规定。

2 术语、符号

2.1 术 语

2.1.1 公称最大粒径 nominal maximus size

通过率为 90%～100%的最小标准筛孔尺寸。

2.1.2 细粒土 fine-grained soil

颗粒最大粒径不大于 4.75mm，公称最大粒径不大于 2.36mm 的土，包括各种黏质土、粉质土、砂和石屑等。

2.1.3 中粒土 medium grained soil

颗粒最大粒径不大于 26.5mm，公称最大粒径大于 2.36mm 且不大于 19mm 的土或集料，包括砂砾土、碎石土、级配砂砾、级配碎石等。

2.1.4 粗粒土 coarse-grained soil

颗粒最大粒径不大于 53mm，公称最大粒径大于 19mm 且不大于 37.5mm 的土或集料，包括砂砾土、碎石土、级配砂砾、级配碎石等。

2.1.5 集料 aggregate

在混合料中起骨架和填充作用的粒料，包括碎石、砾石、机制砂、石屑、砂等。

2.1.6 无机结合料 inorganic binders

主要指水泥、石灰、粉煤灰及其他工业废渣。

2.1.7 水泥稳定材料 cement stabilized material

在经过粉碎的或原来松散的材料中，掺入足量的水泥和水，经拌和得到的混合料，在压实和养生后，当其抗压强度符合规定的要求时，称为水泥稳定材料。

2.1.8 石灰稳定材料 lime-stabilized material

在粉碎的或原来松散的材料(包括各种粗、中、细粒土)中，掺入足量的石灰和水，经拌和得到的混合料，在压实及养生后，当其抗压强度符合规定的要求时，称为石灰稳定材料。

2.1.9 综合稳定材料 composite stabilized material

两种或两种以上无机结合料稳定的强度符合要求的混合料。例如石灰粉煤灰级配碎石和石灰粉煤灰级配砂砾，简称二灰碎石和二灰砂砾。

2.1.10 最佳含水量和最大干密度 the optimum water content and the

maximum dry density

无机结合料稳定材料进行击实或振实试验时，在含水量—干密度坐标系上绘出各个对应点，连成圆滑的曲线，曲线的峰值点对应的含水量及干密度即为最佳含水量和最大干密度。表明在最佳含水量及最佳压实效果的状态下稳定材料所能达到的最大干密度。

2.1.11　动态抗压回弹模量　dynamic compression modulus of resilience

在圆柱形试件上，采用具有一定周期和波形的动态压力荷载，其应力的模(振幅)与材料响应的应变的模(振幅)的比值，称为该应力(荷载)条件下的动态抗压回弹模量。

2.1.12　抗压强度　compressive strength

试件单位面积上所能承受的最大压力。

2.1.13　弯拉强度　flexural-tensile strength

试件所能承受的抵抗弯拉的最大弯拉应力。

2.1.14　抗压回弹模量　compression modulus of resilience

试件轴向承受一定压力时产生单位变形所需的应力。

2.1.15　劈裂强度　splitting strength

通过加载条加静载于圆柱形试件的轴向，试件按一定的变形速率加载，通过施加的压荷载与垂直、水平向变形的测量，计算的试件中心点的最大拉应力即为劈裂强度，也称间接拉伸强度(indrect tension strength)。

2.1.16　劈裂回弹模量　splitting modulus of resilience

通过加载条加静载于圆柱形试件的轴向，试件按一定的变形速率加载，通过施加的压荷载与垂直、水平向变形的测量，计算的试件中心点的劲度模量即为劈裂回弹模量。

2.1.17　弯拉模量　flexural-tensile modulus

试件承受一定弯拉应力时产生单位变形所需的应力。

2.1.18　干缩性　drying shrinkage

在一定环境下，无机结合料稳定材料失水后尺寸的收缩性能。

2.1.19　温缩性　temperature shrinkage

在环境温度降低时，无机结合料稳定材料降温后尺寸收缩的性能。

2.1.20　重复性试验　repeatability test

指测量程序相同、观测者相同、在相同条件下使用相同的测量仪器、在相同地点、短时间内重复进行的试验。本规程中的平行试验推荐采用重复性试验。

测量结果的重复性：在相同条件下，对同一被测量对象进行连续多次测量所得结果之间的一致性。重复性条件包括相同的测量程序、相同的观测者，在相同的条件下使用相同的测量仪器，在相同地点，在短时间内重复测量。重复性可以用测量结果的分散性定量地表示。

测量结果的再现性：在改变了的测量条件下，同一被测量对象的测量结果之间的一致性。改变的条件包括测量原理、测量方法、观测者、测量仪器、参考测量标准、地点、使用条件、时间。复现性可用测量结果的分散性定量地表示，测量结果在这里通常理解为已修正结果。

在工程试验中，由于材料本身的变异性较大，影响因素较多，不同试验室的再现性试验结果的差异性往往较大。因此，为了本批次试验的精度和试验的准确性，新规程中平行试验统一采用重复性试验。

2.2 符　　号

名　　称	符　　号	单　　位
抗压强度	R_c	MPa
劈裂强度(间接抗拉强度)	R_i	MPa
弯拉强度	R_s	MPa
动态抗压回弹模量	E_{dc}	MPa
抗压回弹模量	E_c	MPa
劈裂回弹模量	E_i	MPa
弯拉回弹模量	E_s	MPa
变异系数	C_v	%
含水量	w	%
稳定材料的湿密度	ρ_w	g/cm^3
稳定材料的干密度	ρ_d	g/cm^3
干缩系数	α_d	%
温缩系数	α_t	%
抗冻强度损失	BDR	%
渗水系数	C_w	%

3 原材料试验

T 0801—2009 含水量试验方法(烘干法)

本方法源自原规程 T0801—1994,增加了关于水泥、石灰、粉煤灰含水量测定的内容,同时主要改变了对称量仪器的技术要求。对于有机质土尽量采用烘干法,并酌情降低烘箱温度。

1 适用范围

本方法适用于测定水泥、石灰、粉煤灰及无机结合料稳定材料的含水量。

2 仪器设备

2.1 水泥、粉煤灰、生石灰粉、消石灰和消石灰粉、稳定细粒土

2.1.1 烘箱:量程不小于 110℃,控温精度为±2℃。

2.1.2 铝盒:直径约 50mm,高 25～30mm。

2.1.3 电子天平:量程不小于 150g,感量 0.01g。

电子天平是新一代的天平,它利用电子装置进行电磁力补偿的调节,使物体在重力场中实现力的平衡,或通过电磁力矩的调节使物体在重力场中实现力矩的平衡,通过设定的程序,可实现自动调零、自动校正、自动去皮、自动显示称量结果或将称量结果经接口直接输出。

电子天平的优点在于它在加入荷载后能迅速地平衡,并自动显示所称物体的质量,单次样品的称量时间大大缩短,其独具的"去皮"功能使其称量更为简便、快速。

使用电子天平注意事项:

①由于电子天平自重较轻,使用中容易因碰撞而发生位移,进而可能造成水平改变,故使用过程中动作要轻。

②电子天平还有一些其他的功能键,有些是供维修人员调校用的,一般不要使用这些功能键。

③如被称试样或容器上的静电影响称量(读数不稳定),则应用防静电秤盘代替一般秤盘。

④按使用说明书要求进行通电预热一定时间后再进行称量。

2.1.4 干燥器:直径 200～250mm,并用硅胶做干燥剂[①]。

注①:用指示硅胶做干燥剂,而不用氯化钙。因为许多黏土烘干后能从氯化钙中吸收水分。

2.2 稳定中粒土

2.2.1 烘箱:同2.1.1。

2.2.2 铝盒:能放样品500g以上。

2.2.3 电子天平:量程不小于1 000g,感量0.1g。

由于当前称量设备的精度较高,在试验室中使用广泛,为了提高试验过程中的测试精度,此次修订将原规程中针对台秤的措施予以删除,对称量要求在4 000g以内的,统一采用感量为0.01g的电子天平;对称量要求在4 000g以上的,统一采用感量为0.1g的电子天平。考虑到当前大量试验室还沿用原规程中的仪器,对中粒土和粗粒土的测试天平感量放宽到0.1g,在满足精度要求的条件下,原有仪器还可以使用。但鼓励相关单位采用相对高精度的天平测量,以减少试验误差。

2.2.4 干燥器:同2.1.4。

2.3 稳定粗粒土

2.3.1 烘箱:同2.1.1。

2.3.2 大铝盒:能放样品2 000g以上。

2.3.3 电子天平:量程不小于3 000g,感量0.1g。

2.3.4 干燥器:同2.1.4。

3 试验步骤

3.1 水泥、粉煤灰、生石灰粉、消石灰和消石灰粉、稳定细粒土

3.1.1 取清洁干燥的铝盒,称其质量m_1,并精确至0.01g;取约50g试样(对生石灰粉、消石灰和消石灰粉取100g)经手工木锤粉碎后松放在铝盒中,应尽快盖上盒盖,尽量避免水分散失,称其质量m_2,并精确至0.01g。

3.1.2 对于水泥稳定材料,将烘箱温度调到110℃;对于其他材料①,将烘箱调到105℃。待烘箱达到设定的温度后,取下盒盖,并将盛有试样的铝盒放在盒盖上,然后一起放入烘箱中进行烘干,需要的烘干时间随试样种类和试样数量而改变。当冷却试样连续两次称量的差(每次间隔4h)不超过原试样质量的0.1%②时,即认为样品已烘干。

注①:某些含有石膏的土在烘干时会损失其结晶水,用此方法测定对其含水量有影响。每1%石膏对含水量的影响约为0.2%。如果土中有石膏,则试样应该在不超过80℃的温度下烘干,并可能要烘更长的时间。

注②:对于大多数土,通常烘干16~24h就足够了。但是,某些土或试样数量过多或试样很潮湿,可能需要烘更长的时间。烘干的时间也与烘箱内试样的总质量、烘箱的尺寸及其通风系统的效率有关。

水泥与水拌和就要发生水化作用，在较高温度下水化作用发生得较快。如先将混合料放入烘箱中，再启动烘箱升温，则在升温过程中水泥与水的水化作用发生得较快。而烘干法又不能除去已与水泥发生水化作用的水，这样得出的含水量往往偏小。所以应提前将烘箱升温到110℃，使含水泥的混合料一开始就能在110℃的环境下进行烘干。

3.1.3 烘干后，从烘箱中取出盛有试样的铝盒，并将盒盖盖紧。

3.1.4 将盛有烘干试样的铝盒放入干燥器内冷却③。然后称铝盒和烘干试样的质量 m_3，并精确至0.01g。

注③：如铝盒的盖密闭，而且试样在称量前放置时间较短，则可以不放在干燥器中冷却。

3.2 稳定中粒土

3.2.1 取清洁干燥的铝盒，称其质量 m_1，并精确至0.1g。取500g试样（至少300g）经粉碎后松放在铝盒中，盖上盒盖，称其质量 m_2，并精确至0.1g。

3.2.2 对于水泥稳定材料，将烘箱温度调到110℃；对于其他材料，将烘箱调到105℃。待烘箱达到设定的温度后，取下盒盖，并将盛有试样的铝盒放在盒盖上，然后一起放入烘箱中进行烘干，需要的烘干时间随土类和试样数量而改变。当冷却试样连续两次称量的差（每次间隔4h）不超过原试样质量的0.1%时，即认为样品已烘干。

3.2.3 烘干后，从烘箱中取出盛有试样的铝盒，并将盒盖盖紧，放置冷却。

3.2.4 称铝盒和烘干试样的质量 m_3，并精确至0.1g。

3.3 稳定粗粒土

3.3.1 取清洁干燥的铝盒，称其质量 m_1，并精确至0.1g。取2 000g试样经粉碎后松放在铝盒中，盖上盒盖，称其质量 m_2，并精确至0.1g。

在没有大铝盒时，也可以将这些样品分成两盒进行烘干。试验结果应满足平行试验的误差要求，然后取其平均值。

3.3.2 对于水泥稳定材料，将烘箱温度调到110℃；对于其他材料，将烘箱调到105℃。待烘箱达到设定的温度后，取下盒盖，并将盛有试样的铝盒放在盒盖上，然后一起放入烘箱中进行烘干，需要的烘干时间随土类和试样数量而改变。当冷却试样连续两次称量的差（每次间隔4h）不超过原试样质量的0.1%时，即认为样品已烘干。

3.3.3 烘干后，从烘箱中取出盛有试样的铝盒，并将盒盖盖紧，放置冷却。

3.3.4 称铝盒和烘干试样的质量 m_3，并精确至0.1g。

4 计算

用式（T 0801-1）计算无机结合料稳定材料的含水量。

$$w=\frac{m_2-m_3}{m_3-m_1}\times 100 \qquad (T\ 0801\text{-}1)$$

式中：m_1——铝盒的质量(g)；

m_2——铝盒和湿稳定材料的合计质量(g)；

m_3——铝盒和干稳定材料的合计质量(g)。

5 结果整理

本试验应进行两次平行测定，取算术平均值，保留至小数点后两位。允许重复性误差应符合表 T 0801-1 的要求。

含水量测定的允许重复性误差值　　表 T 0801-1

含水量(%)	允许误差(%)
≤7	≤0.5
>7，≤40	≤1
>40	≤2

6 记录

本试验的记录格式见表 T 0801-2。

无机结合料稳定材料含水量测定记录表(烘干法)　　表 T 0801-2

工程名称＿＿＿＿＿＿　试验者＿＿＿＿＿＿

试样位置＿＿＿＿＿＿　校核者＿＿＿＿＿＿

试样编号＿＿＿＿＿＿　试验日期＿＿＿＿＿＿

试验方法＿＿＿＿＿＿

盒号		
盒的质量 m_1(g)		
盒+湿试样的质量 m_2(g)		
盒+干试样的质量 m_3(g)		
水的质量 m_2-m_3(g)		
干试样的质量 m_3-m_1(g)		
含水量(%)		

T 0802—1994　含水量试验方法(砂浴法)

1 适用范围

本方法适用于在工地快速测定无机结合料稳定材料的含水量。当土中含有大量石膏、碳酸钙或有机质时，不应使用本方法。

砂浴可加热到350℃。一般将干燥的细砂平铺在铁盘中，把容器半埋入砂中（底部的砂层要薄些），在铁盘下加热。因砂导热效果较差、温度分布不均匀，所以砂浴的温度计水银球要靠近反应器。由于砂浴温度不易控制，故在试验中使用较少。砂浴法测定含水量的精度较差，为现场施工过程中快速测定提供参考数据，正式数据应以烘干法为准。

本次修订，对称量仪器的要求进行了调整，并增加了平行试验的精度要求，其余和T 0802—1994一样。

2 仪器设备

2.1 稳定细粒土

2.1.1 铝盒：直径约50mm，高25～30mm。

2.1.2 电子天平：量程不小于150g，感量0.01g。

2.1.3 砂浴：直径约200mm、深至少25mm的砂浴1个，其中放有清洁的砂。也可以使用更大的砂浴，一次烘干几个试样。

2.1.4 加热砂浴的设备：1套。

2.1.5 调土刀：刀片长100mm，宽20mm。

2.2 稳定中粒土

2.2.1 天平：量程不小于1 000g，感量0.1g。

2.2.2 方盘：边长约200mm、深约50mm白铁皮方盘。

2.2.3 砂浴：能放入方盘的砂浴1个，砂深至少25mm。

2.2.4 加热砂浴的设备：1套。

2.2.5 调土刀：同2.1.5。

2.2.6 长方盘：长约200mm，宽约100mm。

2.3 稳定粗粒土

2.3.1 天平：量程不小于3 000g，感量0.1g。

2.3.2 方盘：边长约250mm，深50～70mm。

2.3.3 砂浴：能放入方盘的砂浴1个，砂深至少25mm。

2.3.4 加热砂浴的设备：1套。

2.3.5 调土刀：同2.1.5。

2.3.6 长方盘：长约200mm，宽约100mm。

3 试验步骤

3.1 稳定细粒土

3.1.1 取清洁干燥的铝盒，称其质量m_1，并精确至0.01g。至少取30g试样，经粉碎后松放在铝盒中，盖上盒盖，称其质量m_2，并精确至0.01g。

3.1.2 取下盒盖，将盛有试样的铝盒放在正在加热的砂浴内，但需注意勿使砂浴温度太高①。在加热过程中，应经常用调土刀搅拌试样，以促使水分蒸发。

3.1.3 当加热一段时间（通常1h足够②）使试样干燥后，从砂浴中取出铝盒，盖上盒盖，并放置冷却。

3.1.4 称铝盒和烘干试样质量 m_3，并精确至0.01g。

注①：避免稳定材料过分加热。将一小张白纸片放在土中拌和，如纸变成焦黄色，就表示加热过分。

注②：烘干时间随土类、试样的数量及野外条件而变。当对某种土要做大量含水量测定时，应使用不同的干燥时间，以确定烘干所需要的最短时间。如将试样再烘1min后，其质量损失不超过0.1g（对于细粒土）、0.5g（对于粗粒土）时，即认为土已被烘干。

3.2 稳定中粒土和粗粒土

3.2.1 取清洁干燥的方盘，称其质量 m_1，并精确至0.1g。稳定中粒土的试样至少要300g，稳定粗粒土的试样至少要2 000g。将试样粉碎并均匀地撒布在方盘内，称方盘和试样的合质量 m_2，并精确至0.1g。

3.2.2 将方盘放在正在加热的砂浴内，应注意砂浴温度不要过高。在加热过程中，应经常用调土刀搅拌试样，以促使水分蒸发。

3.2.3 当加热一段时间（通常1h足够）后，从砂浴中取出方盘，并让其冷却。

3.2.4 当方盘冷却后，立即称方盘和烘干试样的合质量 m_3，并精确至0.1g。

4 计算

用式（T 0802-1）计算无机结合料稳定材料的含水量。

$$w=\frac{m_2-m_1}{m_3-m_1}\times 100 \quad \text{(T 0802-1)}$$

式中：w——无机结合料稳定材料的含水量（%）；

m_1——铝盒或方盘的质量（g）；

m_2——铝盒或方盘与湿稳定材料的合质量（g）；

m_3——铝盒或方盘与干稳定材料的合质量（g）。

5 结果整理

本试验应进行两次平行测定，取算术平均值，保留至小数点后两位。允许重复性误差应符合表T 0802-1的要求。

含水量测定的允许重复性误差值 表T 0802-1

含 水 量 （%）	允 许 误 差 （%）
≤7	≤0.5
>7，≤40	≤1
>40	≤2

6　记录

本试验的记录格式见表T 0802-2。

无机结合料稳定材料含水量测定记录表(砂浴法)　　表T 0802-2

工程名称＿＿＿＿　　试 验 者＿＿＿＿

试样位置＿＿＿＿　　校 核 者＿＿＿＿

试样编号＿＿＿＿　　试验日期＿＿＿＿

试验方法＿＿＿＿

盒　　号		
盒的质量 m_1(g)		
盒+湿试样的质量 m_2(g)		
盒+干试样的质量 m_3(g)		
水的质量 m_2-m_3(g)		
干试样的质量 m_3-m_1(g)		
含水量(%)		

T 0803—1994　含水量试验方法(酒精法)

1　目的和适用范围

本方法适用于在工地快速测定无机结合料稳定材料的含水量。当土中含有大量黏土、石膏、石灰质或有机质时,不应使用本方法。

考虑到现场试验的需要,本次修订中增加了对粗粒土的酒精法测含水量的试验方法。本次修订,对称量仪器的要求进行了调整,并增加了平行试验的精度要求,其余和T 0803—1994一样。

酒精法测定含水量的精度较差。酒精法适用于施工现场即时测定混合料的含水量,为施工质量控制提供参考数据。由于现在工地都有试验室,因此应尽量采用烘干法。若酒精法与烘干法试验结果严重不符,应重做试验,查明原因;若仍不符合,以烘干法试验数据为准。

2　仪器设备

2.1　蒸发皿:硅石蒸发皿。对于细粒土,采用直径100mm的;对于中粒土,采用直径150mm的;对于粗粒土,可用方盘。

2.2　刮土刀:长 100mm,宽 20mm。

2.3　搅拌棒:长 200～250mm,直径约 3mm。

2.4　天平:量程不小于 150g,感量 0.01g。

2.5　天平:量程不小于 1 000g,感量 0.1g。

2.6　天平:量程不小于 3 000g,感量 0.1g。

2.7　酒精:乙醇体积分数大于或等于 95%。

禁止使用固体酒精。

3　试验步骤

3.1　将蒸发皿洗净、烘干,称其质量 m_1,并精确至 0.01g。

3.2　对于细粒土,取试样 30g 左右放在蒸发皿内;对于中粒土,取试样 300g 左右放在蒸发皿内;对粗粒土,取 2 000g 放在蒸发皿或方盘中。称蒸发皿和试样的合质量 m_2,对细粒土精确至 0.01g,对中粒土、粗粒土精确至 0.1g。

3.3　对于细粒土,取约 25mL 酒精;对于中粒土,取约 200mL 酒精;对于粗粒土,取约 1 500mL 酒精。将酒精倒在试样上,使其浸没试样。用刮土刀搅拌酒精和土样,并将大土块破碎。

3.4　将蒸发皿放在不怕热的表面上,点火燃烧。

3.5　在酒精燃烧过程中,用搅拌棒经常搅拌试样,但应注意勿使试样损失。对细粒土,至少燃烧 3 遍;对中、粗粒土,一般需烧 2～3 遍。

3.6　酒精燃烧完后,使蒸发皿冷却。当蒸发皿冷却至室温时,称蒸发皿和试样的合质量 m_3,细粒土精确至 0.01g,中、粗粒土精确至 0.1g。

4　计算

用式(T 0803-1)计算无机结合料稳定材料的含水量。

$$w=\frac{m_2-m_3}{m_3-m_1}\times 100 \tag{T 0803-1}$$

式中:w——无机结合料稳定材料的含水量(%);

m_1——蒸发皿的质量(g);

m_2——蒸发皿和湿稳定材料的合质量(g);

m_3——蒸发皿和干稳定材料的合质量(g)。

5　结果整理

本试验应进行两次平行测定,取算术平均值,保留至小数点后两位。允许重复性误差应符合表 T 0803-1 的要求。

含水量测定的允许重复性误差值　表 T 0803-1

含水量(%)	允许误差(%)
≤7	≤0.5
>7,≤40	≤1
>40	≤2

6　记录

本试验的记录格式见表 T 0803-2。

无机结合料稳定材料含水量测定记录表(酒精法)　表 T 0803-2

工程名称＿＿＿＿＿＿　试验者＿＿＿＿＿＿

试样位置＿＿＿＿＿＿　校核者＿＿＿＿＿＿

试样编号＿＿＿＿＿＿　试验日期＿＿＿＿＿＿

试验方法＿＿＿＿＿＿

盒号		
盒的质量 m_1(g)		
盒＋湿试样的质量 m_2(g)		
盒＋干试样的质量 m_3(g)		
水的质量 m_2-m_3(g)		
干试样的质量 m_3-m_1(g)		
含水量(%)		

T 0809—2009　水泥或石灰稳定材料中水泥或石灰剂量测定方法(EDTA 滴定法)

1　适用范围

1.1　本方法适用于在工地快速测定水泥和石灰稳定材料中水泥和石灰的剂量,并可用于检查现场拌和和摊铺的均匀性。

1.2　本办法适用于在水泥终凝之前的水泥含量测定,现场土样的石灰剂量应在路拌后尽快测试,否则需要用相应龄期的 EDTA 二钠标准溶液消耗量的标准曲线确定。

1.3　本方法也可以用来测定水泥和石灰综合稳定材料中结合料的剂量。

EDTA 滴定法的化学原理是:先用 10%的 NH_4Cl 弱酸溶出水泥稳定材料中的 Ca^{2+},然后用 EDTA 二钠标准溶液夺取 Ca^{2+},EDTA 二钠标准溶液的消耗量与相应的水泥剂量(水泥剂量与 Ca^{2+} 的数量成正比)存在近似线性关系。

原规程中规定,EDTA 滴定法用于稳定材料龄期 7d 以内的水泥和石灰含量测定。工程实践证明,对水泥和石灰土,在不同龄期测出的灰剂量都不同。其原因是随着龄期的增长,石灰稳定材料和水泥稳定材料中的一部分钙离子已经与土中的矿物发生反应,生成新的化合物,因此游离钙离子减少,用初始的 EDTA 二钠标准溶消耗量的标准曲线确定的灰剂量必然下降。正确的做法是,在不同的龄期应该用不同的 EDTA 二钠标准溶液消耗量的标准曲线,只有这样才能在不同龄期都能测出实际的灰剂量。因此,现场土样的灰剂量应在路拌后尽快测试,否则即使龄期不超过 7d 也需要用相应龄期的 EDTA 二钠标准溶液消耗量的标准曲线确定。对水泥稳定材料超出终凝时间(12h 以后)所测定的水泥剂量,需进行相应的龄期校正。

同时,EDTA 滴定法的龄期效应曲线与素集料、水泥剂量、水泥品质、稳定层压实度、养护、温度等因素有关,应按工地具体使用的材料和配合比,通过试验,制备好龄期效应标准曲线,为实际检测工作提供依据。水泥稳定材料的龄期修正以小时计,石灰及二灰修正以天计。水泥剂量测定不宜超过终凝;石灰剂量测定不宜超过火山灰反应开始时间,一般为 7d。

2 仪器设备

2.1 滴定管(酸式):50mL,1 支。

2.2 滴定台:1 个。

2.3 滴定管夹:1 个。

2.4 大肚移液管:10mL、50mL,10 支。

移液管用于准确移取一定体积的溶液,通常有两种形状:一种移液管中间有膨大部分,称为胖肚移液管(胖肚吸管),常用的有 5mL、10mL、25mL、50mL 等几种;另一种是直形的,管上有分刻度,称为刻度移液管(刻度吸管),常用的有 1mL、2mL、5mL、10mL 等多种(图 3-1)。

移液管使用前应洗至整个内壁和下部的外壁不挂水珠。污染严重的可放入高玻璃筒或大量筒中用洗液浸泡。使用时,洗净的移液管要用被吸取的溶液洗涤 3 次,以除去管中残留的水分。为此,可倒少许溶液于一洁净干燥的小烧杯中,用移液管吸取少量溶液,将管放平转动,使溶液流过管内标线下所有的内壁,然后使管直立将溶液由尖嘴口放出。

吸取溶液时,一般用左手拿吸耳球,右手将移液管插入溶液中吸取(图 3-2)。当溶液吸至标线以上时,立刻用右手食指按住管口,取出,用滤纸擦干下端,然后稍松食指,使液面平稳下降,直至溶液的弯月面与标线相切,立即按紧食指,将移液管垂直放入接受溶液的容器中，管尖与容器壁接触，放松食指时溶液自由流出（图 3-3）。流完后再等 15s，残留于管尖的液体一般不用吹出，因为在校正移液管时，已将这部分的体积计算在内。移液管使用后应立即洗净放在移液管架上。

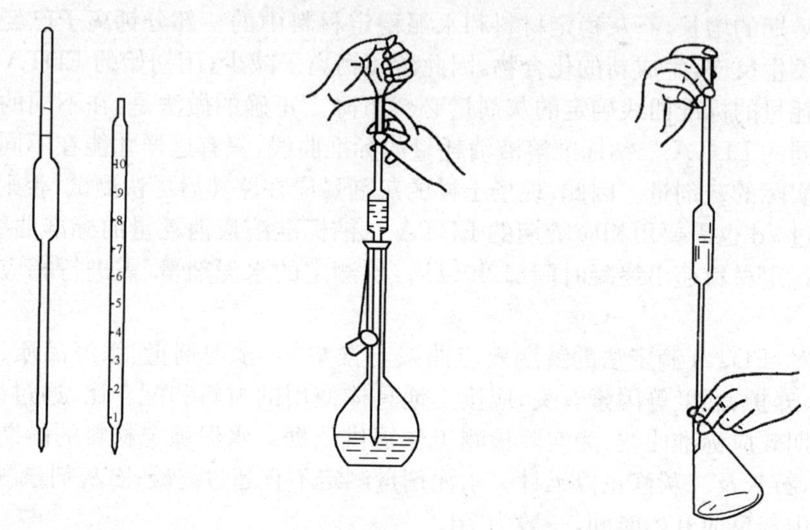

图 3-1　胖肚移液管和刻度移液管　　图 3-2　移液管吸取液体　　图 3-3　从移液管中放出液体

使用刻度吸管时，一般将溶液吸至最上边刻度处，然后将溶液放出至适当刻度，两刻度之差即为放出溶液的体积。

2.5　锥形瓶（即三角瓶）：200mL，20 个。

2.6　烧杯：2 000mL（或 1 000mL），1 只；300mL，10 只。

2.7　容量瓶：1 000mL，1 个。

2.8　搪瓷杯：容量大于 1 200mL，10 只。

2.9　不锈钢棒（或粗玻璃棒）：10 根。

2.10　量筒：100mL 和 5mL，各 1 只；50mL，2 只。

2.11　棕色广口瓶：60mL，1 只（装钙红指示剂）。

2.12　电子天平：量程不小于 1 500g，感量 0.01g。

2.13　秒表：1 只。

2.14　表面皿：ϕ9cm，10 个。

2.15　研钵：ϕ12～13cm，1 个。

2.16　洗耳球：1 个。

2.17　精密试纸：pH12～14。

pH 试纸用于检验溶液的 pH 值，分为广泛 pH 试纸和精密 pH 试纸两种。广泛 pH 试纸变色范围较宽,pH 值 1～14,测得的 pH 值较粗略;精密 pH 试纸可用于测试不同范围段的 pH 值,如变色范围为 pH 值 2.7～4.7、3.8～5.4、5.4～7.0、6.9～8.4、8.2～10.0、9.5～13.0 等,测得的 pH 值较精密。可根据待测溶液的酸碱性,选用某一变色范围的试纸。

使用方法:用镊子取一块试纸放在干燥清洁的点滴板或表面皿上,用蘸有待测液的玻璃棒点试纸的中部,观察被湿润试纸颜色的变化。pH 试纸变色后要和标准色板进行比较,方能得出 pH 值或 pH 范围。

2.18　聚乙烯桶:20L,3 个(装蒸馏水和氯化铵及 EDTA 二钠标准溶液);5L,1 个(装氢氧化钠);5L(大口桶),10 个。

5L 的大口聚乙烯桶可采用 5L 装蒸馏水的桶,但需将口剪大。

2.19　毛刷、去污粉、吸水管、塑料勺、特种铅笔、厘米纸。

2.20　洗瓶(塑料):500mL,1 只。

3　试剂

3.1　0.1mol/m^3 乙二胺四乙酸二钠(EDTA 二钠)标准溶液(简称 EDTA 二钠标准溶液):准确称取 EDTA 二钠(分析纯)37.23g,用 40～50℃的无二氧化碳蒸馏水溶解,待全部溶解并冷却至室温后,定容至 1 000mL。

EDTA,品名乙二胺四乙酸(Ethylene Diamine Tetraacetic Acid),分子量292.25(按 1989 年国际相对原子质量),分子式 $C_{10}H_{16}N_2O_8$;白色无臭无味、无色结晶性粉末,熔点 240℃(分解);不溶于冷水、醇及一般有机溶剂,微溶于热水,溶于氢氧化钠、碳酸钠及氨的溶液中,能溶于 160 份 100℃沸水;其碱金属盐能溶于水。

EDTA 是一种重要的络合剂,用途很广,可用做彩色感光材料冲洗加工的漂白定影液、染色助剂、纤维处理助剂、化妆品添加剂、血液抗凝剂、洗涤剂、稳定剂、合成橡胶聚合引发剂。EDTA 是螯合剂的代表性物质,能和碱金属、稀土元素和过渡金属等形成稳定的水溶性络合物;除钠盐外,还有铵盐及铁、镁、钙、铜、锰、锌、钴、铝等各种盐,这些盐各有不同的用途。此外,EDTA 也可用来使有害放射性金属从人体中迅速排泄起到解毒作用,也是水的处理剂。

容量瓶是一种细颈梨形的平底瓶,带有磨口塞和塑料塞。颈上有标线,表示在所指温度下当液体充满至标线时,液体体积恰好与瓶上所注明的体积相等。

(1)容量瓶的用途与规格。容量瓶一般用来配制标准溶液,也用于溶液的稀释。按体积的大小,容量瓶有各种规格(5mL、10mL、25mL、50mL、100mL、500mL、1 000mL、2 000mL)。

(2)容量瓶的使用操作。容量瓶在使用前应检查塞子与瓶是否配套。将容量瓶盛水后塞好，左手按紧瓶塞，右手托起瓶底使瓶倒立，如不漏水，再将瓶子正过来，瓶塞旋转180°，重复操作一次，如不漏水方可使用。瓶塞应用细绳系于瓶颈，不可随便放置以免玷污和错乱。

配制溶液时，先将准确称取的物质在小烧杯中溶解，按图3-4操作。

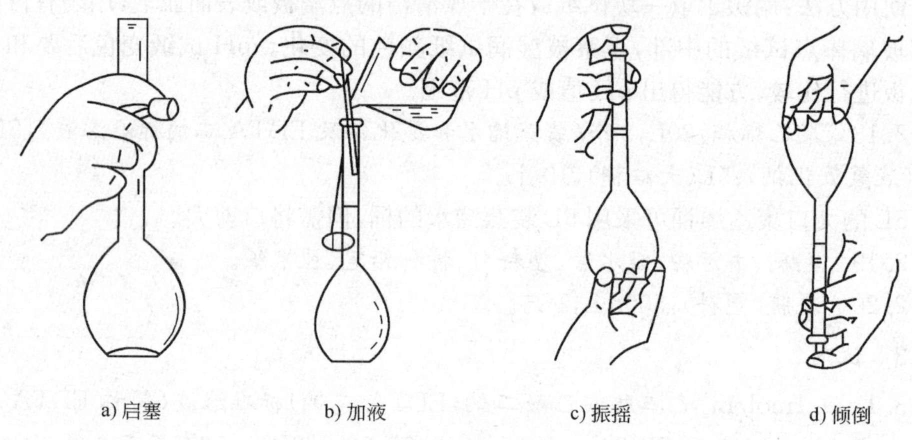

图3-4　容量瓶的操作

将溶液沿玻璃棒注入容量瓶，溶液转移后，应将烧杯沿玻璃棒微微上提，同时使烧杯直立，避免沾在杯口的液滴流到杯外，再将玻璃棒放回烧杯，用洗瓶吹洗烧杯内壁和玻璃棒，洗水全部转移至容量瓶，反复此操作4～5次，以保证转移完全。以上操作称“定量转移”。定量转移后，加入稀释剂（如水），当加水至约大半瓶时，先将瓶摇动（不能倒立）使溶液初步均匀，接着继续加水至离刻度线0.5cm处，用小滴管逐滴加入蒸馏水至液面与标线相切，盖好瓶塞，用食指压住瓶塞，其余四指握住瓶颈，另一只手（五指）将容量瓶托住并反复倒置、摇荡，使溶液完全均匀，此操作称作“定容”。

注意：容量瓶不能久储溶液，尤其是碱性溶液，它会腐蚀瓶塞使溶液瓶无法打开，所以配好溶液后，应将溶液倒入清洁干净的试剂瓶（该试剂瓶应预先干燥和用少量该溶液淌洗2～3次）中储存。另外，容量瓶不能用火直接加热及烘烤，使用完毕后，应立即用水冲洗干净。如长期不用，磨口处应洗净擦干，并用纸片将磨口与瓶颈隔开。

3.2　10%氯化铵（NH_4Cl）溶液：将500g氯化铵（分析纯或化学纯）放在10L的聚乙烯桶内，加蒸馏水4 500mL，充分振荡，使氯化铵完全溶解。也可以分批在1 000mL的烧杯内配制，然后倒入塑料桶内摇匀。

尽管氯化铵的标装一瓶为 500g，但在使用过程中氯化铵必须用电子秤过秤，不可就用一瓶当 500g。瓶装蒸馏水一桶是 4 500mL，在使用过程中也必须重新过量筒。配制的氯化铵溶液最好当天用完，不要放置过久，以免影响试验的精度。

氯化铵，分子式 NH_4Cl，分子量 53.49；无色立方晶体或白色结晶；味咸凉而微苦；相对密度 1.527；加热至 350℃升华，沸点 520℃；易溶于水，溶于液氨，微溶于醇，不溶于丙酮和乙醚；加热至 100℃时开始显著的挥发，337.8℃时离解为氨和氯化氢，遇冷后又重新化合成颗粒极小的氯化铵而呈白色浓雾，不易下沉，也极不易再溶解于水；吸湿性小，但在潮湿阴雨天气也能吸潮结块；水溶液呈弱酸性，加热时酸性增强；对黑色金属和其他金属有腐蚀性，特别对铜腐蚀更大，对生铁无腐蚀作用；受热分解为氨气和氯化氢气体，两种气体都有毒。

防护：腐蚀性较大，注意不要与皮肤接触。空气中氯化铵烟雾的容许浓度为 $10g/m^3$。操作人员应穿工作服，戴口罩、乳胶手套等。产品设备要密闭，车间通风应良好。

储运：应储存在阴凉、通风、干燥的库房内，注意防潮。避免与酸类、碱类物质共储混运。运输过程中要防雨淋和烈日暴晒。装卸时要小心轻放，防止包装破损。失火时，可用水、沙土、二氧化碳灭火器扑救。

用途：主要用于选矿和鞣革、农用肥料。用做染色助剂、电镀浴添加剂、金属焊接助溶剂。也用于镀锡和镀锌、医药、制蜡烛、黏合剂、渗铬、精密铸造和制造干电池和蓄电池及其他铵盐。

3.3 1.8%氢氧化钠（内含三乙醇胺）溶液：用电子天平称 18g 氢氧化钠（NaOH）（分析纯），放入洁净干燥的 1 000mL 烧杯中，加 1 000mL 蒸馏水使其全部溶解，待溶液冷却至室温后，加入 2mL 三乙醇胺（分析纯），搅拌均匀后储于塑料桶中。

NaOH 又称烧碱、火碱、苛性钠，是常见的、重要的强碱。纯的无水氢氧化钠为白色半透明、结晶状固体。氢氧化钠极易溶于水，溶解度随温度的升高而增大，溶解时能放出大量的热，288K 时其饱和溶液浓度可达 26.4mol/L。它的水溶液有涩味和滑腻感，溶液呈强碱性，具备碱的一切通性。市售烧碱有固态和液态两种：纯固体烧碱呈白色，有块状、片状、棒状、粒状，质脆；纯液体烧碱为无色透明液体。氢氧化钠还易溶于乙醇、甘油，但不溶于乙醚、丙酮、液氨；对纤维、皮肤、玻璃、陶瓷等，有腐蚀作用，溶解或浓溶液稀释时会放出热量；与无机酸发生中和反应也能产生大量热，生成相应的盐类；与金属铝和锌、非金属硼和硅等反应放出氢；与氯、溴、碘等卤素发生歧化反应；能从水溶液中沉淀金属离子成为氢氧化物；能使油脂发生皂化反应，生成相应的有机酸的钠盐和醇，这是去除织物上油污的原理。

较浓的氢氧化钠溶液溅到皮肤上，会腐蚀表皮，造成烧伤。它对蛋白质有溶解作用，有强烈刺激性和腐蚀性（由于其对蛋白质有溶解作用，与酸烧伤相比，碱烧伤更不容易愈合）。将0.02％NaOH溶液滴入兔眼，可引起角膜上皮损伤。NaOH粉尘刺激眼和呼吸道，腐蚀鼻中隔；溅到皮肤上，尤其是溅到黏膜，可产生软痂，并能渗入深层组织，灼伤后留有斑痕；溅入眼内，不仅损伤角膜，而且可使眼睛深部组织损伤，严重者可致失明；误服可造成消化道灼伤、绞痛、黏膜糜烂、呕吐血性胃内容物、血性腹泻，有时发生声哑、吞咽困难、休克、消化道穿孔，后期可发生胃肠道狭窄。由于NaOH具有强碱性，对水体可造成污染，对植物和水生生物应予以注意。

大量接触烧碱时应佩带防护用具，工作服或工作帽应用棉布或适当的合成材料制作。操作人员工作时必须穿戴工作服、口罩、防护眼镜、橡皮手套、橡皮围裙、长筒胶靴等劳保用品，应涂以中性和疏水软膏于皮肤上。接触片状或粒状烧碱时，工作场所应有通风装置，室内空气中最大允许浓度为：中国MAC 0.5mg/m^3（以NaOH计），美国ACGIH TLVC 2mg/m^3。可能接触其粉尘时，必须佩戴头罩型电动送风过滤式防尘呼吸器；必要时，佩戴空气呼吸器。操作人员必须经过专门培训，严格遵守操作规程。建议操作人员佩戴头罩型电动送风过滤式防尘呼吸器，穿橡胶耐酸碱服，戴橡胶耐酸碱手套；远离易燃、可燃物；避免产生粉尘；避免与酸类接触；搬运时要轻装轻卸，防止包装及容器损坏；配备泄漏应急处理设备；注意倒空的容器可能残留有害物；稀释或制备溶液时，应把碱加入水中，避免沸腾和飞溅；处理泄漏物须穿戴防护眼镜与手套，扫起，慢慢倒至大量水中，地面用水冲洗，经稀释的污水放入废水系统。碱液触及皮肤，可用5％～10％硫酸镁溶液清洗；如溅入眼睛里，应立即用大量硼酸水溶液清洗；少量误食时立即用食醋、3％～5％醋酸或5％稀盐酸、大量橘汁或柠檬汁等中和，给饮蛋清、牛奶或植物油并迅速就医，禁忌催吐和洗胃。

3.4　钙红指示剂：将0.2g钙试剂羧酸钠（分子式$C_{21}H_{13}N_2NaO_7S$，分子量460.39）与20g预先在105℃烘箱中烘1h的硫酸钾混合。一起放入研钵中，研成极细粉末，储于棕色广口瓶中，以防吸潮。

钙红指示剂的作用是用来调节溶液的颜色，如果用量太少，颜色的变化不显著，容易滴定过量。为了分析不同指示剂用量对滴定后溶液颜色的影响，试验室进行了不同钙红指示剂用量（0.1g、0.2g、0.3g、0.4g、0.5g）下的溶液颜色的比较试验。由图3-5可以看出，在指示剂使用量到0.2g以后，溶液的颜色就能比较清楚地分辨了，到0.3g以后溶液颜色就较深了。试验表明，如果用量太多，就会使变蓝的溶液，在搁置较长一段时间后又显现出紫色来。原规程中规定钙红指示剂为黄豆粒大小，在试验过程中不好把握，因此此次修订给以定量表示。关于钙红指示剂的用量,有经验的工作者也可根据经验确定,关键是要把握滴定过程中溶液颜色变化的规律。

图 3-5 不同指示剂用量下的溶液蓝色

4 准备标准曲线

4.1 取样:取工地用石灰和土,风干后用烘干法测其含水量(如为水泥,可假定含水量为 0)。

4.2 混合料组成的计算:

4.2.1 公式:干料质量=湿料质量/(1+含水量)

4.2.2 计算步骤:

(1)干混合料质量=湿混合料质量/(1+最佳含水量)

(2)干土质量=干混合料质量/(1+石灰或水泥剂量)

(3)干石灰或水泥质量=干混合料质量-干土质量

(4)湿土质量=干土质量×(1+土的风干含水量)

(5)湿石灰质量=干石灰质量×(1+石灰的风干含水量)

(6)石灰土中应加入水的质量=湿混合料质量-湿土质量-湿石灰质量

4.3 准备 5 种试样,每种两个样品(以水泥稳定材料为例),如为水泥稳定中、粗粒土,每个样品取 1 000g 左右(如为细粒土,则可称取 300g 左右)准备试验。为了减少中、粗粒土的离散,宜按设计级配单份掺配的方式备料。

在原规程中,为了减少标准曲线试验取样的离散,将原材料过 2~2.5mm 筛后,再进行配料,每份取 300g 湿混合料进行标准曲线试验。而在现场测试中,则直接选取有代表性的水泥土或石灰土混合料,称取 300g 进行滴定试验,导致室内的标准曲线试验和现场取样的滴定试验有明显的差别。为了消除现场取样试验和室内标准曲线取样的差别,本次修订要求将室内标准曲线制作的湿混合料采用单份掺配后进行试验，同时为了减少配料过程中的离散，对粗集料基层（最大粒径在25mm左右）要求必须有1 000g左右的总质量，放入体积（mL）是湿料质量（g）两倍的氯化铵溶液进行拌和，然后取样进行滴定。试验表明，采用该种试验方法制作标准曲线和现场取样差别最小，可最大限度减少室内试验取样的离散。但采用该方法以后，氯化铵溶液的用量将显著增加，同时为了达到拌和的均匀性，搅拌时间和搅拌力度增大。

5种混合料的水泥剂量应为：水泥剂量为0、最佳水泥剂量左右、最佳水泥剂量±2%和+4%[①]，每种剂量取两个（为湿质量）试样，共10个试样，并分别放在10个大口聚乙烯桶（如为稳定细粒土，可用搪瓷杯或1 000mL具塞三角瓶；如为粗粒土，可用5L的大口聚乙烯桶）内。土的含水量应等于工地预期达到的最佳含水量，土中所加的水应与工地所用的水相同。

注①：在此，准备标准曲线的水泥剂量可为0、2%、4%、6%、8%。如水泥剂量较高或较低，应保证工地实际所用水泥或石灰的剂量位于标准曲线所用剂量的中间。

在做标准曲线时，如工地实际水泥剂量较大，素集料和低剂量水泥的试样可以不做，而直接用较高的剂量试验，但应有两种剂量大于实用剂量和两种剂量小于实用剂量。

4.4　取一个盛有试样的盛样器，在盛样器内加入两倍试样质量（湿料质量）体积的10%氯化铵溶液（如湿料质量为300g，则氯化铵溶液为600mL；如湿料质量为1 000g，则氯化铵溶液为2 000mL）。料为300g，则搅拌3min（每分钟搅110～120次）；料为1 000g，则搅拌5min。如用1 000mL具塞三角瓶，则手握三角瓶（瓶口向上）用力振荡3min（每分钟120次±5次），以代替搅拌棒搅拌。放置沉淀10min[②]，然后将上部清液转移到300mL烧杯内，搅匀，加盖表面皿待测。

注②：如10min后得到的是混浊悬浮液，则应增加放置沉淀时间，直到出现无明显悬浮颗粒的悬浮液为止，并记录所需的时间。以后所有该种水泥（或石灰）稳定材料的试验，均应以同一时间为准。

试验操作过程中，每个样品搅拌的时间、速度和方式应力求相同，以减小试验误差。

4.5　用移液管吸取上层（液面上1～2cm）悬浮液10.0mL放入200mL的三角瓶内，用量管量取1.8%氢氧化钠（内含三乙醇胺）溶液50mL倒入三角瓶中，此时溶液pH值为12.5～13.0（可用pH12～14精密试纸检验），然后加入钙红指示剂（质量约为0.2g），摇匀，溶液呈玫瑰红色。记录滴定管中EDTA二钠标准溶液的体积V_1，然后用EDTA二钠标准溶液滴定，边滴定边摇匀，并仔细观察溶液的颜色；在溶液颜色变为紫色时，放慢滴定速度，并摇匀；直到纯蓝色为终点，记录滴定管中EDTA二钠标准溶液体积V_2（以mL计，读至0.1mL）。计算V_1-V_2，即为EDTA二钠标准溶液的消耗量。

滴定分析又称容量分析。滴定分析中,规范地使用容量器皿及准确地测量溶液的体积,是保证分析结果准确的重要因素。滴定管是一根具有均匀刻度的玻璃管,在滴定分析中盛装滴定剂用来测量滴定中所用标准溶液的体积。

1. 滴定管的形状及分类

滴定管下端有活塞以便控制滴定速度。按盛装溶液形状的不同,滴定管分为酸式滴定管和碱式滴定管。酸式滴定管用于盛装酸液,其下端具有玻璃活塞。碱式滴定管用于盛装碱液,其下端具有胶管玻璃珠活塞。此处用的是酸式滴定管。

2. 滴定管的操作使用

(1)涂油试漏

常规的玻璃活塞式滴定管,在使用前需要进行活塞涂油,目的之一是防止溶液自活塞漏出,之二是活塞能转动自如,便于调节转动角度以控制溶液滴出量。涂油时将已洗净的滴定管活塞拔出,用滤纸将活塞和活塞套擦干,在活塞的粗端和活塞套的细端分别涂一层凡士林,将活塞插入活塞套内,来回转动数次,直到从外面观察时呈透明即可。涂油完毕后,在活塞的末端套一橡皮圈以防止使用时将活塞顶出。在滴定管内装入蒸馏水,置滴定架上自立 2min 观察有无水滴漏下;然后将活塞转动 180°再观察一次,直至不漏水为止。

(2)洗涤、装液、排气

①洗涤

对于无明显油污的滴定管,可直接用自来水冲洗,再用滴定管刷刷洗;若有油污则可倒入温热至 40～50℃的 50%铬酸洗液 10mL,将管子横过来并保持一较小的角度,两手平端滴定管转动直至洗液布满全管。碱式滴定管则应先将橡皮管卸下,把橡皮滴头套在滴定管底部,然后再倒入洗液进行洗涤。对于污染严重的滴定管,可直接倒入铬酸洗液浸泡几个小时。注意:用过的洗液仍倒入原来的储存瓶中,可继续使用,直至变绿失效,千万不可直接倒入水池!滴定管中附着的洗液用自来水冲洗干净,最后用少量蒸馏水润洗至少 3 遍。洗净的滴定管内壁应能被水均匀润湿而无水纹,并不挂水珠。

②装液

为了保证装入滴定管内溶液的浓度不被稀释,要用该溶液洗涤滴定管 3 次,每次用约 1/4 滴定管。洗法是:注入溶液后,将滴定管横过来,慢慢转动,使溶液流遍全管,然后将溶液自下放出。洗好后即可装入溶液,装液时应直接从试剂瓶倒入滴定管,不要再经过漏斗、烧杯等容器,以免影响溶液的组成和浓度。

③排气

标准溶液充满滴定管后，应检查管下部是否有气泡。若有气泡，应将其排出。如为酸式滴定管，可将滴定管倾斜一定的角度，迅速转动活塞，使溶液急速流下将气泡带出；如为碱式滴定管，则可将滴定管向上弯曲，并在稍高于玻璃珠所在处用两手指挤压，使溶液从尖嘴口喷出，将气泡带出。

(3)滴定管读数

由于滴定管读数不准确而引起的误差，是滴定分析误差的主要来源。因此，在滴定前应进行读数练习。滴定管读数前，应将管下端悬挂的液珠除去，读数时遵守读数的三字方针，即："直、平、切"。

"直"即将滴定管从滴定管架上取下，用右手大拇指和食指捏住滴定管上无刻度处，使滴定管保持自然垂直的状态。

"平"即读数时眼睛的视线与溶液弯月面下缘最低点应在同一水平面上。对有色溶液，弯月面不够清晰的，读数时视线应与液面两侧的最高点水平。

"切"即所读数为溶液弯月面下缘切线所对应的刻度。

(4)滴定操作

滴定操作的手势如图 3-6 所示。两手配合得当，操作自如，熟练连续滴加乃至滴加 1 滴、1/2 滴、1/4 滴。

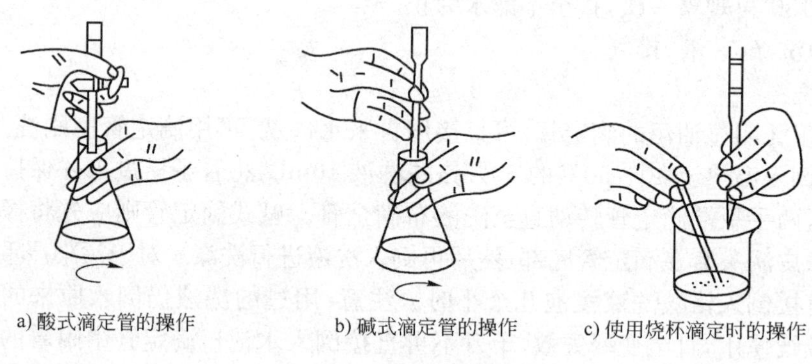

a) 酸式滴定管的操作　　b) 碱式滴定管的操作　　c) 使用烧杯滴定时的操作

图 3-6　滴定的操作方法

3. 滴定操作过程中应注意的几个问题

(1)摇动锥形瓶时要向同一个方向旋转，使溶液既均匀又不会溅出，且没有水的撞击声。

(2)滴定管不能离开瓶口过高，应在瓶颈的 1/2 处，也不能接触瓶颈，即在未滴定时，锥形瓶可以方便地移开。

(3)滴定过程中，左手不能离开活塞任操作液直流。

(4)只加半滴的操作:小心放出(酸式滴定管)和挤出(碱式滴定管)操作液半滴,提起锥形瓶令其内壁轻轻与滴定管嘴接触,使挂在滴定管嘴的半滴操作液沾在锥形瓶内壁,再用洗瓶将其洗下。

(5)注意观察滴落点附近溶液颜色的变化。滴定开始时速度可稍快,但应是“滴加”而不是流成“水线”。临近终点时滴一滴,摇几下,观察颜色变化情况,直至加半滴乃至1/4滴,溶液的颜色刚好从一种颜色突变为另一种颜色,并一般在1~2min内不变色,即为终点。

此处要求控制好滴定的各环节。EDTA滴定过程中,溶液的颜色有明显的变化过程,从玫瑰红色变为紫色,并最终变为蓝色。因此要把握好滴定的临界点,切不可直接将溶液滴到纯蓝色,因为在滴定过量时,溶液的颜色始终保持为纯蓝色。如果没有经过临界点,可能已经过量很多。一般来说,在溶液颜色变为紫色后,如水泥剂量较低,1~2滴就能彻底变蓝,如水泥剂量较高,可能需要再多些,因此此时的滴定速度务必放慢,逐滴滴入,并保持摇匀,以免滴定过量。

4.6 对其他几个盛样器中的试样,用同样的方法进行试验,并记录各自的EDTA二钠标准溶液的消耗量。

4.7 以同一水泥或石灰剂量稳定材料EDTA二钠标准溶液消耗量(mL)的平均值为纵坐标,以水泥或石灰剂量(%)为横坐标制图。两者的关系应是一根顺滑的曲线,如图T 0809-1所示。如素土、水泥或石灰改变,必须重做标准曲线。

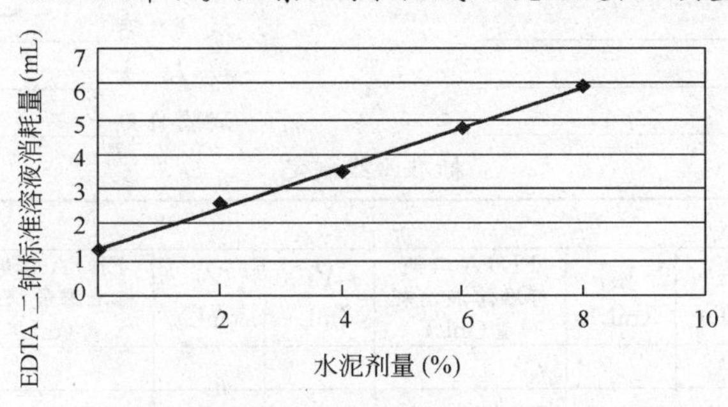

图T 0809-1 EDTA标准曲线

5 试验步骤

5.1 选取有代表性的无机结合料稳定材料,对稳定中、粗粒土取试样约3 000g,对稳定细粒土取试样约1 000g。

5.2 对水泥或石灰稳定细粒土,称300g放在搪瓷杯中,用搅拌棒将结块搅散,加10%氯化铵溶液600mL;对水泥或石灰稳定中、粗粒土,可直接称取1 000g左右,放入10%氯化铵溶液2 000mL,然后如前述步骤进行试验。

5.3 利用所绘制的标准曲线，根据EDTA二钠标准溶液消耗量，确定混合料中的水泥或石灰剂量。

6 结果整理

本试验应进行两次平行测定，取算术平均值，精确至0.1mL。允许重复性误差不得大于均值的5%，否则，重新进行试验。

7 报告

试验报告应包括以下内容：

(1)无机结合料稳定材料名称；

(2)试验方法名称；

(3)试验数量 n；

(4)试验结果极小值和极大值；

(5)试验结果平均值 $\overline{X}$；

(6)试验结果标准差 S；

(7)试验结果变异系数 C_v。

8 记录

本试验的记录格式见表 T 0809-1。

水泥或石灰剂量测定记录表　　表 T 0809-1

工程名称＿＿＿＿＿＿　　试验方法＿＿＿＿＿＿

结构层名称＿＿＿＿＿＿　　试验者＿＿＿＿＿＿

稳定剂种类＿＿＿＿＿＿　　校核者＿＿＿＿＿＿

试样编号＿＿＿＿＿＿　　试验日期＿＿＿＿＿＿

标准曲线制定

平行试样	1			2			平均EDTA二钠标准溶液消耗量(mL)
剂量	V_1 (mL)	V_2 (mL)	EDTA二钠标准溶液消耗量(mL)	V_1 (mL)	V_2 (mL)	EDTA二钠标准溶液消耗量(mL)	
标准曲线公式							

试样编号	V_1 (mL)	V_2 (mL)	EDTA二钠标准溶液消耗量(mL)	平均EDTA二钠标准溶液消耗量(mL)	结合料剂量(%)
1					
2					

附:化学试验的基本操作事项

1. 化学用水

纯水是化学试验中最常用的纯净溶剂和洗涤剂,洗涤仪器、配制溶液、洗涤产品以及分析测定等都需要大量的纯水。很多化学试验对水质的要求较高,既不能直接用自来水或其他天然水,也不应一律使用高纯水,而应根据所做试验对水质的要求合理地选用适当规格的纯水。

我国已颁布了国家标准《分析实验室用水规格和试验方法》(GB/T 6682—2008)。该标准参照了国际标准(ISO 3696—1987)。化学试验用水的级别主要分为一级、二级和三级。电导率是纯水质量的综合指标。新规程中主要使用三级水。三级水用于一般化学试验,是使用最普遍的纯水,可用蒸馏、去离子(离子交换及电渗析法)或反渗透方法制取。蒸馏法是将自来水或天然水在蒸馏装置中加热汽化,水蒸气冷凝即得通常所谓的蒸馏水。该法设备成本低,操作简单,但能耗高,产率低,只能除去水中的非挥发性杂质及微生物等,而不能除去易溶于水的气体;同时由于通常使用的蒸馏水装置是用玻璃、铜和石英等材料制成的,容易腐蚀,使蒸馏水仍含有微量杂质。在25℃时,其电阻率为$1\times10^5\Omega\cdot cm$左右。为节约能源和减少污染,目前已较少采用蒸馏水。由于新规程中化学试验较少,用水量不大,仍然建议采用蒸馏水。在条件允许的单位,可直接购买瓶装蒸馏水。

2. 化学试剂的保存方式

化学试剂保存时,一般从以下几个方面入手:

(1)对试剂瓶的要求:一般固体物质(尤其是块状)保存在广口瓶中,以便于用药匙或镊子取用;液体物质一般保存在细口瓶中。

(2)试剂见光或受热不稳定的,应用棕色瓶在低温处避光保存,例如保存浓硝酸、新制的氯水或溴水、高锰酸钾溶液、硝酸银溶液等。

(3)在空气中易潮解的或易挥发的或易吸水或二氧化碳的固体或液体应密封保存,如氢氧化钠固体、浓硫酸、浓盐酸、浓氨水、氯化钙固体、碱石灰、过氧化钠、生石灰等。

(4)容易氧化的试剂,要特别注意。如金属钠、钾要保存在煤油中,白磷要保存在冷水中,金属锂保存在液体石蜡油中或熔化在固体石蜡中。

(5)试剂对盛放容器或瓶塞有腐蚀的要采用防护措施。如氢氟酸腐蚀玻璃,不能用玻璃容器,应用塑料制容器放;氢氧化钠溶液与玻璃中的二氧化硅反应,试剂瓶必须用橡胶塞;浓硫酸、浓盐酸、浓硝酸等腐蚀橡胶,试剂瓶必须用玻璃塞。

(6)保存试剂还要考虑溶液中的溶质水解和氧化问题。例如,保存硫酸亚铁溶液时，为了防止水解，可加入一定量的硫酸；为了防止氧化，可加入一些铁粉。

(7)有些试剂必须现用现配制，例如银氨溶液（久置可能发生爆炸）、氢氧化铜悬浊液等。

(8)强氧化性化学试剂都是过氧化物或是含有强氧化能力的含氧酸及其盐，如过氧化酸、硝酸铵、硝酸钾、高氯酸及其盐、重铬酸及其盐、高锰酸及其盐、过氧化苯甲酸、过醋酸、五氧化二磷等等。强氧化性化学试剂在适当条件下可放出氧发生爆炸，并且与有机物、镁、铝、锌粉、硫等易燃物形成爆炸性混合物，这类物质中有的能与水起剧烈反应，也可能发生爆炸。在使用这类强氧化性化学试剂时，环境温度不要高于 30℃，通风要良好，并且不要与有机物或还原性物质共同使用(加热)。

(9)每一试剂瓶上都必须贴有标签，标明试剂的名称、浓度和配制日期，并在标签外面涂上一薄层蜡或蒙上一层透明胶来保护。

3. 试剂的取用

在取用化学物品时，要轻拿轻放，防止撞击、拖拉和倾倒，用完后一定要将瓶盖拧紧，以免漏气或再拿时滑落，拿瓶的方法要正确（尤其是很大的瓶子，如硫酸瓶)，要戴防护手套。

取用试剂前，应看清标签。取用时，先打开瓶塞，将瓶塞反放在试验台上。如果瓶塞上端不是平顶的，可用食指和中指将瓶塞夹住或放在清洁的表面皿上，决不可将它横置桌上，以免玷污。不能用手接触化学试剂。试剂取用完后立即将瓶盖盖好，以保持密封，防止试剂被玷污，切不可将瓶塞盖错。

(1)固体试剂的取用步骤如下：

固体试剂一般用洁净、干燥的药匙取用。药匙材质为牛角、塑料、不锈钢等，两端有大小两个勺，分别用来取大量固体和少量固体。药匙要做到专勺专用。用过的药匙必须洗净擦干后方可再使用。取用强碱性试剂后的药匙应立即洗净，以免腐蚀。不要超过指定用量取药，多取的不能倒回原瓶，可放在指定的容器中供他人使用。取用一定量的试剂时，可将试剂放在称量纸、表面皿等干燥洁净的玻璃容器或称量瓶内根据要求称量。具有腐蚀性或易潮解的试剂不能放在纸上，应放在表面皿等玻璃容器内。向试管（特别是湿试管）中加入固体试剂时，可用药匙或将取出的药品放在对折的纸条上，伸进试管的 2/3 处。如固体颗粒较大，应放在洁净干燥的研钵中研碎，研钵中的固体量不要超过研钵容量的 1/3。

(2)液体试剂的取用步骤如下：

从细口瓶中取用液体试剂时，可用倾注法。先将瓶塞取下，反放在试验台面上。为防止液体流出腐蚀标签，用手握住试剂瓶上贴标签的一面，逐渐倾斜瓶子，让液体试剂沿着洁净的器壁或玻璃棒流入接受器中。倒出所需量后，将试剂瓶口在容器上靠一下，再逐渐竖起瓶子，以免遗留在瓶口的药液流到瓶的外壁。

从滴瓶中取用液体试剂时，需用附置于该试剂瓶旁的专用滴管取用。滴瓶要定位，不要随便拿走。使用时提起滴管，用手指捏紧滴管上部的橡皮头，排除空气，再把滴管伸入试剂瓶中吸取试剂。吸有药品的滴管不得横置或滴管口向上斜放，以免液体流入滴管的橡皮帽中。往试管中滴加试剂时，只能把滴管尖头垂直放在管口上方滴加，滴管绝不能伸入所用的容器中，以免接触器壁而玷污药品。使用完的滴管随即放入原滴瓶，不要插错。

将液体从试剂瓶中倒入烧杯时，用右手握住试剂瓶，左手拿玻璃棒，使棒的下端斜靠在烧杯中，将瓶口靠在玻璃棒上，使液体沿着玻璃棒往下流。

在试管里进行某些试验时，取试剂不需要准确量取，倒入试管里溶液的量，一般不超过其容积的1/3。

定量取用液体时，要用量筒或移液管（或吸量管）取。量取液体时，使视线与量筒液体弯月面的最低处保持水平，偏高或偏低都会读不准而造成较大的误差。

4. 意外事故的处理

在化学试验过程中，经常使用具有易燃易爆、有毒有害、腐蚀性等危险特性的化学品。这些物品使用、管理或处理不当，会对人和环境造成危害。

(1)割伤（玻璃或铁器刺伤等）。先把碎玻璃从伤处挑出，如为轻伤可用生理盐水或硼酸溶液擦洗伤处，涂上紫药水（或红汞水），必要时撒些消炎粉，用绷带包扎；伤势较重时，则先用医用酒精在伤口周围擦洗消毒，再用纱布按住伤口压迫止血，立即送医院处置。

(2)烫伤。可先用10%稀 $KMnO_4$ 溶液或苦味酸溶液冲洗灼伤处，再在伤口处抹上黄色苦味酸溶液、烫伤膏或万花油，切勿用水冲洗。

(3)受强酸腐伤。先用大量水冲洗，然后擦上碳酸氢钠油膏。如受氢氟酸腐伤，应迅速用水冲洗，再用5%苏打溶液冲洗，然后浸泡在冰冷的饱和硫酸镁溶液中30min，最后敷由硫酸镁（26%）、氧化镁（6%）、甘油（18%）、水和盐酸普鲁卡因（1.2%）配成的药膏[或甘油和氧化镁（2∶1）悬浮剂涂抹，用消毒纱布包扎]；伤势严重时，应立即送医院急救。当酸溅入眼内时，首先用大量水冲眼，然后用3%的碳酸氢钠溶液冲洗，最后用清水洗眼。

(4)受强碱腐伤。立即用大量水冲洗，然后用1%柠檬酸或硼酸溶液洗。当碱溅入眼内时，除用大量水冲洗外，再用饱和硼酸溶液冲洗，最后滴入蓖麻油。

(5)吸入刺激性、有毒气体。吸入氯气、氯化氢气体、溴蒸气时，可吸入少量酒精和乙醚的混合蒸气使之解毒。吸入硫化氢气体而感到不适时，应立即到室外呼吸新鲜空气。

(6)磷烧伤。用1%硫酸铜、1%硝酸银或浓高锰酸钾溶液处理伤口后，送医院治疗。

(7)触电事故。应立即截断电源，尽快利用绝缘物(干木棒、竹竿)将触电者与电源隔离。必要时进行人工呼吸。

5. 玻璃仪器的使用

(1)基本要求

化学试验要使用各种玻璃仪器，使用玻璃仪器时必须了解以下要求：

①玻璃仪器易碎，使用时要轻拿轻放。

②玻璃仪器中除烧杯、烧瓶和试管外都不能用火加热。

③锥形瓶、平底烧瓶不耐压，不能用于减压系统。

④带活塞的玻璃器皿如分液漏斗等用过洗净后，要在活塞和磨口间垫上小纸片，以防止黏结。

⑤温度计测量的温度范围不得超出其刻度范围，也不能把温度计当搅拌棒使用。温度计用后应缓慢冷却，不能立即用冷水冲洗，以免发生炸裂和汞柱断线。

(2)玻璃仪器的洗涤

在分析工作中，洗涤玻璃仪器不仅是一项必须做的试验前的准备工作，也是一项技术性的工作。仪器洗涤是否符合要求，对检验结果的准确性和精密度均有影响。不同的分析工作有不同的仪器洗净要求，我们以一般定量化学分析为主介绍仪器的洗涤方法。

①用水刷洗时，使用适用于各种形状仪器的毛刷，如试管刷、瓶刷、滴定管刷等。首先用毛刷蘸水刷洗仪器，用水冲去可溶性物质及刷去表面黏附灰尘。

②最常用的洁净剂是肥皂、肥皂液(特制商品)、洗衣粉、去污粉、洗液、有机溶剂等。肥皂、肥皂液、洗衣粉、去污粉，用于可以用刷子直接刷洗的仪器，如烧杯、三角瓶、试剂瓶等。洗液多用于不便用刷子洗刷的仪器，如滴定管、移液管、容量瓶、蒸馏器等特殊形状的仪器，也用于洗涤长久不用的杯皿器具和刷子刷不下的结垢。用洗液洗涤仪器，是利用洗液本身与污物起化学反应的作用，将污物去除，因此需要浸泡一定的时间充分作用。有机溶剂是针对污物属于某种类型的油腻性，而借助有机溶剂能溶解油脂的作用洗除污物，或借助某些有机溶剂能与水混合而又发挥快的特殊性，冲洗一下带水的仪器将污物洗去。如甲苯、二甲苯、汽油等可以洗油垢，酒精、乙醚、丙酮可以冲洗刚洗净而带水的仪器。

洗涤的仪器倒置时，水流出后，器壁应不挂小水珠。至此再用少许纯水冲仪器3次，洗去自来水带来的杂质，即可使用。

(3)洗涤液的制备及使用注意事项

洗涤液简称洗液,根据不同的要求有各种不同的洗液。现将较常用的几种洗液介绍如下。

①强酸氧化剂洗液(也叫重铬酸钾硫酸洗液)

强酸氧化剂洗液是用重铬酸钾($K_2Cr_2O_7$)和浓硫酸(H_2SO_4)配成。$K_2Cr_2O_7$在酸性溶液中有很强的氧化能力,对玻璃仪器又极少有侵蚀作用,所以这种洗液在试验室内使用最广泛。

其配制浓度各有不同,从5%~12%各种浓度都有。其配制方法大致相同:取一定量的$K_2Cr_2O_7$(工业品即可),先用约1~2倍的水加热溶解,稍冷后,将所需体积的工业品浓H_2SO_4徐徐加入$K_2Cr_2O_7$溶液中(千万不能将水或溶液加入H_2SO_4中),边倒边用玻璃棒搅拌,并注意不要溅出,混合均匀,等冷却后,装入洗液瓶备用。新配制的洗液为红褐色,氧化能力很强。当洗液用久后变为黑绿色时,即说明洗液已无氧化洗涤能力。

例如,配制12%的洗液500mL。取60g工业品$K_2Cr_2O_7$置于100mL水中(加水量不是固定不变的,以能溶解为度),加热溶解,冷却,徐徐加入340mL浓H_2SO_4,边加边搅拌,冷后装瓶备用。

这种洗液在使用时要切记注意不能溅到身上,以防"烧"破衣服和损伤皮肤。洗液倒入要洗的仪器中,应使仪器周壁全浸洗后稍停一会再倒回洗液瓶。第一次用少量水冲洗刚浸洗过的仪器后,废水不要倒在水池里和下水道里,否则长此以往会腐蚀水池和下水道。废水应倒在废液缸中,缸满后倒在垃圾里;如果无废液缸,倒入水池时,要边倒边用大量的水冲洗。

②碱性洗液

碱性洗液用于洗涤有油污物的仪器,采用长时间(24h以上)浸泡法,或者浸煮法。从碱洗液中捞取仪器时,要戴乳胶手套,以免烧伤皮肤。

常用的碱洗液有:碳酸钠(Na_2CO_3,即纯碱)液、碳酸氢钠(Na_2HCO_3、小苏打)、磷酸钠(Na_3PO_4,磷酸三钠)液、磷酸氢二钠(Na_2HPO_4)液等。

③碱性高锰酸钾洗液

用碱性高锰酸钾作洗液,作用缓慢,适用于洗涤有油污的器皿。配法:取高锰酸钾($KMnO_4$)4g,加少量水溶解后,再加入10%氢氧化钠(NaOH)100mL。

④纯酸纯碱洗液

根据器皿污垢的性质,可直接用浓盐酸(HCL)或浓硫酸(H_2SO_4)、浓硝酸(HNO_3)浸泡或浸煮器皿(温度不宜太高,否者浓酸挥发刺激人体)。纯碱洗液多采用10%以上的浓烧碱(NaOH)、氢氧化钾(KOH)或碳酸钠(Na_2CO_3)液,可浸泡或浸煮器皿(可以煮沸)。

⑤有机溶剂

带有脂肪性污物的器皿,可以用汽油、甲苯、二甲苯、丙酮、酒精、三氯甲烷、乙醚等有机溶剂擦洗或浸泡。但用有机溶剂作为洗液浪费较大,能用刷子洗刷的大件仪器尽量采用碱性洗液。只有无法使用刷子的小件或特殊形状的仪器才使用有机溶剂洗涤,如活塞内孔、移液管尖头、滴定管尖头、滴定管活塞孔、滴管、小瓶等。

(4)洗涤玻璃仪器的步骤与要求

①洗刷仪器时,应首先将手用肥皂洗净,免得手上的油污附着在仪器上,增加洗刷的困难。如仪器长久存放附有灰尘,应先用清水冲去,再按要求选用洁净剂洗刷或洗涤。如用去污粉,则将刷子蘸上少量去污粉,将仪器内外全刷一遍,再边用水冲边刷洗至肉眼看不见有去污粉,用自来水洗 3~6 次,再用蒸馏水冲 3 次以上。一个洗干净的玻璃仪器,应该以挂不住水珠为度。如仍能挂住水珠,则需要重新洗涤。用蒸馏水冲洗时,要用顺壁冲洗方法并充分振荡。经蒸馏水冲洗后的仪器,用指示剂检查应为中性。

②进行荧光分析时,玻璃仪器应避免使用洗衣粉洗涤,因洗衣粉中含有荧光增白剂,会给分析结果带来误差。

(5)玻璃仪器的干燥

做试验经常要用到的仪器应在每次试验完毕后洗净干燥备用。不同试验对仪器的干燥程度有不同的要求。一般定量分析用的烧杯、锥形瓶等仪器洗净即可使用,而用于食品分析的仪器很多要求是干燥的,有的要求无水痕,有的要求无水。

①晾干

为了保证试验室随时有洁净和干燥的仪器可供使用,一定要养成及时清洗仪器的习惯。每次做完试验后应把所用的玻璃仪器及时清洗干净,并把其倒置在仪器架上让其自然晾干。

②烘干

玻璃仪器放入烘箱之前,应倒置在滴水板和仪器架上滴干仪器壁上的挂水。放入烘箱时,仪器开口应朝上使水蒸气容易逸出。烘箱温度为 105~110℃。达到温度后,中途不得临时再放入挂水的湿仪器,以免由于水滴滴到已受热的仪器上造成破裂损坏。干燥完毕,切断烘箱加热电源并让其自动降温后方可取出仪器。取出仪器时应戴上棉纱手套,带余热的仪器放入干燥器或置于仪器架上,不能让热的仪器突然碰到冷水或金属板。计量玻璃仪器(如容量瓶、移液管、滴定管)不可用烘箱烘干。硬质试管可用酒精灯加热烘干，要从底部烤起，使管口向下，以免水珠倒流把试管炸裂，烘到无水珠后使试管口向上赶净蒸汽。

③热(冷)风吹干

对于急于干燥的仪器或不适于放入烘箱的较大仪器，可用吹干的办法使其干燥。先将仪器的挂水尽量沥干，用少量丙酮或乙醇荡洗，倾干，用电吹风先吹冷风 1～3min，赶走残留的溶剂，通常用少量乙醇、丙酮(或最后再用乙醚)倒入已控去水分的仪器中摇洗，然后用电吹风机吹，开始用冷风吹 1～2min，当大部分溶剂挥发后吹入热风至完全干燥，再用冷风吹去残余蒸汽，不使其又冷凝在容器内。

(6)玻璃仪器的保管

玻璃仪器要分门别类地存放，以便取用。经常使用的玻璃仪器放在试验柜内，要放置稳妥，高的、大的放在里面。以下提出一些仪器的保管办法。

①移液管洗净后置于防尘的盒中。

②滴定管用后，洗去内装的溶液，洗净后装满纯水，上盖玻璃短试管或塑料套管，也可倒置夹于滴定管架上。

③比色皿用毕洗净后，在瓷盘或塑料盘中下垫滤纸，倒置晾干后装入比色皿盒或清洁的器皿中。

④带磨口塞的仪器(容量瓶或比色管)最好在洗净前就用橡皮筋或小线绳把塞和管口拴好，以免打破塞子或互相弄混。需长期保存的磨口仪器要在塞间垫一张纸片，以免日久粘住。长期不用的滴定管要除掉凡士林后垫纸，用皮筋拴好活塞保存。

⑤成套仪器如索氏萃取器、气体分析器等用完要立即洗净，放在专门的纸盒里保存。

T 0810—2009　石灰稳定材料中石灰剂量测定方法(直读式测钙仪法)

与 T 0809—2009 一样，本次修订将原规程中的仪器标定和现场测量取样统一起来，以最大程度减少取样造成的试验误差。直读式测钙仪的测量过程与EDTA滴定法的测量过程相比，制备浸提液的过程是相同的，对浸提液进行剂量测定时直读式测钙仪要简单些。

1　适用范围

本方法适用于测定新拌石灰土中石灰的剂量。

2 仪器设备

2.1 钙离子选择性电极(PVC 薄膜):1 支。

2.2 饱和甘汞电极:232(或 330)型,1 支。

2.3 直读式测钙仪:1 台。

2.4 电子天平:量程不小于 1 500g,感量 0.01g;分析天平:量程不小于 50g,感量 0.000 1g,各 1 台。

根据测量仪器的进步和新规程的修订原则,将架盘天平用电子天平取代。由于需要称量 10.009g 的分析纯碳酸钙,因此增加了分析天平。

分析天平是定量分析中的主要仪器之一。常用的分析天平可分为阻尼电光分析天平和电子分析天平两大类。在常量分析试验中,常使用最大量程为 100～200g、感量为 0.000 1g 的三、四级天平;微量分析时,则可选用最大量程为 20～30g 的一级至三级天平。

(1)电子天平(分析天平)的称量程序

①借助于水平仪校正天平,然后打开电源,预热,待天平显示屏出现稳定的 0.000g后即可进行称量。

②打开天平门,将样品瓶(或称量纸)放入天平的称量盘中,关上天平门,待读数稳定后记录显示数据。如需进行“去皮”称量,则按下“TARE”键,使显示为 0。

③按相应的称量方法进行称量。

④称量全部结束后关闭电源。

(2)电子天平的称量方法

①增量法。将干燥的小容器(如小烧杯)轻轻放在经预热并已稳定的电子天平称量盘上,关上天平门,待显示平衡后按“TARE”键扣除容器质量并显示零点;然后打开天平门,往容器中缓缓加入试样,直至显示屏显示出所需的质量数,停止加样并关上天平门,此时显示的数据便是实际所称的质量。

②减量法。减量(差减)称样法称取试样的量是由两次称量之差求得。此法用于称量易吸水、氧化、与 CO_2 反应的物质。在分析化学中用到的基准物和待测固体试样大都采用此称量方法。对试样量较小、精度要求高的称量,为了避免在物质转移过程中试样的损失,也应该采用减量法称量。

减量法称量方法(图 3-7):取一个洗净的称量瓶,用牛角匙取较需要量稍多的试样于其中,在分析天平上准确称量;然后取出称量瓶,将称量瓶置于容器上方,右手将瓶盖轻轻打开,将称量瓶向下倾斜,用盖轻轻敲瓶口,将样品倒入容器中;当倾出的试样已接近所需的质量时,慢慢地将瓶竖起,同时轻敲瓶口,使瓶口的试样落入容器或称量瓶内;然后盖好瓶盖,将称量瓶放回到天平上进行称量。两次质量之差即为试样的质量(或在第一次称量时将天平归零,则最后显示的负值为试样的质量)。

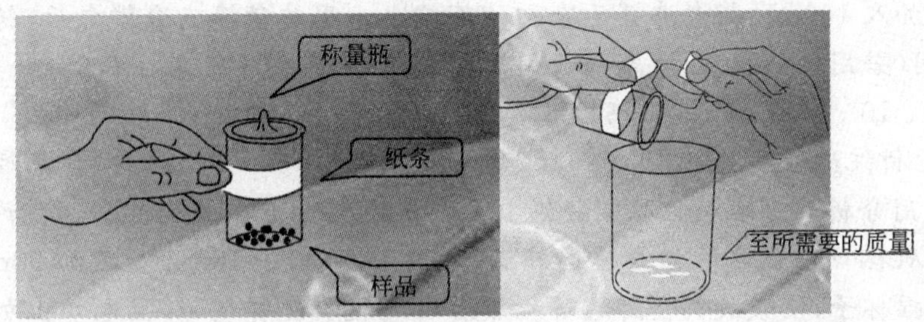

图 3-7 减量法称量操作

但称取一个试样,不宜反复多次倒出,尤其不能称多了再从容器中取出,这样容易引进误差。对于吸湿性强的试样更不宜如此。

2.5 量筒:1 000mL、200mL、50mL,各1只。

2.6 具塞三角瓶:1 000mL,10个(或搪瓷杯10个);500mL,4个。

2.7 大口聚乙烯桶:5L,4个。

2.8 烧杯:2 000mL,1个;300mL,10个;50mL,15个。

2.9 容量瓶:1 000mL,1个。

2.10 塑料瓶:10L,2个;1 000mL,3个;250mL,2个。

2.11 大肚移液管:100mL,1支。

2.12 干燥器:1个。

2.13 表面皿:ϕ90mm,10个;ϕ50mm,15个。

2.14 计时器:1只。

2.15 搅拌子:20只。

2.16 电炉、石棉网:各1个。

2.17 洗瓶:500mL,1个。

2.18 其他:吸水管,洗耳球,粗、细玻璃棒,试剂勺。

3 制备溶液

3.1 10%氯化铵溶液

将100g氯化铵放入大烧杯中,加蒸馏水900mL①,搅拌均匀后,存放于塑料桶内保存。

配制的氯化铵溶液当天用完,不宜放置过久。

注①:配制体积,可根据待测样品数量确定。

3.2 20%氢氧化钠溶液

用感量0.01g的电子天平迅速称取40g分析纯氢氧化钠(NaOH)放入300mL烧杯中,加入160mL新煮沸并已冷却的蒸馏水。用玻璃棒充分搅匀后,转入塑料瓶中备用(若用玻璃瓶装,瓶塞应改用橡皮塞,避免因久放瓶塞打不开)。

3.3 10^{-1} mol/m^3 氯化钙标准溶液

将分析纯碳酸钙($CaCO_3$)在180℃烘箱中烘2h后,取出放入干燥器内冷却45min。用分析天平准确称取碳酸钙10.009g放入300mL烧杯中。用少许蒸馏水润湿后,从杯口用吸水管沿杯壁逐滴滴入1∶5稀盐酸(18mL盐酸加90mL蒸馏水)并轻摇杯子,使碳酸钙全部溶解。然后用洗瓶吹洗杯壁,移至电炉上加热至微沸,并保持微沸5min,以驱除二氧化碳。冷却后转移至1 000mL容量瓶中,用蒸馏水多次沿杯壁冲洗烧杯,将冲洗的水一并倒入容量瓶中。当蒸馏水加到约950mL左右时,再用20%氢氧化钠调至中性,使pH值为7。最后用蒸馏水稀释至刻度,反复摇匀,静置后倒入1 000mL塑料瓶②中备用。

注②:装有各种溶液的塑料瓶(桶)均应贴上标签,写明浓度、溶液名称和配制日期。

3.4 10^{-2}mol/m^{3}氯化钙标准溶液

用大肚移液管吸取10^{-1}mol/m^{3}氯化钙标准溶液100mL放入1 000mL容量瓶中,加蒸馏水稀释到刻度后,充分摇匀,转入1 000mL塑料瓶中备用。

3.5 10^{-3} mol/m^{3}氯化钙标准溶液

用大肚移液管吸取10^{-2} mol/m^{3}氯化钙标准溶液100mL放入1 000mL容量瓶中,加蒸馏水稀释到刻度,充分摇匀,转入1 000mL塑料瓶中备用。

3.6 氯化钾饱和溶液

用感量0.01g的电子天平称分析纯氯化钾(KCl)70g,放入300mL烧杯中,用量筒取200mL蒸馏水倒入烧杯内,用玻璃棒充分搅动,溶液中应留有结晶(溶液呈过饱和状态),移入塑料瓶中备用。

4 准备仪器和电极

4.1 钙电极(图T 0810-1):在测定前一天,应将内参比电极从套管中取出,向管中滴入10^{-1}mol/m^{3}氯化钙标准溶液15滴左右。再将内参比电极装回管内。在每天进行测定之前,将钙电极从套管中取出,将有薄膜的一端放在10^{-2} mol/m^{3}氯化钙标准溶液中浸泡2h,使电极活化。使用前取出电极,用水冲洗并用软纸吸干电极上的水分。

4.2 甘汞电极:检查内液面是否与上部加液口平,若内液面低时,拔去加液口橡皮帽并用滴管添加氯化钾饱和溶液。测定时拔去上端加液口橡皮帽和下端橡皮帽。用水冲洗并用软纸吸干水分。

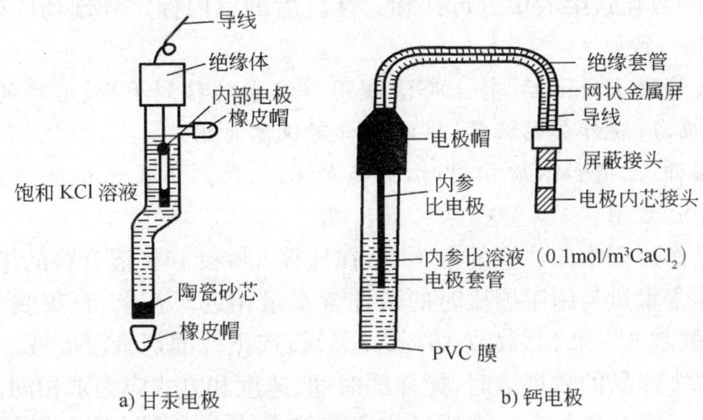

图 T 0810-1　甘汞电极和钙电极

4.3　仪器：在测定前接通测钙仪电源，使仪器预热 20min。

5　准备石灰土标准剂量浸提液

5.1　测定土和石灰的风干含水量。

5.2　确定石灰土的最佳含水量。

5.3　计算 6%、14%石灰土中石灰、土和水的质量。

5.4　石灰土标准剂量浸提液的制备：

用准备好的土和石灰配制 6%、14%① 的石灰土标准剂量浸提液供标定仪器用。用电子天平按本方法 5.3 中计算所得的量分别称取准备好的土样和石灰，制备以上两种剂量的石灰稳定材料。石灰稳定细粒土各制备 300g 湿混合料，分别放入 1 000mL 具塞三角瓶（或搪瓷杯）中，混匀。再用量筒加入 10%氯化铵溶液 600mL，盖紧塞子用手振荡（或用搅拌棒搅拌）3min，保持每分钟 120 次±5 次。对石灰稳定中、粗粒土各制备 1 000g 湿混合料，分别放入 5L 聚乙烯桶中，混匀。再用量筒加入 10%氯化铵溶液 2 000mL，用搅拌棒搅拌 5min。

注①：可以根据设计剂量选择石灰土标准浸提液剂量的上限，如果剂量高时，标定所用剂量的上限可以是 16%或 18%等。此时，标定仪器过程中调节旋钮 II 应使之显示 16.0 或 18.0 等。

原规程（T 0810—1994）中规定，将原材料过 2mm 或 2.5mm 筛后，再进行配料，每份取 300g 湿混合料制备溶液进行仪器标定，而在现场测试中则直接选取有代表性的水泥土或石灰土混合料，过 2mm 或 2.5mm 筛后进行试验。这就导致室内的仪器标定和现场取样的滴定试验有明显的差别。本次修订要求将仪器标定的湿混合料采用单份掺配后进行试验，同时为了减少配料过程中的离散，对粗集料基层（最大粒径在 25mm 左右）必须有 1 000g 左右的总质量，放入体积（mL）是湿料质量(g)两倍的氯化铵溶液中进行拌和。修订后的室内标定和现场取样的方法与T 0809—2009一致。

以上溶液静置10min后，将上部清液用移液管转移到干燥、洁净的500mL具塞三角瓶中，摇匀，瓶外加贴标签，供以后标定仪器时用。

当石灰品种、土质和水质相同时，制备的6%、14%石灰土标准剂量浸提液可供连续标定10d之用。

在试样操作过程中应注意的事项有：在计算6%和14%混合料的组成时，应使混合料的最佳含水量与施工碾压时的最佳含水量相近。若土、石灰或水质有变化时，必须重新配制6%和14%(或16%、18%)石灰土标准剂量浸提液，并用它标定仪器。制备每个样品的浸提液时，搅拌的时间、速度和方式应力求相同。所用器具必须用水冲洗干净。每测完一个样品应用蒸馏水或自来水冲洗电极，并用软纸吸干后再测下一个样品。若进行全天测试，午间休息时可将钙电极薄膜端浸泡在10^{-3}mol氯化钙标准溶液中，下午测定前不必进行活化。下午测定结束后应用水冲洗电极，并用软纸水吸干，套上橡皮帽，然后挂起干放保存，次日用前再进行活化。在连续使用时，电极的内参比液应每周更换一次，以保证试验的稳定性。

6 标定仪器

6.1 将上述制备好的标准液分别移出25～30mL至干燥、洁净的50mL烧杯中，各加入一只搅拌子。先将6%标准液放在直读式测钙仪上，待仪器开始搅拌后放入钙电极和甘汞电极(图T 0810-2)，停止搅拌后，调整校正Ⅰ旋钮，使之显示6.0；采样读数结束。将电极提起，取下6%标准液。用水冲洗电极并用软纸吸干电极上的水。

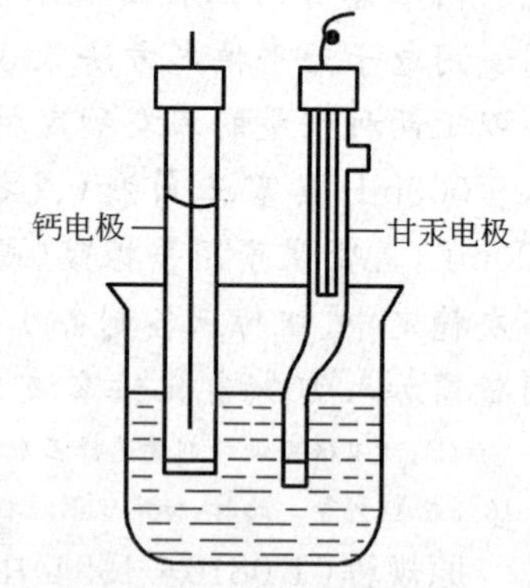

图T 0810-2 测试示意图

6.2 再将装有14%标准液的烧杯放在直读式测钙仪上，开始搅拌后，放入钙电极和甘汞电极。停止搅拌后，调整校正Ⅱ旋钮，使之显示14.0。

6.3 如此重复2～3次。每次用6%和14%标准液校正均能显示6.0和14.0时，仪器标定即完毕。

现在市售的直读式测钙仪的适用范围已经拓宽，因此在具体使用过程中，应参考厂家的说明书，进行仪器自检和标定工作，以及相关操作。

7 试验步骤

7.1 从施工现场同一位置取具有代表性的石灰稳定中、粗粒土约3 000g，石灰稳定细粒土试样约1 000g,经进一步拌匀后备用。

7.2 用感量0.01g的电子天平称取两份石灰稳定细粒土试样各300g,并分别放入两个1 000mL具塞三角瓶中,每个三角瓶中加10%氯化铵溶液600mL。盖紧塞子用手振荡(或用不锈钢棒搅拌)2min,保持每分钟120次±5次。用感量0.01g的电子天平称取两份石灰稳定中、粗粒土试样各1 000g,并分别放入5L聚乙烯桶中,加10%氯化铵溶液2 000mL用搅拌棒搅拌5min。

7.3 以上溶液静置10min后,将25~30mL待测液用移液管移入干燥、洁净的50mL烧杯中。加入一只搅拌子并放在直读式测钙仪上,仪器开始搅拌后,放入钙电极和甘汞电极,待停止搅拌后,仪器显示的数值即为该样品的石灰剂量。

无论采用T 0809—2008和T 0810—2009哪种方法,都只能测定出水泥石灰综合稳定材料的结合料的总剂量,而不能分别测出水泥和石灰的剂量。因此,施工中在检测这项指标时,通常的做法是:先假定水泥用量不变(即水泥为试验室确定的标准量),只改变石灰用量,以此绘制标准曲线或制取标准浸提液;然后,从拌和厂或摊铺现场取试样,按规定的试验方法制取浸提液并进行滴定或标定,根据已绘制的标准曲线或测钙仪上显示的数据,测定出结合料的总剂量来。然而,用这种方法测定时,必须保证水泥用量不变,才能准确测定出混合料中的灰剂量。因此用EDTA滴定法检测和控制综合稳定材料中灰剂量,应当考虑水泥用量改变所造成的灰剂量的测定误差,以提高检测精度。

8 结果整理

8.1 试验结果精确至0.1%。

8.2 本试验应进行两次平行测定,取两次测试结果的平均值。

9 报告

试验报告应包括以下内容:

(1)无机结合料稳定材料名称;

(2)试验方法名称;

(3)试验数量n;

(4)试验结果极小值和极大值;

(5)试验结果平均值$\overline{X}$;

(6)试验结果标准差S;

(7)试验结果变异系数C_v。

10 记录

本试验的记录格式见表T 0810-1。

水泥或石灰剂量测定记录表　　表 T 0810-1

工程名称＿＿＿＿　　试验方法＿＿＿＿

结构层名称＿＿＿＿　　试验者＿＿＿＿

稳定剂种类＿＿＿＿　　校核者＿＿＿＿

试样编号＿＿＿＿　　试验日期＿＿＿＿

试样编号		
结合料剂量　　(%)		

T 0811—1994　石灰有效氧化钙测定方法

试验原理：石灰活性氧化钙与蔗糖 $C_{12}H_{22}O_{11}$ 化合而成水溶性的蔗糖钙 $CaO \cdot C_{12}H_{22}O_{11} \cdot 2H_2O$，而石灰中其他非活性的钙盐则不与蔗糖作用，氧化镁则与蔗糖反应缓慢，根据不同的反应条件，采用中和滴定法，用已知浓度的盐酸进行滴定（以酚酞为指示剂），达到滴定终点时，按盐酸消耗量计算出有效氧化钙的含量。

本次修订，对称量仪器的要求进行了调整，增加了平行试验的精度要求，并和国际单位制接轨，将当量浓度转换成摩尔浓度，其余和 T 0811—1994 一样。

1　适用范围

本方法适用于测定各种石灰的有效氧化钙含量。

2　仪器设备

2.1　方孔筛：0.15mm，1 个。

2.2　烘箱：50～250℃，1 台。

2.3　干燥器：ϕ25cm，1 个。

2.4　称量瓶：ϕ30mm×50mm，10 个。

2.5　瓷研钵：ϕ12～13cm，1 个。

2.6　分析天平：量程不小于 50g，感量 0.000 1g，1 台。

2.7　电子天平：量程不小于 500g，感量 0.01g，1 台。

2.8　电炉：1 500W，1 个。

2.9　石棉网：20cm×20cm，1 块。

2.10　玻璃珠：ϕ3mm，一袋（0.25kg）。

2.11　具塞三角瓶：250mL，20 个。

2.12　漏斗：短颈，3 个。

2.13　塑料洗瓶：1 个。

2.14　塑料桶：20L，1 个。

2.15　下口蒸馏水瓶:5 000mL,1个。

2.16　三角瓶:300mL,10个。

2.17　容量瓶:250mL、1 000mL,各1个。

2.18　量筒:200mL、100mL、50mL、5mL,各1个。

2.19　试剂瓶:250mL、1 000mL,各5个。

2.20　塑料试剂瓶:1L,1个。

2.21　烧杯:50mL,5个;250mL(或300mL),10个。

2.22　棕色广口瓶:60mL,4个;250mL,5个。

2.23　滴瓶:60mL,3个。

2.24　酸滴定管:50mL,2支。

2.25　滴定台及滴定管夹:各1套。

2.26　大肚移液管:25mL、50mL,各1支。

2.27　表面皿:7cm,10块。

2.28　玻璃棒:8mm×250mm及4mm×180mm,各10支。

2.29　试剂勺:5个。

2.30　吸水管:8mm×150mm,5支。

2.31　洗耳球:大、小各1个。

3　试剂

3.1　蔗糖(分析纯)。

3.2　酚酞指示剂:称取0.5g酚酞溶于50mL 95%乙醇中。

3.3　0.1%甲基橙水溶液:称取0.05g甲基橙溶于50mL蒸馏水(40～50℃)中。

3.4　盐酸标准溶液(相当于0.5mol/L):将42mL浓盐酸(相对密度1.19)稀释至1L,按下述方法标定其摩尔浓度后备用。

在国际单位制中,标准溶液浓度用摩尔浓度表示。原规程中采用的是当量浓度,此次修订为摩尔浓度。当量浓度和摩尔浓度之间的换算关系如下:①对于酸碱滴定过程中的试剂浓度,主要看每个分子中氢离子或氢氧根离子的数量,1mol/L的盐酸就是1N的盐酸,1mol/L的硫酸就是2N的硫酸,同理1mol/L的氢氧化钠就是1N;②对于氧化还原滴定过程的试剂浓度,要看每个分子在氧化还原反应过程中具体得到或失去的电子个数来确定,例如1mol/L的重铬酸钾就是6N(因为每个重铬酸钾分子中有两个铬离子,每个铬离子的价态由6+到3+得到3个电子);而硫酸亚铁铵作为还原剂,1mol/L的就是1N,因为一个硫酸亚铁铵分子被氧化后失去1个电子。总之,当量浓度的原则是,相同当量浓度的酸、碱试剂(或氧化剂、还原剂)发生反应时消耗的试剂体积相同。由于盐酸中氢离子的数量为1,因此1mol/L的盐酸就是1N(当量浓度)的盐酸。

称取约0.800 0～1.000 0g(精确至0.000 2g)已在180℃烘干2h的碳酸钠(优级纯或基准级)记录为m,置于250mL三角瓶中,加100mL水使其完全溶解;然后加入2～3滴0.1%甲基橙指示剂,记录滴定管中待标定盐酸标准溶液的体积V_1,用待标定的盐酸标准溶液滴定至碳酸钠溶液由黄色变为橙红色;将溶液加热至微沸,并保持微沸3min,然后放在冷水中冷却至室温,如此时橙红色变为黄色,再用盐酸标准溶液滴定,至溶液出现稳定橙红色时为止,记录滴定管中盐酸标准溶液的体积V_2。V_1、V_2的差值即为盐酸标准溶液的消耗量V。

分析化学中,在配制和标定标准溶液时,注意尽量减少操作误差。使用足够量的基准物,以保证测量相对误差不超过许可限度。普通分析天平两次读数的称量绝对误差为±0.000 2g,滴定管的体积测量绝对误差为±0.02mL,所以基准物用量只有大于0.2g和20.00mL,才能保证测量相对误差不大于±0.1%。0.4g碳酸钠用0.5mol/L盐酸滴定,约消耗盐酸15mL左右,故将碳酸钠用量改为0.800 0～1.000 0g,滴定所需的0.5mol/L盐酸溶液约30mL。

盐酸标准溶液的摩尔浓度①按式(T 0811-1)计算。

$$M = m/(V \times 0.053) \qquad \text{(T 0811-1)}$$

式中:M——盐酸标准溶液的摩尔浓度(mol/L);

m——称取碳酸钠的质量(g);

V——滴定时盐酸标准溶液的消耗量(mL)。

0.053——与1.00mL盐酸标准溶液[$C(HCl)$=1.000mol/L]相当的以克表示的无水碳酸钠的质量。

注①:该处盐酸标准溶液的浓度相当于1mol/L标准溶液浓度的一半左右。

4 准备试样

4.1 生石灰试样:将生石灰样品打碎,使颗粒不大于1.18mm。拌和均匀后用四分法缩减至200g左右,放入瓷研钵中研细。再经四分法缩减至20g左右。研磨所得石灰样品,通过0.15mm(方孔筛)的筛。从此细样中均匀挑取10余克,置于称量瓶中在105℃烘箱内烘至恒量,储于干燥器中,供试验用。

4.2 消石灰试样:将消石灰样品用四分法缩减至10余克。如有大颗粒存在,须在瓷研钵中磨细至无不均匀颗粒存在为止。置于称量瓶中在105℃烘箱内烘至恒量,储于干燥器中,供试验用。

消石灰,用四分法缩至10g左右研细取得,而不是通过0.15mm筛取得。在试验检测中要注意石灰的有效钙含量随着其存放时间的增长在减少(尤其是野外露天存放)。

5　试验步骤

5.1　称取约 0.500 0g(用减量法称量,精确至 0.000 5g)试样,记录为 m_1,放入干燥的 250mL 具塞三角瓶中,取 5g 蔗糖覆盖在试样表面,投入干玻璃珠 15 粒,迅速加入新煮沸并已冷却的蒸馏水 50mL,立即加塞振荡 15min(如有试样结块或粘于瓶壁现象,则应重新取样)。

蔗糖要迅速覆盖试样,以防试样被碳化。加热蒸馏水是为了排除二氧化碳,故冷却后马上进行下一步操作。

5.2　打开瓶塞,用水冲洗瓶塞及瓶壁,加入 2～3 滴酚酞指示剂,记录滴定管中盐酸标准溶液体积 V_3,用已标定的约 0.5mol/L 盐酸标准溶液滴定(滴定速度以 2～3 滴/s 为宜),至溶液的粉红色显著消失并在 30s 内不再复现即为终点,记录滴定管中盐酸标准溶液的体积 V_4。V_3、V_4 的差值即为盐酸标准溶液的消耗量 V_5。

6　计算

按式(T 0811-2)计算有效氧化钙的含量。

$$X=\frac{V_5\times M\times 0.028}{m_1}\times 100 \qquad (\text{T 0811-2})$$

式中:X——有效氧化钙的含量(%);

V_5——滴定时消耗盐酸标准溶液的体积(mL);

0.028——氧化钙毫克当量;

m_1——试样质量(g);

M——盐酸标准溶液的摩尔浓度(mol/L)。

7　结果整理

对同一石灰样品至少应做两个试样和进行两次测定,并取两次结果的平均值代表最终结果。石灰中氧化钙和有效钙含量在 30%以下的允许重复性误差为 0.40,30%～50%的为 0.50,大于 50%的为 0.60。

8　报告

试验报告应包括以下内容:

(1)石灰来源;

(2)试验方法名称;

(3)单个试验结果;

(4)试验结果平均值 $\overline{X}$。

9 记录

本试验的记录格式见表 T 0811-1。

石灰有效氧化钙测定记录表　　　　表 T 0811-1

工程名称＿＿＿＿＿＿＿＿　　试验方法＿＿＿＿＿＿＿＿

路段范围＿＿＿＿＿＿＿＿　　试 验 者＿＿＿＿＿＿＿＿

石灰来源＿＿＿＿＿＿＿＿　　校 核 者＿＿＿＿＿＿＿＿

试样编号＿＿＿＿＿＿＿＿　　试验日期＿＿＿＿＿＿＿＿

盐酸标准溶液的摩尔浓度滴定

碳酸钠质量 (g)	滴定管中盐酸量		盐酸标准溶液消耗量 V(mL)	摩尔浓度 M (mol/L)	平均摩尔浓度 $\overline{M}$ (mol/L)
	V_1(mL)	V_2(mL)			

石灰的有效氧化钙滴定

试验编号	石灰质量 (g)	滴定管中盐酸量		盐酸标准溶液消耗量 V_5(mL)	有效氧化钙含量 X(%)
		V_3(mL)	V_4(mL)		

T 0812—1994 石灰氧化镁测定方法

1 适用范围

本方法适用于测定各种石灰的总氧化镁含量。

本次修订，对称量仪器的要求和指示剂的用量进行了调整，其余同 T 0812—1994。

2 仪器设备

2.1 方孔筛：0.15mm，1 个。

2.2 烘箱：50～250℃，1 台。

2.3 干燥器：ϕ25cm，1 个。

2.4 称量瓶：ϕ30mm×50mm，10 个。

2.5 瓷研钵：ϕ12～13cm，1 个。

2.6 分析天平：量程不小于 50g，感量 0.000 1g，1 台。

2.7 电子天平：量程不小于 500g，感量 0.01g，1 台。

2.8 电炉:1 500W,1 个。

2.9 石棉网:20cm×20cm,1 块。

2.10 玻璃珠:ϕ3mm,一袋(0.25kg)。

2.11 具塞三角瓶:250mL,20 个。

2.12 漏斗:短颈,3 个。

2.13 塑料洗瓶:1 个。

2.14 塑料桶:20L,1 个。

2.15 下口蒸馏水瓶:5 000mL,1 个。

2.16 三角瓶:300mL,10 个。

2.17 容量瓶:250mL、1 000mL,各 1 个。

2.18 量筒:200mL、100mL、50mL、5mL,各 1 个。

2.19 试剂瓶:250mL、1 000mL,各 5 个。

2.20 塑料试剂瓶:1L,1 个。

2.21 烧杯:50mL,5 个;250mL(或 300mL),10 个。

2.22 棕色广口瓶:60mL,4 个;250mL,5 个。

2.23 滴瓶:60mL,3 个。

2.24 酸滴定管:50mL,2 支。

2.25 滴定台及滴定管夹:各 1 套。

2.26 大肚移液管:25mL、50mL,各 1 支。

2.27 表面皿:7cm,10 块。

2.28 玻璃棒:8mm×250mm 及 4mm×180mm,各 10 支。

2.29 试剂勺:5 个。

2.30 吸水管:8mm×150mm,5 支。

2.31 洗耳球:大、小各 1 个。

3 试剂

3.1 1:10 盐酸:将 1 体积盐酸(相对密度 1.19)以 10 体积蒸馏水稀释。

3.2 氢氧化铵—氯化铵缓冲溶液:将 67.5g 氯化铵溶于 300mL 无二氧化碳蒸馏水中,加浓氢氧化铵(氨水)(相对密度为 0.90)570mL,然后用水稀释至 1 000mL。

3.3 酸性铬兰 K—萘酚绿 B(1:2.5)混合指示剂:称取 0.3g 酸性铬兰 K 和 0.75g 萘酚绿 B 与 50g 已在 105℃烘干的硝酸钾混合研细,保存于棕色广口瓶中。

3.4 EDTA 二钠标准溶液:将 10g EDTA 二钠溶于 40~50℃蒸馏水中,待全部溶解并冷却至室温后,用水稀释至 1 000mL。

3.5 氧化钙标准溶液：精确称取 1.784 8g 在 105℃烘干(2h)的碳酸钙(优级纯)，置于 250mL 烧杯中，盖上表面皿，从杯嘴缓慢滴加 1∶10 盐酸 100mL，加热溶解，待溶液冷却后，移入 1 000mL 的容量瓶中，用新煮沸冷却后的蒸馏水稀释至刻度摇匀。此溶液每毫升的 Ca^{2+} 含量相当于 1mg 氧化钙的 Ca^{2+} 含量。

由于此溶液每毫升的 Ca^{2+} 含量相当于 1mg 氧化钙的 Ca^{2+} 含量，所以称氧化钙标准溶液。

3.6 20%的氢氧化钠溶液：将 20g 氢氧化钠溶于 80mL 蒸馏水中。

3.7 钙指示剂：将 0.2g 钙试剂羧酸钠和 20g 已在 105℃烘干的硫酸钾混合研细，保存于棕色广口瓶中。

3.8 10%酒石酸钾钠溶液：将 10g 酒石酸钾钠溶于 90mL 蒸馏水中。

3.9 三乙醇胺(1∶2)溶液：将 1 体积三乙醇胺以 2 体积蒸馏水稀释摇匀。

4 EDTA 二钠标准溶液与氧化钙和氧化镁关系的标定

4.1 精确吸取 V_1=50mL 氧化钙标准溶液放于 300mL 三角瓶中，用水稀释到 100mL 左右，然后加入钙指示剂约 0.2g，以 20%氢氧化钠溶液调整溶液碱度到出现酒红色，再过量加 3～4mL，然后以 EDTA 二钠标准溶液滴定，至溶液由酒红色变成纯蓝色时为止，记录 EDTA 二钠标准溶液体积 V_2。

原规程规定加入钙指示剂为 0.1g，用于调节溶液的颜色。试验表明，加入 0.1g的钙指示剂后，溶液的颜色较浅，不够显著。为了提高滴定精度，此次修订将钙指示剂的用量调整为 0.2g。基于同样的原因，将试验步骤中的钙指示剂用量也调整为 0.2g。

4.2 EDTA 二钠标准溶液对氧化钙的滴定度按式(T 0812-1)计算。

$$T_{CaO} = CV_1/V_2 \qquad (T\ 0812\text{-}1)$$

式中：T_{CaO}——EDTA 二钠标准溶液对氧化钙的滴定度，即 1mL EDTA 二钠标准溶液相当于氧化钙的毫克数；

C——1mL 氧化钙标准溶液含有氧化钙的毫克数，等于 1；

V_1——吸取氧化钙标准溶液体积(mL)；

V_2——消耗 EDTA 二钠标准溶液的体积(mL)。

4.3 EDTA 二钠标准溶液对氧化镁的滴定度(T_{MgO})，即 1mL EDTA 二钠标准溶液相当于氧化镁的毫克数，按式(T 0812-2)计算。

$$T_{MgO} = T_{CaO} \times \frac{40.31}{56.08} = 0.72T_{CaO} \qquad (T\ 0812\text{-}2)$$

5 准备试样

5.1 生石灰试样：将生石灰样品打碎，使颗粒不大于 1.18mm。拌和均匀后用四分法缩减至200g左右，放入瓷研钵中研细。再经四分法缩减至20g左右。研磨所得石灰样品，通过0.15mm(方孔筛)的筛。从此细样中均匀挑取10余克，置于称量瓶中在105℃烘箱内烘至恒量，储于干燥器中，供试验用。

5.2　消石灰试样：将消石灰样品四分法缩减至10余克。如有大颗粒存在，须在瓷研钵中磨细至无不均匀颗粒存在为止。置于称量瓶中在105℃烘箱内烘至恒量，储于干燥器中，供试验用。

6　试验步骤

6.1　称取约0.5g(精确至0.000 5g)石灰试样，并记录试样质量m，放入250mL烧杯中，用水湿润，加1：10盐酸30mL，用表面皿盖住烧杯，加热至微沸，并保持微沸8～10min。

6.2　用水把表面皿洗净，冷却后把烧杯内的沉淀及溶液移入250mL容量瓶中，加水至刻度摇匀。

6.3　待溶液沉淀后，用移液管吸取25mL溶液，放入250mL三角瓶中，加50mL水稀释后，加酒石酸钾钠溶液1mL、三乙醇胺溶液5mL，再加入铵—铵缓冲溶液10mL(此时待测溶液的pH=10)、酸性铬兰K—萘酚绿B指示剂约0.1g。记录滴定管中初始EDTA二钠标准溶液体积V_5，用EDTA二钠标准溶液滴定，至溶液由酒红色变为纯蓝色时即为终点，记录滴定管中EDTA二钠标准溶液的体积V_6。V_5、V_6的差值即为滴定钙镁合量的EDTA二钠标准溶液的消耗量V_3。

该试验是利用EDTA在pH=10左右的溶液中能与钙镁完全络合的原理，测出镁、钙总含量。

6.4　再从6.2的容量瓶中，用移液管吸取25mL溶液，置于300mL三角瓶中，加水150mL稀释后，加三乙醇胺溶液5mL及20%氢氧化钠溶液5mL(此时待测溶液的pH≥12)，放入约0.2g钙指示剂。记录滴定管中初始EDTA二钠标准溶液体积V_7，用EDTA二钠标准溶液滴定，至溶液由酒红色变为蓝色即为终点，记录滴定管中EDTA二钠标准溶液的体积V_8。V_7、V_8的差值即为滴定钙离子的EDTA二钠标准溶液的消耗量V_4。

利用EDTA在pH≥12的溶液中只与钙离子络合的原理，测出钙含量，两者之差即为镁的含量。

一般来说，氧化镁的含量比氧化钙低，V_3、V_4的差值(即滴定终点)很难控制，并且V_3、V_4的差值直接影响到氧化镁的含量，因此在试验中应严格做好各步操作。用万分之一天平称取石灰试样时宜用减量法。用EDTA二钠标准溶液滴定时，V_3或V_4的滴定速度宜为2～3滴/s，不宜过快。滴定V_3或V_4时，有时溶液会由原来的酒红色变蓝色后又复现酒红色，因没有达到滴定终点，此时应继续滴定。

其原因是溶液局部浓度过大，造成在滴定未到终点时，指示剂变蓝色，在不到 30s 内又恢复酒红色。此时应放慢速度，逐滴滴加，并不断摇动三角瓶，使反应充分，仔细观察由红变蓝的瞬间，使反应进行到底，蓝色稳定后再读取 V_3、V_4 的值。

7 计算

氧化镁的含量按式(T 0812-3)计算。

$$X = \frac{T_{MgO}(V_3 - V_4) \times 10}{m \times 1\,000} \times 100 \qquad (T\ 0812\text{-}3)$$

式中：X——氧化镁的含量(%)；

T_{MgO}——EDTA 二钠标准溶液对氧化镁的滴定度；

V_3——滴定钙镁合量消耗 EDTA 二钠标准溶液的体积(mL)；

V_4——滴定钙消耗 EDTA 二钠标准溶液的体积(mL)；

10——总溶液对分取溶液的体积倍数；

m——试样质量(g)。

8 结果整理

对同一石灰样品至少应做两个试样和进行两次测定，读数精确至 0.1mL。取两次测定结果平均值代表最终结果。

9 报告

试验报告应包括以下内容：

(1)石灰来源；

(2)试验方法名称；

(3)单个试验结果；

(4)试验结果平均值。

10 记录

本试验的记录格式见表 T 0812-1。

石灰氧化镁测定记录表　　表 T 0812-1

工程名称＿＿＿＿　　试验方法＿＿＿＿

路段范围＿＿＿＿　　试 验 者＿＿＿＿

石灰来源＿＿＿＿　　校 核 者＿＿＿＿

试样编号＿＿＿＿　　试验日期＿＿＿＿

试样编号	
试样质量 (g)	
氧化钙溶液的体积 V_1 (mL)	

续上表

试样编号				
EDTA 二钠标准溶液消耗量 V_2		(mL)		
EDTA 二钠标准溶液对 CaO 的滴定度 T_{CaO}				
EDTA 二钠标准溶液对 MgO 的滴定度 T_{MgO}				
石灰试样质量 m		(g)		
EDTA 二钠标准溶液耗量 (mL)	滴定钙镁含量 V_3		V_5	V_6
	滴定钙 V_4		V_7	V_8
氧化镁含量 X		(%)		

T 0813—1994　石灰有效氧化钙和氧化镁简易测定方法

本次修订，对称量仪器的要求进行了调整，并和国际单位制接轨，将当量浓度转换成摩尔浓度，其余和原规程 T 08013—1994 一样。

1　适用范围

本方法适用于氧化镁含量在 5%以下的低镁石灰。

氧化镁分解缓慢，如果氧化镁含量高，则到达滴定终点的时间会很长，从而增加了与空气中二氧化碳的作用时间，影响测定结果，因此本方法适用于氧化镁含量在 5%以下的低镁石灰。

2　仪器设备

2.1　方孔筛：0.15mm，1 个。

2.2　烘箱：50～250℃，1 台。

2.3　干燥器：ϕ25cm，1 个。

2.4　称量瓶：ϕ30mm×50mm，10 个。

2.5　瓷研钵：ϕ12～13cm，1 个。

2.6　分析天平：量程不小于 50g，感量 0.000 1g，1 台。

2.7　电子天平：量程不小于 500g，感量 0.01g，1 台。

2.8　电炉：1 500W，1 个。

2.9　石棉网：20cm×20cm，1 块。

2.10 玻璃珠:ϕ3mm,1袋(0.25kg)。

2.11 具塞三角瓶:250mL,20个。

2.12 漏斗:短颈,3个。

2.13 塑料洗瓶:1个。

2.14 塑料桶:20L,1个。

2.15 下口蒸馏水瓶:5 000mL,1个。

2.16 三角瓶:300mL,10个。

2.17 容量瓶:250mL、1 000mL,各1个。

2.18 量筒:200mL、100mL、50mL、5mL,各1个。

2.19 试剂瓶:250mL、1 000mL,各5个。

2.20 塑料试剂瓶:1L,1个。

2.21 烧杯:50mL,5个;250mL(或300mL),10个。

2.22 棕色广口瓶:60mL,4个;250mL,5个。

2.23 滴瓶:60mL,3个。

2.24 酸滴定管:50mL,2支。

2.25 滴定台及滴定管夹:各1套。

2.26 大肚移液管:25mL、50mL,各1支。

2.27 表面皿:7cm,10块。

2.28 玻璃棒:8mm×250mm及4mm×180mm,各10支。

2.29 试剂勺:5个。

2.30 吸水管:8mm×150mm,5支。

2.31 洗耳球:大、小各1个。

3 试剂

3.1 1mol/L盐酸标准液:取83mL(相对密度1.19)浓盐酸以蒸馏水稀释至1 000mL,按下述方法标定其摩尔浓度后备用。

称取已在180℃烘箱内烘干2h的碳酸钠(优级纯或基准级纯)1.500 0~2.000 0g(精确至0.000 2g),记录为m_0。置于250mL三角瓶中,加100mL水使其完全溶解;然后加入2~3滴0.1%甲基橙指示剂,记录滴定管中待标定的盐酸标准溶液初始体积V_1,用待标定的盐酸标准溶液滴定,至碳酸钠溶液由黄色变为橙红色;将溶液加热至微沸,并保持微沸3min,然后放在冷水中冷却室温,如此时橙红色变为黄色,再用盐酸标准溶液滴定,至溶液出现稳定橙红色时为止,记录滴定管中盐酸标准溶液体积V_2。V_1、V_2的差值即为盐酸标准溶液的消耗量V。

盐酸标准溶液的摩尔浓度按式(T 0813-1)计算。

$$N=m_0/(V\times 0.053) \qquad (\text{T 0813-1})$$

式中：N——盐酸标准溶液的摩尔浓度(mol/L)；

m_0——称取碳酸钠的质量(g)；

V——滴定时消耗标准溶液的体积(mL)。

0.053——与1.00ml盐酸标准溶液[C(HCl)=1.000mol/L]相当的以克表示的无水碳酸钠的质量。

3.2　1%酚酞指示剂。

4　准备试样

4.1　生石灰试样：将生石灰样品打碎，使颗粒不大于1.18mm。拌和均匀后用四分法缩减至200g左右，放入瓷研钵中研细。再经四分法缩减至20g左右。研磨所得石灰样品，应通过0.15mm(方孔筛)的筛。从此细样中均匀挑取10余克，置于称量瓶中在105℃烘箱烘至恒量，储于干燥器中，供试验用。

4.2　消石灰试样：将消石灰样品用四分法缩减至10余克左右。如有大颗粒存在，须在瓷研钵中磨细至无不均匀颗粒存在为止。置于称量瓶中在105℃烘箱烘至恒量，储于干燥器中，供试验用。

5　试验步骤

5.1　迅速称取石灰试样0.800 0～1.000 0g(精确至0.000 5g)放入300mL三角瓶中，记录试样质量m。加入150mL新煮沸并已冷却的蒸馏水和10颗玻璃珠。瓶口上插一短颈漏斗，使用带电阻的电炉，加热5min(调到最高档)，但勿使液体沸腾，放入冷水中迅速冷却。

5.2　向三角瓶中滴入酚酞指示剂2滴，记录滴定管中盐酸标准溶液体积V_3，在不断摇动下以盐酸标准液滴定，控制速度为2～3滴/s，至粉红色完全消失，稍停，又出现红色，继续滴入盐酸，如此重复几次，直至5min内不出现红色为止，记录滴定管中盐酸标准溶液体积V_4。V_3、V_4的差值为盐酸标准溶液的消耗量V_5。如滴定过程持续半小时以上，则结果只能作参考。

6　计算

有效氧化钙和氧化镁含量按式(T 0813-2)计算。

$$X=\frac{V_5\times N\times 0.028}{m}\times 100 \qquad (\text{T 0813-2})$$

式中：X——有效氧化钙和氧化镁的含量(%)；

V_5——滴定消耗盐酸标准液的体积(mL)；

N——盐酸标准溶液的摩尔浓度(mol/L)；

m——样品质量(g)；

0.028——氧化钙的毫克当量，因氧化镁含量甚少，并且两者之毫克当量相差不大，故有效氧化钙和氧化镁的毫克当量都以 CaO 的毫克当量计算。

7 结果整理

7.1 读数精确至 0.1mL。

7.2 对同一石灰样品至少应做两个试样和进行两次测定，并取两次测定结果的平均值代表最终结果。

8 报告

试验报告应包括以下内容：

(1)石灰来源；

(2)试验方法名称；

(3)单个试验结果；

(4)试验结果平均值。

9 记录

本试验的记录格式见表 T 0813-1。

石灰有效氧化钙和氧化镁含量试验记录表　　表 T 0813-1

工程名称________　　试验方法________

路段范围________　　试 验 者________

石灰来源________　　校 核 者________

试样编号________　　试验日期________

盐酸标准溶液的摩尔浓度滴定

碳酸钠质量(g)	滴定管中盐酸标准溶液体积		盐酸标准溶液消耗量 V(mL)	摩尔浓度 N (mol/L)	平均摩尔浓度 $\overline{N}$ (mol/L)
	V_1(mL)	V_2(mL)			

石灰的钙镁含量滴定

试验编号	石灰质量(g)	滴定管中盐酸标准溶液体积		盐酸标准溶液消耗量 V_5(mL)	石灰钙镁含量 X(%)
		V_3(mL)	V_4(mL)		
1					
2					

T 0814—2009 石灰细度试验方法

1 适用范围

本方法适用于生石灰、生石灰粉和消石灰粉的细度试验。

2 仪器设备

2.1 试验筛:0.6mm、0.15mm,1套。

本试验方法参照《建筑石灰试验方法 物理试验方法》(JC/T 478.1—1992)编制,该标准规定采用0.900mm、0.125mm的方孔套筛。《公路路面基层施工技术规范》(JTJ 034—2000)规定,石灰细度采用通过0.71mm方孔筛和0.125mm方孔筛的含量确定,而当前的标准筛的筛孔为0.6mm和0.15mm。为了和当前工程中应用的筛孔一致,本次修订将筛孔统一调整为0.6mm和0.15mm。

2.2 羊毛刷:4号。

2.3 天平:量程不小于500g,感量0.01g。

3 试样准备

取300g生石灰粉或消石灰粉试样,在105℃烘箱中烘干备用。

4 试验步骤操作流程

称取试样50g,记录为m,倒入0.6mm、0.15mm方孔套筛内进行筛分。筛分时一只手握住试验筛,并用手轻轻敲打,在有规律的间隔中,水平旋转试验筛,并在固定的基座上轻敲试验筛,用羊毛刷轻轻地从筛上面刷,直至2min内通过量小于0.1g时为止。分别称量筛余物质量m_1、m_2。

5 计算

筛余百分含量按式(T 0814-1)、式(T 0814-2)计算。

$$X_1=\frac{m_1}{m}\times 100 \tag{T 0814-1}$$

$$X_2=\frac{m_1+m_2}{m}\times 100 \tag{T 0814-2}$$

式中:X_1——0.6mm方孔筛筛余百分含量(%);

X_2——0.6mm、0.15mm方孔筛两筛上的总筛余百分含量(%);

m_1——0.6mm方孔筛筛余物质量(g);

m_2——0.15mm方孔筛筛余物质量(g);

m——试样质量(g)。

6 结果整理

6.1 计算结果保留小数点后两位。

6.2 取3个试样进行平行试验，然后取平均值作为X_1、X_2的值。3次试验的重复性误差均不得大于5%，否则应另取试样重新试验。

7 报告

试验报告应包括以下内容：

(1)石灰来源；

(2)试验方法名称；

(3)0.6mm方孔筛筛余百分含量；

(4)0.15mm方孔筛筛余百分含量。

8 记录

本试验的记录格式见表T 0814-1。

石灰细度试验记录表 表T 0814-1

工程名称________ 试验方法________

路段范围________ 试 验 者________

石灰来源________ 校 核 者________

试样编号________ 试验日期________

项 目	样品质量m(g)	0.6mm筛余物质量m_1(g)	0.15mm筛余物质量m_2(g)	X_1(%)	X_2(%)
第一次					
第二次					
第三次					
平均值					

T 0815—2009 石灰未消化残渣含量测定方法

未消化残渣含量，原指生石灰消化后未能消化而存留在5mm圆孔筛上的残渣占试样的百分率。其含量愈多，石灰质量愈差，须加以限制。此次修订统一采用方孔筛，因此将通过5mm的圆孔筛修订为通过2.36mm的方孔筛。其余要求同建材行业标准《建筑石灰试验方法 物理试验方法》(JC/T 478.1—1992)方法。

1 适用范围

本方法适用于生石灰、生石灰粉和消石灰粉的未消化残渣含量的测定。

2　仪器设备

图 T 0815-1　生石灰浆渣测定仪

2.1　方孔筛：2.36mm、16mm。

2.2　生石灰浆渣测定仪(图 T 0815-1)。

2.3　量筒：500mL。

2.4　天平：量程不小于 1 500g，感量 0.01g。

2.5　搪瓷盘：200mm×300mm。

2.6　钢板尺：300mm。

2.7　烘箱：量程不小于 200℃。

2.8　保温套。

3　试验步骤

3.1　将 4 000g 试样破碎并全部通过 16mm 方孔筛，其中通过 2.36mm 方孔筛的试样量不大于 30%，混合均匀，备用。生石灰粉试样混合均匀即可。

3.2　称取已制备好的生石灰试样 1 000g 倒入装有 2 500mL(20℃±5℃)清水的筛筒(筛筒置于外筒内)。盖上盖，静置消化 20min，用圆木棒连续搅动 2min，再静置消化 40min，再搅动 2min。提起筛筒用清水冲洗筛筒内残渣，至水流不浑浊(冲洗用清水仍倒入筛筒内，水总体积控制在 3 000mL)。

3.3　将残渣移入搪瓷盘(或蒸发皿)内，在 105℃烘箱中烘干至恒量，冷却至室温后用 2.36mm 方孔筛筛分。称量筛余物 m_1，计算未消化残渣含量。

4　计算

未消化残渣含量按式(T 0815-1)计算。

$$X=\frac{m_1}{m}\times 100 \qquad (\text{T 0815-1})$$

式中：X——未消化残渣含量(%)；

m_1——2.36mm 筛余物质量(g)；

m——试样质量(g)。

5　结果整理

5.1　试验结果保留小数点后两位。

5.2　取 3 次独立试样进行平行试验，然后取平均值作为试验结果。允许重复性误差应不大于 5%，否则应增加样本量重新试验。

6　报告

试验报告应包括以下内容：

(1)石灰来源;

(2)试验方法名称;

(3)单个试验结果;

(4)试验结果平均值。

7 记录

本试验的记录格式见表 T 0815-1。

石灰未消化残渣含量试验记录表 表 T 0815-1

工程名称________ 试验方法________

路段范围________ 试 验 者________

石灰来源________ 校 核 期________

试样编号________ 试验日期________

项 目	样品质量 m(g)	2.36mm 筛余物质量 m_1(g)	未消化残渣含量 X(%)
第一次			
第二次			
第三次			
平均值			

T 0816—2009 粉煤灰二氧化硅、氧化铁和氧化铝含量测定方法

1 适用范围

本方法适用于测定粉煤灰中二氧化硅、氧化铝和氧化铁的含量。

本方法与国家标准《水泥化学分析方法》(GB/T 176)中水泥的二氧化硅(基准法)、三氧化二铁(基准法)、三氧化二铝(基准法)的试验方法等效。

2 仪器设备

2.1 分析天平:不应低于四级,量程不小于 100g,感量 0.000 1g。

2.2 氧化铝、铂、瓷坩埚:带盖,容量 15~30mL。

坩埚的使用方法及注意事项见表 3-1。

坩埚的使用方法及注意事项　　表 3-1

坩埚材料	最高温度(℃)	适用试剂	说明
铂	1 200	碱金属碳酸盐熔融、氢氟酸处理样品	质软、易划伤；在电炉上加热时应将石棉板预先灼烧除碳以免生成脆弱的碳化铂；应避免灼烧还原性金属、硫、磷等；加热时不允许与铁接触，坩埚钳应包铂头；不允许熔融氢氧化物、过氧化物等；不允许加热能生成游离卤素的试剂如王水；用完后若有赃物可用 $K_2S_2O_7$ 熔融后用水洗净；长久灼烧会产生结晶而失去光泽，可用蘸水的极细海砂轻轻擦去
银	700	苛性碱及过氧化钠熔融	高温时易氧化、不耐酸，尤其不能接触热硝酸；灼烧温度应低于750℃，不能熔融含硫物；其他注意事项与镍坩埚相近
镍	900	过氧化钠及碱熔融	价廉，可替代银坩埚使用；在空气中灼烧易氧化而不能恒量；新坩埚使用前在700℃灼烧几分钟以除去油污并生成氧化膜；可进行碱性溶剂如NaOH等熔融，酸性溶剂和含硫碱性溶剂不适用；Zn、Sn、Pb、Al、Hg、硼砂等不能熔融
铁	600	过氧化钠等	价廉，可替代镍坩埚使用；可用于过氧化钠熔融；使用前应做钝化处理
瓷	1 100	除氢氟酸、强碱、碳酸钠、焦硫酸盐外都可用	膨胀系数小，耐酸，价廉
刚玉(氧化铝)	1 600	碳酸钠、硫代硫酸钠等	耐高温，质坚，易碎，不耐酸
石英	1 000	焦硫酸钾、硫酸氢钾等	不可使用氢氟酸、苛性碱等，温度不能超过1 100℃
聚四氟乙烯	200	各种酸碱	主要代替铂坩埚用氢氟酸分解试样

2.3　瓷蒸发皿：容量 50～100mL。

2.4　马福炉：隔焰加热炉，在炉膛外围进行电阻加热。应使用温度控制器，准确控制炉温，并定期进行校验。

2.5　玻璃容量器皿：滴定管、容量瓶、移液管。

2.6　玻璃棒。

2.7　沸水浴。

2.8　玻璃三角架。

2.9 干燥器。

2.10 分光光度计：可在 400～700nm 范围内测定溶液的吸光度，带有 10mm、20mm 比色皿。

2.11 研钵：玛瑙研钵。

研钵是试验中研碎试验材料的容器，配有钵杵，常用的为瓷制品，也有玻璃、玛瑙、氧化铝、铁的制品，用于研磨固体物质或进行粉末状固体的混合。其规格用口径的大小表示。

使用研钵时，应注意以下事项：

(1)按被研磨固体的性质和产品的粗细程度选用不同质地的研钵。一般情况用瓷制或玻璃制研钵，研磨坚硬的固体时用铁制研钵，需要非常仔细地研磨且试样较少时用玛瑙或氧化铝制的研钵。注意，玛瑙研钵价格昂贵，使用时应特别小心，不能研磨硬度过大的物质，不能与氢氟酸接触。

(2)进行研磨操作时，研钵应放在不易滑动的物体上，研杵应保持垂直。大块的固体只能压碎，不能用研杵捣碎，否则会损坏研钵、研杵或将固体溅出。易爆物质只能轻轻压碎，不能研磨。研磨对皮肤有腐蚀性的物质时，应在研钵上盖上厚纸片或塑料片，然后在其中央开孔，插入研杵后进行研磨。研钵中盛放固体的量不得超过其容积的 1/3。

(3)研钵不能进行加热，尤其是玛瑙制品，切勿放入电烘箱中干燥。

(4)洗涤研钵时，应用水冲洗，耐酸腐蚀的研钵可用稀盐酸洗涤。研钵上附着难洗涤的物质时，可向其中放入少量食盐，研磨后再进行洗涤。

2.12 精密 pH 试纸：酸性。

3 试样准备

分析过程中，只应用蒸馏水或同等纯度的水；所用试剂应为分析纯或优级纯试剂。用于标定与配制标准溶液的试剂，除另有说明外，均应为基准制剂。

除另有说明外，%表示“质量分数”。本规程中使用的市售浓液体试剂具有下列密度 ρ(20℃，单位 g/cm^3 或%)：

盐酸(HCl) 1.18～1.19 g/cm^3 或 36%～38%；

氢氟酸(HF) 1.13g/cm^3 或 40%；

硝酸(HNO_3) 1.39～1.41g/cm^3 或 65%～68%；

硫酸(H_2SO_4) 1.84g/cm^3 或 95%～98%；

氨水($NH_3 \cdot H_2O$) 0.90～0.91g/cm^3 或 25%～28%。

在化学分析中，所用酸或氨水，凡未注浓度者均指市售的浓度或浓氨水。用体积比表示试剂稀释程度[①]。

注①：盐酸(1+2)表示1份体积的浓盐酸与2份体积的水相混合。

1. 盐酸

分子式：HCl；分子量：36.46。物化性质：无色或浅黄色刺激性透明液体，腐蚀性很强。

(1)危险性概述

健康危害：对皮肤、黏膜等组织有强烈的刺激和腐蚀作用。蒸气或雾可引起结膜炎、结膜水肿、角膜混浊，以致失明；引起呼吸道刺激，重者发生呼吸困难和肺水肿；高浓度的引起喉痉挛或声门水肿而窒息死亡。口服后引起消化道烧伤以致形成溃疡；严重者可能有胃穿孔、腹膜炎、肾损害、休克等。皮肤灼伤轻者出现红斑、重者形成溃疡，愈后瘢痕收缩影响功能。溅入眼内可造成灼伤，甚至角膜穿孔、全眼炎以至失明。慢性影响：牙齿酸蚀症、慢性支气管炎、肺气肿和肺硬化。

环境危害：对环境有危害，对水体和土壤可造成污染。

燃爆危险：本品助燃，具强腐蚀性、强刺激性，可致人体灼伤。

(2)操作处置

密闭操作，注意通风。操作尽可能机械化、自动化。操作人员必须经过专门培训，严格遵守操作规程。建议操作人员佩戴自吸过滤式防毒面具(全面罩)，穿橡胶耐酸碱服，戴橡胶耐酸碱手套。远离火种、热源，工作场所严禁吸烟。远离易燃、可燃物。防止蒸气泄漏到工作场所空气中。避免与还原剂、碱类、碱金属接触。搬运时要轻装轻卸，防止包装及容器损坏。配备相应品种和数量的消防器材及泄漏应急处理设备。倒空的容器可能残留有害物。稀释或制备溶液时，应把酸加入水中，避免沸腾和飞溅。

(3)储存

储存于阴凉、通风的库房。库温不超过35℃，相对湿度不超过85%。保持容器密封。应与易(可)燃物、还原剂、碱类、碱金属、食用化学品分开存放，切忌混储。储区应备有泄漏应急处理设备和合适的收容材料。

(4)废弃处置

废弃处置方法：缓慢加入碱液—石灰水中，并不断搅拌，反应停止后，用大量水冲入废水系统。

2. 氢氟酸

氢氟酸是氟化氢气体的水溶液，为无色透明至淡黄色冒烟液体；有刺激性气味；分子式 $HF \cdot H_2O$；相对密度1.15～1.18；沸点112.2℃；市售通常浓度约

47%；是弱酸。氟化氢的水溶液，其溶质的质量分数可达 35.35%；无色溶液，有毒；最浓时密度 1.14g/cm³，沸点 393.15K(120℃)；发烟雾；具弱酸性，但浓时的电离度比稀时大而与一般弱电解质有别；腐蚀性强，对牙、骨损害较严重；对硅的化合物有强腐蚀性；应在密闭的塑料瓶内保存；因 HF 溶于水而得。

(1)消防措施

用雾状水、泡沫灭火。灭火时戴氧气防毒面具和全身防护服。防止酸液溅及皮肤。

(2)储运须知

储存于聚乙烯或聚四氟乙烯塑料桶。储运条件：储存于通风的不燃库房。避免阳光直射。远离火种、热源。切忌接触 H 发孔剂、氰化物、金属粉末、碱类等。工作人员必须穿戴用聚氯乙烯或氯丁橡胶制的防护用品(包括长袖工作服、防毒面具、面罩或化学安全防护镜、安全帽、手套和脚套)。并备有淋浴和洗眼睛设备供工作人员工作后清洗。

(3)泄漏处理

处理泄漏物时必须戴好防毒面具、防护眼镜、手套和全身防护服。对被污染的地面，撒上苏打石灰，用水冲洗，经稀释的污水放入废水系统。

(4)侵入途径

可经皮肤吸收，氢氟酸酸雾经呼吸道吸入。对皮肤有强烈刺激性和腐蚀性。

(5)毒理学简介及临床表现

毒理学简介：对皮肤有强烈刺激性和腐蚀性。氢氟酸中的氢离子对人体组织有脱水和腐蚀作用，而氟是最活泼的非金属元素之一。皮肤与氢氟酸接触后，氟离子不断解离而渗透到深层组织，溶解细胞膜，造成表皮、真皮、皮下组织乃至肌层液化坏死。氟离子还可干扰烯醇化酶的活性使皮肤细胞摄氧能力受到抑制。估计人摄入 1.5g 氢氟酸可致立即死亡。吸入高浓度的氢氟酸酸雾，引起支气管炎和出血性肺水肿。氢氟酸也可经皮肤吸收而引起严重中毒。

临床表现：皮肤损害程度与氢氟酸浓度、接触时间、接触部位及处理方法有关。浓度越高，接触时间越长，受害组织越柔软或致密，作用就越迅速而强烈。接触 30%以上浓度的氢氟酸，疼痛和皮损常立即发生。接触低浓度的氢氟酸时，常经数小时始出现疼痛及皮肤灼伤。局部皮损初起呈红斑，随即转为有红晕的白色水肿，继而变为淡青灰色坏死，而后覆以棕褐色或黑色厚痂，脱痂后形成溃疡。手指部位的损害常转为大疱，甲板也常同时受累，甲床与甲周红肿。严重时甲下水疱形成，甲床与甲板分离。高浓度灼伤常呈进行性坏死，溃疡愈合缓慢。严重者累及局部骨骼，尤以指骨为多见。表现为指间关节狭窄，关节面粗糙，边缘不整，皮质增生，髓腔狭小,乃至骨质吸收等类似骨髓炎的征象。氢氟酸酸雾可引起皮肤瘙痒及皮炎。剂量大时亦可造成皮肤、胃肠道和呼吸道黏膜的灼伤。眼接触高浓度氢氟酸后,局部剧痛,并迅速形成白色假膜样混浊,如处理不及时可引起角膜穿孔。氢氟酸灼伤合并氟中毒已引起注意,患者因低血钙出现抽搐,心电图 Q-T 间期延长,心室颤动发作。

(6)处理

皮肤接触氢氟酸后立即用大量流水作长时间彻底冲洗,尽快地稀释和冲去氢氟酸。这是最有效的措施,是治疗的关键。

氢氟酸灼伤后的中和方法不少,总的原则是使用一些可溶性钙、镁盐类制剂,使其与氟离子结合形成不溶性氟化钙或氟化镁,从而使氟离子灭活。现场应用石灰水浸泡或湿敷(易于推广)。氨水与氢氟酸作用形成可溶性氟化铵,它还可离解出活性氟离子,故不宜作为中和剂。可用氢氟酸灼伤治疗液(5%氯化钙 20mL、2%利多卡因 20mL、地塞米松 5mg)浸泡或湿敷,以冰硫酸镁饱和液浸泡。

可采用钙离子直流电透入。利用直流电的作用,使足够量的钙离子直接导入需要治疗的部位,提高局部用药效果。在灼伤的第 1～3d,每天 1～2 次,每次 20～30min。重病例每次治疗时间可酌情延长。

呼吸道吸入氢氟酸,可用 2.5%葡萄糖酸钙溶液超声雾化吸入,每次 15～20mL,3 次/d。

氢氟酸溅入眼内,立即分开眼睑,用大量清水连续冲洗 15min 左右。滴入 2～3 滴局部麻醉眼药,可减轻疼痛。可用 1%葡萄糖酸钙眼药水滴眼。同时送眼科诊治。

早期手术切痂,是减少氟离子继续吸收的重要措施。

3. 硝酸

硝酸也是一种重要的强酸,它的特点是具有强氧化性和腐蚀性。除了金和铂以外,其他金属都能被它溶解。HNO_3 相对分子量或原子量为 63.01。

硝酸不论浓稀溶液都有氧化性和腐蚀性,因此对人很危险,仅溅到皮肤上也会引起严重烧伤。皮肤接触硝酸后会慢慢变黄,最后变黄的表皮会起皮脱落(硝酸和蛋白质接触后,会导致黄蛋白反应而变性)。此外,浓硝酸需以深色玻璃瓶盛装,避免受到光照反应释出有毒的 NO_2。

4. 硫酸

分子式:H_2SO_4,分子相对质量:98.08。纯硫酸是一种无色无味油状液体。常用的浓硫酸中 H_2SO_4 的质量分数为 98.3%,其密度为 1.84g/cm^3,其物质的量浓度为18.4mol/L。硫酸是一种高沸点、难挥发的强酸，易溶于水，能以任意比与水混溶。浓硫酸溶解时放出大量的热，因此浓硫酸稀释时应该“酸入水，沿器壁，慢慢倒，不断搅”。若将浓硫酸中继续通入三氧化硫，则会产生“发烟”现象，这样超过98.3%的硫酸称为“发烟硫酸”。

(1)危险性概述

健康危害：对皮肤、黏膜等组织有强烈的刺激和腐蚀作用。蒸气或雾可引起结膜炎、结膜水肿、角膜混浊，以致失明；引起呼吸道刺激，重者发生呼吸困难和肺水肿；高浓度的引起喉痉挛或声门水肿而窒息死亡。口服后引起消化道烧伤以致溃疡形成；严重者可能有胃穿孔、腹膜炎、肾损害、休克等。皮肤灼伤轻者出现红斑、重者形成溃疡，愈后瘢痕收缩影响功能。溅入眼内可造成灼伤，甚至角膜穿孔、全眼炎以至失明。慢性影响：牙齿酸蚀症、慢性支气管炎、肺气肿和肺硬化。

环境危害：对环境有危害，对水体和土壤可造成污染。

燃爆危险：本品助燃，具强腐蚀性、强刺激性，可致人体灼伤。

(2)急救措施

皮肤接触：先用干布拭去，然后用大量水冲洗，最后用小苏打溶液冲洗，严重时应立即送医院。

眼睛接触：立即提起眼睑，用大量流动清水或生理盐水彻底冲洗至少15min。就医。

吸入：迅速脱离现场至空气新鲜处。保持呼吸道通畅。如呼吸困难，则输氧。如呼吸停止，立即进行人工呼吸。就医。

食入：用水漱口，饮牛奶或蛋清，就医。

注意：防止皮肤直接接触。用棉布先吸去皮肤上的硫酸，再用大量流动清水冲洗，最后用0.01%的苏打水(或稀氨水)浸泡。切勿直接冲洗！

(3)消防措施

危险特性：遇水大量放热，可发生沸溅。与易燃物(如苯)和可燃物(如糖、纤维素等)接触会发生剧烈反应，甚至引起燃烧。遇电石、高氯酸盐、雷酸盐、硝酸盐、苦味酸盐、金属粉末等猛烈反应，发生爆炸或燃烧。有强烈的腐蚀性和吸水性。

有害燃烧产物：二氧化硫。

灭火方法：消防人员必须穿全身耐酸碱消防服。

灭火剂：干粉、二氧化碳、沙土。避免水流冲击物品，以免遇水会放出大量热量发生喷溅而灼伤皮肤。

(4)操作处置

密闭操作，注意通风。操作尽可能机械化、自动化。操作人员必须经过专门培训，严格遵守操作规程。建议操作人员佩戴自吸过滤式防毒面具(全面罩)，穿橡胶耐酸碱服，戴橡胶耐酸碱手套。远离火种、热源，工作场所严禁吸烟。远离易燃、可燃物。防止蒸气泄漏到工作场所空气中。避免与还原剂、碱类、碱金属接触。搬运时要轻装轻卸，防止包装及容器损坏。配备相应品种和数量的消防器材及泄漏应急处理设备。倒空的容器可能残留有害物。稀释或制备溶液时，应把酸加入水中，避免沸腾和飞溅。

(5)储存

储存于阴凉、通风的库房。库温不超过35℃，相对湿度不超过85%。保持容器密封。应与易(可)燃物、还原剂、碱类、碱金属、食用化学品分开存放，切忌混储。储区应备有泄漏应急处理设备和合适的收容材料。

(6)废弃处置

废弃处置方法：缓慢加入碱液—石灰水中，并不断搅拌，反应停止后，用大量水冲入废水系统。

5. 氨水

分子式：$NH_3 \cdot H_2O$及NH_4OH；分子量：35.045。物化性质：纯净的氨水是无色透明的液体，当氨水中混有杂质时颜色不一。氨水具有较强的挥发性，有较强的刺激性臭味，并有渗透性、腐蚀性，它能与多种酸类生成铵盐。

氨的水溶液叫氨水，含氮12%～16%，氮素形态为NH_3、NH_4，属于铵态氮肥。

一旦氨水沾污皮肤，先用清水或2%的食醋液冲洗；若皮肤局部出现红肿、水泡，可用2%的食醋液冲洗；若皮肤局部出现红肿、水泡，可用2%的硼酸液湿敷。鼻黏膜受到强烈的刺激，可滴入1%的麻黄素溶液，重者应吸入糜蛋白酶。

氨水溅入眼内，应立即用生理盐水反复冲洗，再滴入氯霉素眼药水，仍感不适时须请医生急诊和治疗。

发现氨水吸入中毒者(出现呼吸道、眼、鼻、皮肤黏膜的严重刺激感，并伴随咳嗽、流涕、发痒、气促、紫绀、烦躁等症状)，应让他迅速离开现场，并脱去被氨水污染的衣、裤；口服食醋50～100mL，同时服用维生素C50mg，每日3次；若出现咽喉梗塞、肺气肿等症状，应请医生急诊治疗，以免发生意外。

包装及储运：氨水用密封的玻璃瓶、坛、铁桶、槽车或槽船等装运。氨水储存时，应放在阴凉通风、隔绝火源的场所，以减少氨的发挥和避免发生爆炸事故。

3.1　盐酸：(1+1)；(1+2)；(1+4)；(1+11)；(3+97)。

3.2　硝酸：(1+9)。

3.3　硫酸：(1+4)；(1+1)。

3.4 氨水：(1+1)；(1+2)。

3.5 硝酸银溶液(5g/L)：将 5g 硝酸银($AgNO_3$)溶于水中，加 10mL 硝酸(HNO_3)，用水稀释至 1L。

硝酸银，分子式：$AgNO_3$；分子量：169.87。外观与性状：无色透明的斜方结晶或白色的结晶，有苦味。

健康危害：误服硝酸银可引起剧烈腹痛、呕吐、血便，甚至发生胃肠道穿孔。可造成皮肤和眼灼伤。长期接触本品的工人会出现全身性银质沉着症。表现包括：全身皮肤广泛的色素沉着，呈灰蓝黑色或浅石板色；眼部银质沉着造成眼损害；呼吸道银质沉着造成慢性支气管炎等。

燃爆危险：本品助燃，高毒。

皮肤接触：脱去污染的衣着，用肥皂水和清水彻底冲洗皮肤。

眼睛接触：提起眼睑，用流动清水或生理盐水冲洗。就医。

吸入：迅速脱离现场至空气新鲜处。保持呼吸道通畅。如呼吸困难，则输氧。如呼吸停止，立即进行人工呼吸。就医。

食入：用水漱口，饮牛奶或蛋清。就医。

危险特性：无机氧化剂。遇可燃物着火时，能助长火势。受高热分解，产生有毒的氮氧化物。

灭火方法：采用水、雾状水、沙土灭火。

操作注意事项：密闭操作，加强通风。操作人员必须经过专门培训，严格遵守操作规程。建议操作人员佩戴头罩型电动送风过滤式防尘呼吸器，穿胶布防毒衣，戴氯丁橡胶手套。远离火种、热源，工作场所严禁吸烟。远离易燃、可燃物。避免产生粉尘。避免与还原剂、碱类、醇类接触。搬运时要轻装轻卸，防止包装及容器损坏。配备相应品种和数量的消防器材及泄漏应急处理设备。倒空的容器可能残留有害物。

储存注意事项：储存于阴凉、通风的库房；在试验室，应储存于棕色玻璃瓶里。远离火种、热源。避免光照。库温不超过 30℃，相对湿度不超过 80%。包装必须密封，切勿受潮。应与易(可)燃物、还原剂、碱类、醇类、食用化学品分开存放，切忌混储。储区应备有合适的材料收容泄漏物。

3.6 氯化铵(NH_4Cl)。

3.7 无水乙醇(C_2H_5OH)：体积分数不低于 99.5%；乙醇，体积分数 95%；乙醇(1+4)。

3.8 无水碳酸钠(Na_2CO_3)：将无水碳酸钠用玛瑙研钵研细至粉末状保存。

碳酸钠：分子式 Na_2CO_3，分子量 105.99。

(1)危险性

健康危害:本品具有刺激性和腐蚀性。直接接触可引起皮肤和眼灼伤。生产中吸入其粉尘和烟雾可引起呼吸道刺激和结膜炎,还可有鼻黏膜溃疡、萎缩及鼻中隔穿孔。长时间接触本品溶液可发生湿疹、皮炎、鸡眼状溃疡和皮肤松弛。接触本品的作业工人呼吸器官疾病发病率升高。误服可造成消化道灼伤、黏膜糜烂、出血和休克。

燃爆危险:本品不燃,具腐蚀性、刺激性,可致人体灼伤。

(2)急救措施

皮肤接触:立即脱去污染的衣着,用大量流动清水冲洗至少15min。就医。

眼睛接触:立即提起眼睑,用大量流动清水或生理盐水彻底冲洗至少15min。就医。

吸入:脱离现场至空气新鲜处。如呼吸困难,则输氧。就医。

食入:用水漱口,饮牛奶或蛋清。就医。

(3)消防措施

危险特性:具有腐蚀性。未有特殊的燃烧爆炸特性。

有害燃烧产物:自然分解产物未知。

灭火方法:消防人员必须穿全身耐酸碱消防服。灭火时尽可能将容器从火场移至空旷处。

(4)泄漏应急处理

隔离泄漏污染区,限制出入。建议应急处理人员戴防尘面具(全面罩),穿防毒服。避免扬尘,小心扫起,置于袋中转移至安全场所。若大量泄漏,用塑料布、帆布覆盖。收集回收或运至废物处理场所处置。

(5)操作注意事项

密闭操作,加强通风。操作人员必须经过专门培训,严格遵守操作规程。建议操作人员佩戴自吸过滤式防尘口罩,戴化学安全防护眼镜,穿防毒物渗透工作服,戴橡胶手套。避免产生粉尘。避免与酸类接触。搬运时要轻装轻卸,防止包装及容器损坏。配备泄漏应急处理设备。倒空的容器可能残留有害物。稀释或制备溶液时,应把碱加入水中,避免沸腾和飞溅。

(6)储存注意事项

储存于阴凉、通风的库房。远离火种、热源。应与酸类等分开存放,切忌混储。储区应备有合适的材料收容泄漏物。

3.9 1—(2—吡啶偶氮)—2—萘酚(PAN)指示剂溶液:将0.2g PAN溶于100mL体积分数为95%的乙醇中。

3.10　钼酸铵溶液(50g/L):将5g钼酸铵[$(NH_4)_6Mo_7O_{24}\cdot 4H_2O$]溶于水中,加水稀释至100mL,过滤后储存于塑料瓶中,此溶液可保存约一周。

钼酸铵,分子式:$(NH_4)_2Mo_7O_4$;分子量:1 235.86。作用与应用:钼为多种酶的组成部分,钼的缺乏会导致龋齿、肾结石、克山病、大骨节病、食道癌等疾病;主要用于长期依赖静脉高营养的患者。

3.11　抗坏血酸溶液(5g/L):将0.5g抗坏血酸(V.C)溶于100mL水中,过滤后使用,用时现配。

维生素C(抗坏血酸),分子式:$C_6H_8O_6$,分子量:176.12u,酸性,在溶液中会氧化分解。外观:无色晶体,熔点:190～192℃,沸点:无,紫外吸收最大值:245nm,溶解性:水溶性维生素。

3.12　氢氧化钾溶液(200g/L):将200g氢氧化钾(KOH)溶于水中,加水稀释至1L,储存于塑料瓶中。

氢氧化钾,分子式:KOH,分子量:56.11。外观与性状:白色晶体,易潮解。

溶解性:溶于水、乙醇,微溶于醚,溶于水放出大量热,易溶于酒精和甘油。熔点360.4℃。其化学性质类似氢氧化钠(烧碱),水溶液呈无色,有强碱性,能破坏细胞组织。

健康危害:本品具有强腐蚀性。粉尘刺激眼和呼吸道,腐蚀鼻中隔;皮肤和眼直接接触可引起灼伤;误服可造成消化道灼伤,黏膜糜烂、出血,休克。

环境危害:对水体可造成污染。

燃爆危险:本品不燃,具强腐蚀性、强刺激性,可致人体灼伤。

危险特性:与酸发生中和反应并放热。本品不会燃烧,遇水和水蒸气大量放热,形成腐蚀性溶液。具有强腐蚀性。

3.13　焦硫酸钾($K_2S_2O_7$):将市售焦硫酸钾在瓷蒸发皿中加热熔化,待气泡停止发生后,冷却、砸碎,储存于磨口瓶中。

3.14　钙黄绿素—甲基百里香酚蓝—酚酞混合指示剂溶液(简称CMP混合指示剂):称取1.000g钙黄绿素、1.000g甲基百里香酚蓝、0.200g酚酞与50g已在105℃烘干过的硝酸钾(KNO_3)混合研细,保存在磨口瓶中。

3.15　碳酸钙标准溶液[$C(CaCO_3)=0.024mol/L$]

称取0.6g(m_1)已于105～110℃烘过2h的碳酸钙($CaCO_3$),精确至0.000 1g,置于400mL烧杯中,加入约100mL水,盖上表面皿,沿杯口滴加盐酸(1+1)至碳酸钙全部溶解,加热煮沸数分钟。将溶液冷却至室温,移入250mL容量瓶中,用水稀释至标线,摇匀。

3.16　EDTA二钠标准溶液[$C(EDTA)=0.015mol/L$]

3.16.1 标准滴定溶液的配制

称取EDTA二钠(乙二胺四乙酸二钠盐)约5.6g置于烧杯中,加水约200mL,加热溶解,过滤,用水稀释至1L。

3.16.2 EDTA二钠标准溶液浓度的标定

吸取25.00mL碳酸钙标准溶液(见3.15)置于400mL烧杯中,加水稀释至约200mL,加入适量的CMP混合指示剂(见3.14),在搅拌下加入氢氧化钾溶液至出现绿色荧光后再过量2～3mL,以EDTA二钠标准溶液滴定至绿色荧光消失并呈现红色。

EDTA二钠标准溶液的浓度按式(T 0816-1)计算。

$$C(\mathrm{EDTA})=\frac{m_1\times 25\times 1\,000}{250\times V_4\times 100.09}=\frac{m_1}{V_4}\times\frac{1}{1.000\,9} \quad (\mathrm{T\ 0816\text{-}1})$$

式中:$C(\mathrm{EDTA})$——EDTA二钠标准溶液的浓度(mol/L);

V_4——滴定时消耗EDTA二钠标准溶液的体积(mL);

m_1——按2.15配制碳酸钙标准溶液的碳酸钙的质量(g);

100.09——$CaCO_3$的摩尔质量(g/mol)。

3.16.3 EDTA二钠标准溶液对各氧化物滴定度的计算

EDAT二钠标准溶液对三氧化二铁、三氧化二铝、氧化钙、氧化镁的滴定度分别按式(T 0816-2)～式(T 0816-5)计算。

$$T_{Fe_2O_3}=C(\mathrm{EDTA})\times 79.84 \quad (\mathrm{T\ 0816\text{-}2})$$

$$T_{Al_2O_3}=C(\mathrm{EDTA})\times 50.98 \quad (\mathrm{T\ 0816\text{-}3})$$

$$T_{CaO}=C(\mathrm{EDTA})\times 56.08 \quad (\mathrm{T\ 0816\text{-}4})$$

$$T_{MgO}=C(\mathrm{EDTA})\times 40.31 \quad (\mathrm{T\ 0816\text{-}5})$$

式中:$T_{Fe_2O_3}$——每毫升EDTA二钠标准溶液相当于三氧化二铁的毫克数(mg/mL);

$T_{Al_2O_3}$——每毫升EDTA二钠标准溶液相当于三氧化二铝的毫克数(mg/mL);

T_{CaO}——每毫升EDTA二钠标准溶液相当于氧化钙的毫克数(mg/mL);

T_{MgO}——每毫升EDTA二钠标准溶液相当于氧化镁的毫克数(mg/mL);

$C(\mathrm{EDTA})$——EDTA二钠标准溶液的浓度(mol/L);

79.84——($1/2Fe_2O_3$)的摩尔质量(g/mol);

50.98——($1/2Al_2O_3$)的摩尔质量(g/mol);

56.08——CaO的摩尔质量(g/mol);

40.31——MgO的摩尔质量(g/mol)。

3.17 pH4.3的缓冲溶液:将42.3g无水乙酸钠(CH_3COONa)溶于水中,加80mL冰乙酸(CH_3COOH),用水稀释至1L,摇匀。

3.18 硫酸铜标准溶液[$C(CuSO_4)=0.015mol/L$]

3.18.1 标准溶液的配制

将3.7g硫酸铜($CuSO_4 \cdot 5H_2O$)溶于水中，加4～5滴硫酸(1+1)，用水稀释至1L，摇匀。

3.18.2 EDTA二钠标准溶液与硫酸铜标准溶液体积比的标定

从滴定管缓慢放出[$C(EDTA)=0.015mol/L$]EDTA二钠标准溶液10～15mL(见3.16)于400mL烧杯中，用水稀释至约150mL，加15mL pH4.3的缓冲溶液(见3.17)，加热至沸，取下稍冷，加5～6滴PAN指示剂溶液(见3.9)，以硫酸铜标准溶液滴定至亮紫色。

EDTA二钠标准溶液与硫酸铜标准溶液的体积比按式(T 0816-6)计算。

$$K_2=\frac{V_5}{V_6} \tag{T 0816-6}$$

式中：K_2——每毫升硫酸铜标准溶液相当于EDTA二钠标准溶液的毫升数；

V_5——EDTA二钠标准溶液的体积(mL)；

V_6——滴定时消耗硫酸铜标准溶液的体积(mL)。

3.19 EDTA—铜溶液：按[$C(EDTA)=0.015mol/L$]EDTA二钠标准溶液(见3.16)与[$C(CuSO_4)=0.015mol/L$]硫酸铜标准溶液(见3.18)的体积比，标准配置成等浓度的混合溶液。

3.20 溴酚蓝指示剂溶液：将0.2g溴酚蓝溶于100mL乙醇(1+4)中。

3.21 磺基水杨酸钠指示剂溶液：将10g磺基水杨酸钠溶于水中，加水稀释至100mL。

3.22 pH3的缓冲溶液：将3.2g无水乙酸钠(CH_3COONa)溶于水中，加120mL冰乙酸(CH_3COOH)，用水稀释至1L，摇匀。

3.23 二氧化硅(SiO_2)标准溶液

3.23.1 标准溶液的配制

称取0.200 0g经1 000～1 100℃新灼烧过30min以上的二氧化硅(SiO_2)，精确至0.000 1g，置于铂坩埚中，加入2g无水碳酸钠，搅拌均匀，在1 000～1 100℃高温下熔融15min。冷却，用热水将熔块浸出于盛有热水300mL的塑料杯中，待全部溶解后冷却至室温，移入1 000mL容量瓶中，用水稀释至标线，摇匀，移入塑料瓶中保存。此标准溶液每毫升含有0.2mg二氧化硅。

吸取10.00mL上述标准溶液于100mL容量瓶中，用水稀释至标线，摇匀，移入塑料瓶中保存。此标准溶液每毫升含有0.02mg二氧化硅。

3.23.2 工作曲线的绘制

吸取每毫升含有 0.02mg 二氧化硅的标准溶液 0mL、2.00mL、4.00mL、5.00mL、6.00mL、8.00mL、10.00mL 分别放入 100mL 容量瓶中，加水稀释至约 40mL，依次加入 5mL 盐酸(1+11)、8mL 体积分数为 95%的乙醇、6mL 钼酸铵溶液。放置 30min 后，加入 20mL 盐酸(1+1)、5mL 抗坏血酸溶液，用水稀释至标线，摇匀。放置 1h 后，使用分光光度计、10mm 比色皿，以水作参比，于 660nm 处测定溶液的吸光度。用测得的吸光度作为相对应的二氧化硅含量的函数，绘制工作曲线。

4 试验准备

4.1 灼烧

将滤纸和沉淀物放入已灼烧并恒量的坩埚中，烘干。在氧化性气氛中慢慢灰化，不使其产生火焰，灰化至无黑色炭颗粒后，放入马福炉中，在规定的温度 950～1 000℃下灼烧。在干燥器中冷却至室温，称量。

4.2 检查 Cl^- 离子(硝酸银检验)

按规定洗涤沉淀数次后，用数滴水淋洗漏斗的下端，用数毫升水洗涤滤纸和沉淀，将滤液收集在试管中，加几滴硝酸银溶液，观测试管中溶液是否浑浊，继续洗涤并定期检查，直至硝酸银检验不再浑浊为止。

4.3 恒量

经第一次灼烧、冷却、称量后，通过连续每次 15min 的灼烧，然后用冷却、称量的方法来检查质量是否恒定。当连续两次称量之差小于 0.000 5g 时，即达到恒量。

5 试验步骤

5.1 二氧化硅的测定(碳酸钠烧结，氯化铵质量法)

试验以无水碳酸钠烧结，盐酸溶解，加固体氯化铵于沸水浴上加热蒸发，使硅酸凝聚(经过滤灼烧后称量)。用氢氟酸处理后，失去的质量即为胶凝性二氧化硅的质量，加上从滤液中比色回收可溶性的二氧化硅质量即为二氧化硅的总质量。

5.1.1 胶凝性二氧化硅的测定

(1)称取约 0.5g 试样(m_1)，精确至 0.000 1g，置于铂坩埚中，将盖斜置于坩埚上，在 950～1 000℃下灼烧 5min，冷却。用玻璃棒仔细压碎块状物，加入 0.3g±0.01g 无水碳酸钠(见 3.8)混匀，再将坩埚置于 950～1 000℃下灼烧 10min，放冷。

(2)将烧结块移入瓷蒸发皿中，加少量水润湿，用平头玻璃棒压碎块状物，盖上表面皿，从皿口滴入 5mL 盐酸及 2～3 滴硝酸，待反应停止后取下表面皿，用平头玻璃棒压碎块状物使其分解完全，用热盐酸(1+1)清洗坩埚数次，洗液合并于蒸发皿中。将蒸发皿置于沸水浴上，皿下放一玻璃三角架，再盖上表面皿。蒸发至糊状后，加入1g氯化铵，充分搅匀，在蒸汽水浴上蒸发至干后继续蒸发10～15min，蒸发期间用平头玻璃棒仔细搅拌并压碎大颗粒。

(3)取下蒸发皿，加入10～20mL热盐酸(3+97)，搅拌使可溶性盐类溶解。用中速滤纸过滤，用胶头擦棒擦洗玻璃棒及蒸发皿，用热盐酸(3+97)洗涤沉淀3～4次，然后用热水充分洗涤沉淀，直至检验无氯离子为止(见4.2)。滤液及洗液保存在250mL容量瓶中。

(4)将沉淀连同滤纸一并移入铂坩埚中，将盖斜置于坩埚上，在电炉上干燥，灰化完全后放入950～1 000℃的马福炉内灼烧(见4.1)1h，取出坩埚置于干燥器中冷却至室温，称量。反复灼烧，直至恒量(m_2)。

(5)向坩埚中加数滴水润湿沉淀，加3滴硫酸(1+4)和10mL氢氟酸，放入通风橱内电热板上缓慢蒸发至干，升高温度继续加热至三氧化硫白烟完全逸尽。将坩埚放入950～1 000℃的马福炉内灼烧30min，取出坩埚置于干燥器中冷却至室温，称量。反复灼烧，直至恒量(m_3)。

5.1.2　经氢氟酸处理后的残渣的分解

向按方法5.1经过氢氟酸处理后得到的残渣中加入0.5g焦硫酸钾(见3.13)熔融，熔块用热水和数滴盐酸(1+1)溶解，溶液并入按方法5.1分离二氧化硅后得到的滤液和洗液中，用蒸馏水稀释至标线，摇匀。此溶液A供测定滤液中残留的可溶性二氧化硅(见5.1.3)、三氧化二铁(见5.2)、三氧化二铝(见5.3)用。

5.1.3　可溶性二氧化硅的测定(硅钼蓝光度法)

从溶液A中吸取25.00mL溶液放入100mL容量瓶中。用水稀释至40mL，依次加入5mL盐酸(1+11)、体积分数为95%的乙醇8mL、6mL钼酸铵溶液，放置30min后加入20mL盐酸(1+1)、5mL抗坏血酸溶液，用水稀释至标线，摇匀。放置1h后，使用分光光度计、10mm比色皿，以水作参比，于660nm处测定溶液的吸光度。在工作曲线上[见3.23(2)]查出二氧化硅的质量m_4。

5.1.4　计算

胶凝性二氧化硅的含量按式(T 0816-7)计算：

$$X_{胶凝性SiO_2}=\frac{m_2-m_3}{m_1}\times 100 \tag{T 0816-7}$$

式中：$X_{胶凝性SiO_2}$——胶凝性二氧化硅的含量(%)；

m_2——灼烧后未经氢氟酸处理的沉淀及坩埚的质量(g)；

m_3——用氢氟酸处理并经灼烧后的残渣及坩埚的质量(g)；

m_1——试料的质量(g)。

可溶性二氧化硅的含量按式(T 0816-8)计算。

$$X_{可溶性SiO_2} = \frac{m_4 \times 250}{m_1 \times 25 \times 1\,000} \times 100 = \frac{m_4}{m_1} \quad (T\ 0816\text{-}8)$$

式中：$X_{可溶性SiO_2}$——可溶性二氧化硅的含量(%)；

m_4——按该法测定的100mL溶液中所含的二氧化硅的质量(mg)；

m_1——本方法5.1.1中试料的质量(g)。

5.1.5 结果表示

SiO_2总含量按式(T 0816-9)计算。

$$X_{总SiO_2} = X_{胶凝性SiO_2} + X_{可溶性SiO_2} \quad (T\ 0816\text{-}9)$$

5.1.6 结果整理

平行试验两次，允许重复性误差为0.15%。

5.2 三氧化二铁的测定(基准法)

5.2.1 目的和适用范围

在pH1.8～2.0、温度为60～70℃的溶液中，以磺基水杨酸钠为指示剂，用EDTA二钠标准溶液滴定。

5.2.2 操作流程

从溶液A(见5.1.2)中吸取25.00mL溶液放入300mL烧杯中，加水稀释至约100mL，用氨水(1+1)和盐酸(1+1)调节溶液pH值至1.8～2.0之间(用精密pH试纸检验)。将溶液加热至70℃，加10滴磺基水杨酸钠指示剂溶液，此时溶液为紫红色。用[C(EDTA)=0.015mol/L]EDTA二钠标准溶液缓慢地滴定至亮黄色(终点时溶液温度应不低于60℃，如终点前溶液温度降至近60℃时，应再加热至65～70℃)。保留此溶液供测定三氧化二铝用。

5.2.3 计算

按式(T 0816-10)计算三氧化二铁的含量。

$$X_{Fe_2O_3} = \frac{T_{Fe_2O_3} \times V_1 \times 10}{m_1 \times 1\,000} \times 100 = \frac{T_{Fe_2O_3} \times V_1}{m_1} \quad (T\ 0816\text{-}10)$$

式中：$X_{Fe_2O_3}$——三氧化二铁的含量(%)；

$T_{Fe_2O_3}$——每毫升DETA二钠标准溶液相当于三氧化二铁的毫克数(mg/mL)；

V_1——滴定时消耗EDTA二钠标准溶液的体积(mL)；

m_1——本方法5.1.1中试料的质量(g)。

5.2.4 结果整理

平行试验两次，允许重复性误差为0.15%。

5.3 三氧化二铝的测定

5.3.1 目的和适用范围

将滴定三氧化二铁后的溶液pH值调整至3，在煮沸下用EDTA—铜和PAN为指示剂，用EDTA二钠标准溶液滴定。

5.3.2 操作流程

将5.2中测完三氧化二铁的溶液用水稀释至约200mL，加1～2滴溴酚蓝指示剂溶液，滴加氨水(1+1)至溶液出现蓝紫色，再滴加盐酸(1+1)至黄色，加入pH3的缓冲溶液15mL，加热至微沸并保持1min，加入10滴EDTA—铜溶液，及2～3滴PAN指示剂，用[C(EDTA)=0.015mol/L]EDTA二钠标准溶液滴定至红色消失，继续煮沸，滴定，直至溶液经煮沸后红色不再出现，呈稳定的亮黄色为止。记下EDTA二钠标准溶液消耗量V_3。

5.3.3 计算

按式(T 0816-11)计算三氧化二铝的含量。

$$X_{Al_2O_3}=\frac{T_{Al_2O_3}\times V_3\times 10}{m_1\times 1\,000}\times 100=\frac{T_{Al_2O_3}\times V_3}{m_1} \qquad (T\ 0816\text{-}11)$$

式中：$X_{Al_2O_3}$——三氧化二铝的含量(%)；

$T_{Al_2O_3}$——每毫升EDTA二钠标准溶液相当于三氧化二铝的毫克数(mg/mL)；

V_3——滴定时消耗的EDTA二钠标准溶液的体积(mL)；

m_1——本方法5.1.1中试料的质量(g)。

5.3.4 结果整理

平行试验两次，允许重复性误差为0.20%。

6 报告

试验报告应包括以下内容：

(1)粉煤灰来源；

(2)试验方法名称；

(3)二氧化硅的含量；

(4)三氧化二铁的含量；

(5)三氧化二铝的含量。

T 0817—2009 粉煤灰烧失量测定方法

1 适用范围

本方法适用于粉煤灰烧失量的测定。本方法将试样在950～1 000℃的马福炉中灼烧，驱除水分和二氧化碳，同时将存在的易氧化元素氧化。由硫化物的氧化引起的烧失量误差必须进行校正，其他元素存在引起的误差一般可忽略不计。

《用于水泥和混凝土中的粉煤灰》(GB/T 1596—2005)中规定，粉煤灰烧失量测定方法按照 GB/T 176 进行，本方法参照《水泥化学分析方法》(GB/T 176—1996)中烧失量测定的基准法编制。考虑粉煤灰与水泥不同，本身含水量较高，因此增加了粉煤灰的烘干试验。

2　仪器设备

2.1　马福炉：隔焰加热炉，在炉膛外围进行电阻加热。应使用温度控制器，准确控制炉温，并定期进行校验。

2.2　瓷坩埚：带盖，容量 15～30mL。

2.3　分析天平：量程不小于 50g，感量 0.000 1g。

3　试验步骤

3.1　将粉煤灰样品用四分法缩减至 10 余克左右，如有大颗粒存在，须在研钵中磨细至无不均匀颗粒存在为止，置于小烧杯中在 105～110℃ 烘干至恒量，储于干燥器中，供试验用。

3.2　将瓷坩埚灼烧至恒量，供试验用。

3.3　称取约 1g 试样(m_0)，精确至 0.000 1g，置于已灼烧至恒量的瓷坩埚中，放在马福炉内从低温开始逐渐升高温度，在 950～1 000℃ 下灼烧 15～20min，取出坩埚置于干燥器中冷却至室温，称量。反复灼烧，直至连续两次称量之差小于 0.000 5g 时，即达到恒量，记录每次称量的质量。

4　计算

烧失量按式(T 0817-1)计算。

$$X = \frac{m_0 - m_n}{m_0} \times 100 \qquad \text{(T 0817-1)}$$

式中：X——烧失量(%)；

m_0——试料的质量(g)；

m_n——灼烧后试料的质量(g)。

如果粉煤灰中含有硫化物，硫化物引起的误差必须通过公式进行校正。

0.8×(粉煤灰灼烧测得的 SO_3 百分数—粉煤灰未经灼烧时的 SO_3 百分数)＝0.8×(由于硫化物的氧化产生的 SO_3 百分数)＝吸收空气中氧的百分数

校正后的烧失量(%)＝测得的烧失量(%)＋吸收空气中氧的百分数　(3-1)

其中，SO_3 的测定参照《水泥化学分析方法》(GB/T 176—1996)中硫酸盐—三氧化硫的测定方法(基准法)进行。硫酸盐—三氧化硫的测定方法如下：

(1)方法提要

在酸性溶液中,用氯化钡溶液沉淀硫酸盐,经过滤灼烧后,以硫酸钡形式称量,测定结果以三氧化硫计。

(2)试剂

氯化钡溶液(100g/L):将100g二水氯化钡($BaCl_2 \cdot 2H_2O$)溶于水中,加水稀释至1L。

(3)操作步骤

称取约0.5g试样(m),精确至0.000 1g,置于300mL烧杯中,加入30~40mL水使其分散。加10mL盐酸(1+1),用平头玻璃棒压碎块状物,慢慢地加热溶液,直至水泥分解完全。将溶液加热微沸5min。用中速滤纸过滤,用热水洗涤10~12次。调整滤液体积至200mL,煮沸,在搅拌下滴加10mL热的氯化钡溶液,继续煮沸数分钟,然后移至温热处静置4h或过夜(此时溶液体积应保持在200mL)。用慢速滤纸过滤,用温水洗涤,直至检验无氯离子为止(见T 0816—2009中4.2)。

将沉淀及滤纸一并移入已灼烧至恒量的瓷坩埚中,灰化后在800℃的马福炉内灼烧30min,取出坩埚置于干燥器中冷却至室温,称量。反复灼烧,直至恒量m_1。

(4) 计算

三氧化硫的含量按式(3-2)计算:

$$X = \frac{m_1 \times 0.343}{m} \times 100 \tag{3-2}$$

式中:X——三氧化硫的含量(%);

m_1——灼烧后沉淀的质量(g);

m——试料的质量(g);

0.343——硫酸钡对三氧化硫的换算系数。

5 结果整理

5.1 试验结果精确至0.01%。

5.2 平行试验两次,允许重复性误差为0.15%。

6 报告

试验报告应包括以下内容:

(1)粉煤灰来源;

(2)试验方法名称;

(3)粉煤灰的烧失量。

7 记录

本试验的记录格式见表 T 0817-1。

粉煤灰烧失量试验记录表　　表 T 0817-1

工程名称＿＿＿＿＿＿　　试验方法＿＿＿＿＿＿

路段范围＿＿＿＿＿＿　　试验者＿＿＿＿＿＿

粉煤灰来源＿＿＿＿＿＿　　校核者＿＿＿＿＿＿

试样编号＿＿＿＿＿＿　　试验日期＿＿＿＿＿＿

项　目	样品质量 m_0(g)	第一次灼烧后质量 m_1(g)	第二次灼烧后质量 m_2(g)	第 n 次灼烧后样品质量 m_n(g)	烧失量 X(%)
第一次					
第二次					
平均值					

T 0818—2009　粉煤灰细度试验方法

1　适用范围

本方法适用于粉煤灰细度的检验。本方法利用气流作为筛分的动力和介质，通过旋转的喷嘴喷出的气流作用使筛网里的待测粉状物料呈流态化，并在整个系统负压的作用下，将细颗粒通过筛网抽走，从而达到筛分的目的。

本试验方法参照中华人民共和国国家标准《用于水泥和混凝土中的粉煤灰》(GB/T 1596—2005)方法编制，国标中规定细度为通过 0.045mm 的方孔筛的通过率。根据《公路路面基层施工技术规范》(JTJ 034—2000)的规定，新规程中粉煤灰的细度为通过 0.3mm 方孔筛和 0.075mm 方孔筛的含量。

2　仪器设备

2.1　负压筛析仪

负压筛析仪主要由 0.075mm 方孔筛、0.3mm 方孔筛、筛座、真空源和收尘器等组成，其中 0.075mm、0.3mm 方孔筛内径为 ϕ150mm，外框高度为 25mm。0.075mm和 0.3mm 方孔筛及负压筛析仪筛座结构示意图如图 T 0818-1、图 T 0818-2 所示。

2.2　电子天平：量程不小于 50g，感量 0.01g。

3　试验步骤

3.1　将测试用粉煤灰样品置于温度为 105～110℃烘箱内烘至恒量，取出放在干燥器中冷却至室温。

3.2　称取试样约10g,精确至0.01g,记录试样质量 m_2,倒在0.075mm方孔筛网上,将筛子置于筛座上,盖上筛盖。

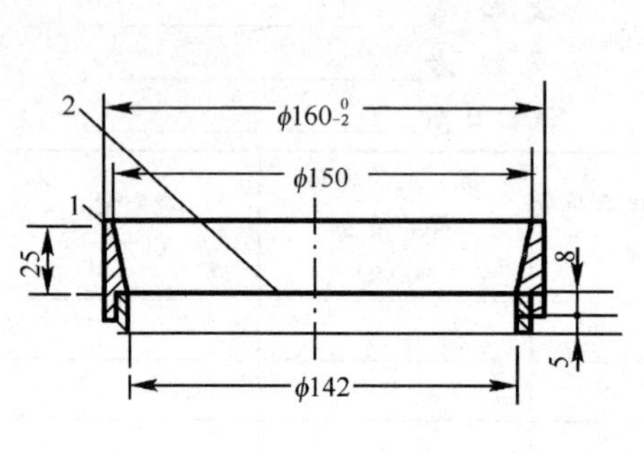

图 T 0818-1　0.075mm方孔筛示意图（尺寸单位:mm）
1-筛框;2-筛网

图 T 0818-2　筛座示意图(尺寸单位:mm)
1-壳体;2-负压源及收尘器接口;3-负压表接口;4-控制板开口;5-微电机;6-喷气嘴

3.3　接通电源,将定时开关固定在3min,开始筛析。

3.4　开始工作后,观察负压表,使负压稳定在4 000～6 000Pa。若负压小于4 000Pa,则应停机,清理收尘器中的积灰后再进行筛析。

3.5　在筛析过程中,可用轻质木棒或硬橡胶棒轻轻敲打筛盖,以防吸附。

3.6　3min后筛析自动停止,停机后观察筛余物,如出现颗粒成球、粘筛或有细颗粒沉积在筛框边缘,用毛刷将细颗粒轻轻刷开,将定时开关固定在手动位置,再筛析1～3min直至筛分彻底为止。将筛网内的筛余物收集并称量,精确至0.01g,记录筛余物质量 m_1。

3.7　称取试样约100g,精确至0.01g,记录试样质量 m_3,倒入0.3mm方孔筛网上,使粉煤灰在筛面上同时有水平方向及上下方向的不停顿的运动,使小于筛孔的粉煤灰通过筛孔,直至1min内通过筛孔的质量小于筛上残余量的0.1%为止。记录筛子上面粉煤灰的质量为 m_4。

4　计算

通过百分含量按式(T 0818-1)、式(T 0818-2)计算。

$$X_1 = \frac{m_2 - m_1}{m_2} \times 100 \tag{T 0818-1}$$

$$X_2 = \frac{m_3 - m_4}{m_3} \times 100 \qquad (T\ 0818\text{-}2)$$

式中：X_1——0.075mm 方孔筛通过百分含量(%)；

X_2——0.3mm 方孔筛通过百分含量(%)；

m_1——0.075mm 方孔筛筛余物质量(g)；

m_4——0.3mm 方孔筛筛余物质量(g)；

m_2——过 0.075mm 方孔筛的样品质量(g)；

m_3——过 0.3mm 方孔筛的样品质量。

5 结果整理

5.1 计算结果保留小数点后两位。

5.2 平行试验 3 次，允许重复性误差均不得大于 5%。

6 筛网的校正

筛网的校正采用粉煤灰细度标准样品或其他同等级标准样品。按本方法"3 试验步骤"测定标准样品的细度，筛网校正系数按式(T 0818-3)计算。

$$K = m_0 / m \qquad (T\ 0818\text{-}3)$$

式中：K——筛网校正系数；

m_0——标准样品筛余标准值(%)；

m——标准样品筛余实测值(%)。

注：筛网校正系数范围为 0.8～1.2，筛析 150 个样品后进行筛网的校正。

7 记录

本试验的记录格式见表 T 0818-1。

粉煤灰细度试验记录表　　　　表 T 0818-1

工 程 名 称＿＿＿＿＿＿　　试验方法＿＿＿＿＿＿

路 段 范 围＿＿＿＿＿＿　　试 验 者＿＿＿＿＿＿

粉煤灰来源＿＿＿＿＿＿　　校 核 者＿＿＿＿＿＿

试 样 编 号＿＿＿＿＿＿　　试验日期＿＿＿＿＿＿

项　目	样品质量 m_2、m_3(g)	0.075mm 筛余物质量 m_1(g)	0.3mm 筛余物质量 m_4(g)	X_1(%)	X_2(%)
第一次					
第二次					
第三次					
平均值					

T 0819—2009　石灰、粉煤灰密度测定方法

1　适用范围

本方法适用于检测石灰、粉煤灰的密度，供石灰、粉煤灰稳定类材料配合比设计计算使用；同时适用于沥青混合料中石灰密度的测定。

2　仪器设备

2.1　李氏比重瓶：容量为 250mL 或 300mL，如图 T 0819-1 所示。

2.2　天平：感量 0.01g。

2.3　烘箱：能控温在 105℃±2℃。

2.4　恒温水槽：能控温在 20℃±0.5℃。

2.5　煤油：无水，使用前需过滤并抽去煤油中的空气。

2.6　其他：瓷皿、小牛角匙、干燥器、漏斗等。

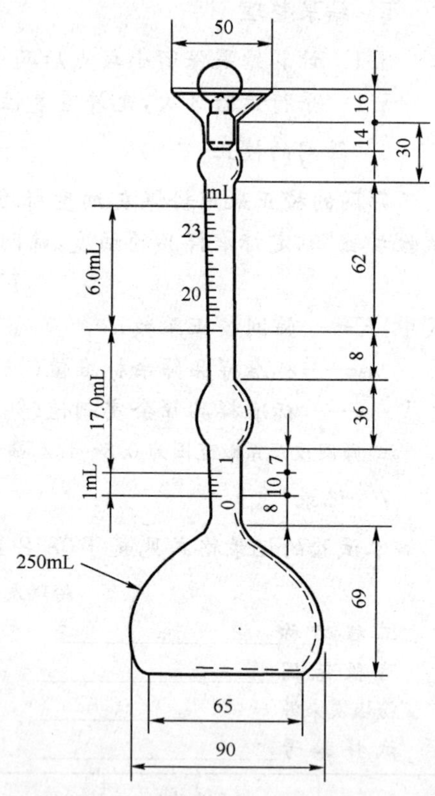

图 T 0819-1　李氏比重瓶(尺寸单位：mm)

3　试验步骤

3.1　将代表性的试样置于瓷皿中，在 105℃烘箱中烘干至恒量(一般不少于 6h)，放入干燥器中冷却后，试样的质量不少于 200g。

3.2　向比重瓶中注入煤油，至刻度 0～1mL 之间，将比重瓶放入 20℃的恒温水槽中，静放至比重瓶中的油温不再变化为止(一般不少于 2h)，读取比重瓶中煤油液面的刻度(V_1)，以弯液面的下部为准，精确至 0.02mL。

3.3　将比重瓶取出擦干，用滤纸将

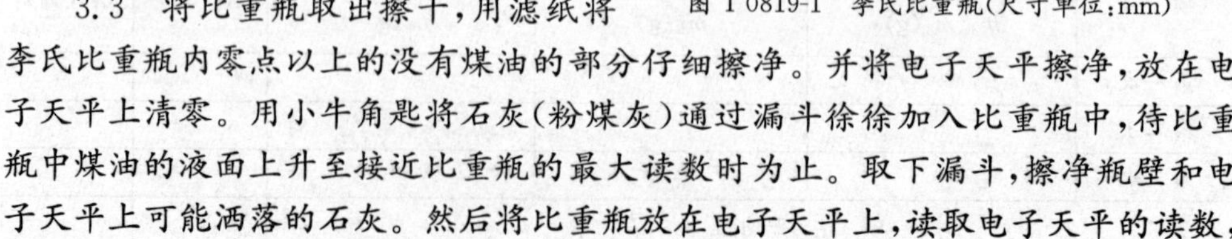
李氏比重瓶内零点以上的没有煤油的部分仔细擦净。并将电子天平擦净，放在电子天平上清零。用小牛角匙将石灰(粉煤灰)通过漏斗徐徐加入比重瓶中，待比重瓶中煤油的液面上升至接近比重瓶的最大读数时为止。取下漏斗，擦净瓶壁和电子天平上可能洒落的石灰。然后将比重瓶放在电子天平上，读取电子天平的读数，

即为加入石灰(粉煤灰)的质量 m,一般在 50g 左右。石灰(粉煤灰)粉不得粘在比重瓶颈壁上。

3.4 盖上比重瓶的盖子,轻轻摇晃比重瓶,使瓶中的空气充分逸出,至液体不再产生气泡时为止。再次将比重瓶放入恒温水槽中,待温度不再变化时,读取比重瓶的读数 V_2,以弯液面的下部为准。整个试验过程中,比重瓶中的温度变化不得超过 1℃。

由于石灰粉很细,石灰排除空气的难度较大,而气泡的排除影响到试验结果,因此需要多次晃动,且仔细观察气泡冒出情况。在连续晃动多次后,不见气泡冒出才可认为气泡已经排出了。由于煤油易于挥发,因此不能静置太长时间,瓶口必须盖紧,最好盖上湿巾,阻止煤油的挥发。

4 计算

按式(T 0819-1)计算石灰、粉煤灰的密度。

$$\rho_f = \frac{m}{V_2 - V_1} \tag{T 0819-1}$$

$$\gamma_f = \frac{\rho_f}{\rho_w} \tag{T 0819-2}$$

式中:ρ_f——试样的密度(g/cm³);

γ_f——试样对于水的相对密度,无量纲;

m——试样的干燥质量(g);

V_1——加试料前的比重瓶读数(mL);

V_2——加试料后的比重瓶读数(mL);

ρ_w——试验温度时水的密度(g/cm³)。

不同温度下水的密度修正参照《公路工程集料试验规程》(JTG E42—2005)附录 B,见表 3-2。

不同水温时水的密度 ρ_w 及水温修正系数 表 3-2

水温(℃)	15	16	17	18	19	20
水的密度 ρ_w(g/cm³)	0.999 13	0.998 97	0.998 80	0.998 62	0.998 43	0.998 22
水温修正系数	0.002	0.003	0.003	0.004	0.004	0.005
水温(℃)	21	22	23	24	25	
水的密度 ρ_w(g/cm³)	0.998 02	0.997 79	0.997 56	0.997 33	0.997 02	
水温修正系数	0.005	0.006	0.006	0.007	0.007	

5 结果整理

5.1 试验结果精确至小数点后3位。

5.2 同一试样应平行试验两次,取平均值作为试验结果。重复性试验误差不得大于0.01g/cm^3。

6 报告

试验报告应包括以下内容:

(1)石灰、粉煤灰的来源;

(2)石灰等级;

(3)试验方法名称;

(4)试验结果平均值。

7 记录

本试验的记录格式如表T 0819-1。

石灰、粉煤灰密度测定记录表

表T 0819-1

工程名称＿＿＿＿＿＿　　试验方法＿＿＿＿＿＿

试 验 者＿＿＿＿＿＿　　校 核 者＿＿＿＿＿＿

试样编号＿＿＿＿＿＿　　试验日期＿＿＿＿＿＿

平行试验次数	试样质量 m(g)	V_1 (mL)	V_2 (mL)	密度 ρ_f (g/cm^3)

T 0820—2009 粉煤灰比表面积测定方法(勃氏法)

1 适用范围

本方法适用于用勃氏比表面积透气仪(简称勃氏仪)来测定粉煤灰的比表面积,也适用于比表面积在2 000～6 000cm^2/g范围内的其他各种粉状物料,不适用于测定多孔材料及超细粉状物料。

本方法和GB 8074—2008(neq ASTM C204:1981)等效。本方法中勃氏仪要求参照JC/T 956—2005。粉煤灰比表面积是指单位质量的粉煤灰粉末所具有的总面积,以cm^2/g表示。其原理是根据一定量的空气通过具有一定空隙率和固定厚度的粉煤灰层时,所受阻力不同而引起流速的变化来测定粉煤灰的比表面积。

在一定空隙率的粉煤灰层中，孔隙的大小和数量是颗粒尺寸的函数，同时也决定了通过料层的气流速度。

2 仪器设备

2.1 勃氏仪：应符合现行 JC/T 956 的要求，如图 T 0820-1，由透气圆筒、穿孔板、捣器、U 形压力计、抽气装置等组成。透气圆筒阳锥与 U 形压力计的阴锥应能严密连接。U 形压力计上的阀门以及软管等接口处应能密封。在密封的情况下，压力计内的液面在 3min 内应不下降。

勃氏仪分手动和自动两种。当同一粉煤灰用手动勃氏仪和自动勃氏仪测定的结果有争议时，以手动勃氏仪测定结果为准。

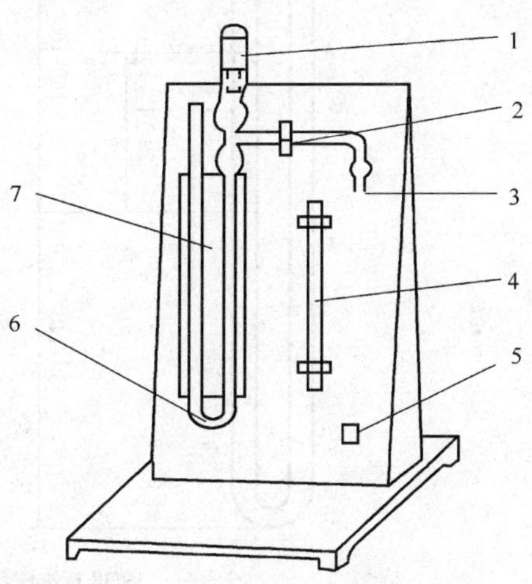

图 T 0820-1 勃氏仪示意图

1-透气圆筒；2-活塞；3-背面接微型电磁泵；4-温度计；5-开关；6-U 形压力计；7-平面镜

2.2 透气圆筒：内径为 12.70mm±0.05mm，由不锈钢或铜质材料制成。透气圆筒内表面和阳锥外表面的粗糙度：≤Ra1.6。在透气圆筒内壁距离上口边 55mm±10mm 处有一突出的、宽度为 0.5～1.0mm 的边缘，以放置穿孔板。透气圆筒阳锥锥度：19/38。19：19mm ± 1mm；38：34 ～ 38mm。两者 1∶10 增减。

2.3 穿孔板：由不锈钢或铜质材料制成，厚度为 1.0mm±0.1mm。穿孔板直径为 $12.70^{0}_{-0.05}$ mm，穿孔板面上均匀地打有 35 个直径为 1.00mm±0.05mm 的小孔。

2.4 捣器：用不锈钢或铜质材料制成。捣器与透气圆筒的间隙≤0.1mm；捣器底面应与主轴垂直，垂直度小于 6′。捣器侧面扁平槽宽度：3.0mm±0.3mm。当捣器放入透气圆筒，捣器的支持环与圆筒上口边接触时，捣器底面与穿孔板间的距离：15.0mm±0.5mm。

2.5 U 形压力计（图 T 0820-2）：由玻璃制成，U 形压力计玻璃管外径：9.0mm±0.5mm；U 形压力计 U 形的间距：25mm±1mm；U 形压力计在连接透气圆筒的一臂上刻有环形线，U 形压力计底部到第 1 条刻度线的距离：130～140mm；U 形压力计上第 1 条刻度线与第 2 条刻度线的距离：15mm±1mm；U 形压力计上第 1 条刻度线与第 3 条刻度线的距离：70mm±1mm；U 形压力计底部往上 280～300mm 处有一出口管，管上装有阀门，连接抽气装置。U 形压力计与透气圆筒相连的阴锥锥度：19/38。19：19mm±1mm；38：34mm～38mm。两者1∶10增减。

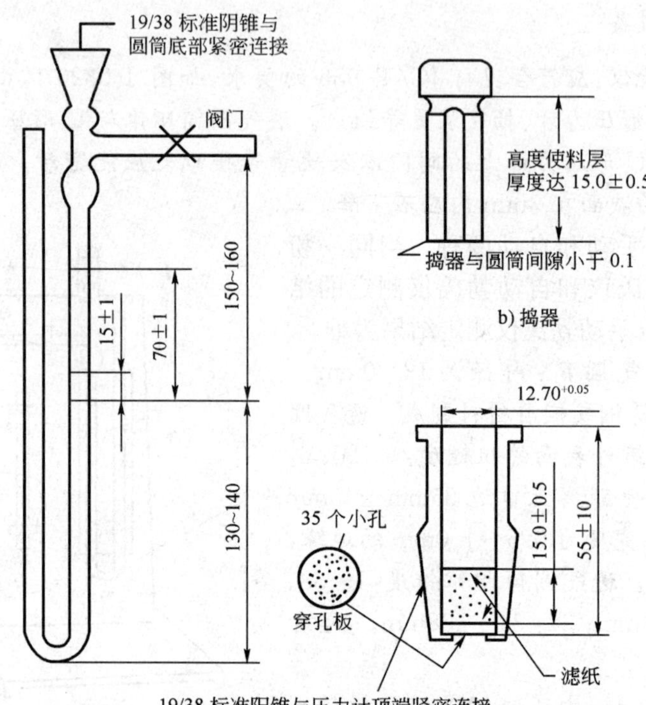

图 T 0820-2　U 形压力计、捣器和透气圆筒的结构及部分尺寸示意图(尺寸单位：mm)

2.6　抽气装置：其吸力能保证水面超过第 3 条刻度线。

2.7　滤纸：中速定量滤纸。

2.8　分析天平：感量为 0.001g。

2.9　秒表：分度值为 0.5s。

2.10　烘箱：控温精度±1℃。

3　材料

3.1　压力计液体

压力计液体采用带有颜色的蒸馏水。

3.2　汞

分析纯汞。

3.3　基准材料

水泥细度和比表面积标准样(满足 GSB 14-1511 或相同等级的标准物质)。

4　勃氏仪的标定

4.1　勃氏仪圆筒试料层体积的标定方法

用水银排代法标定圆筒的试料层体积。将穿孔板平放入圆筒内,再放入两片滤纸。然后用水银注满圆筒,用玻璃片挤压圆筒上口多余的水银,使水银面与圆筒上口平齐,倒出水银称量(m_1),然后取出一片滤纸,在圆筒内加入适量的试样。再盖上一片滤纸后用捣器压实至试料层规定高度。取出捣器用水银注满圆筒,同样用玻璃片挤压平后,将水银倒出称量(m_2)。圆筒试料层体积按式(T 0820-1)计算。

$$V=(m_1-m_2)/\rho_{水银} \qquad \text{(T 0820-1)}$$

式中:V——透气圆筒的试料层体积(cm^3);

m_1——未装试样时,充满圆筒的水银质量(g);

m_2——装试样后,充满圆筒的水银质量(g);

$\rho_{水银}$——试验温度下水银的密度(g/cm^3)。

试料层体积要重复测定两遍,取平均值,计算精确至 0.001cm^3。

4.2　勃氏仪标准时间的标定方法:用水泥细度和比表面积标准样测定标准时间。

4.2.1　标准样的处理

将水泥细度和比表面积标准样在 110℃±5℃下烘干 1h 并在干燥器中冷却至室温。

4.2.2　标准样质量的确定

标准样质量按式(T 0820-2)计算。

$$m_0=\rho V(1-\varepsilon) \qquad \text{(T 0820-2)}$$

式中:m_0——称取水泥细度和比表面积标准样的质量(g);

ρ——水泥细度和比表面积标准样的密度(g/cm^3);

V——透气圆筒的试料层体积(cm^3);

ε——取 0.5。

精确称取至 0.001g。

4.2.3　试料层制备

将穿孔板放入透气圆筒的突缘上,用捣棒把一片滤纸放到穿孔板上,边缘放平并压紧。将准确称取按本方法 4.2.2 计算的水泥细度和比表面积标准样倒入圆筒,轻敲圆筒的边,使粉煤灰层表面平坦。再放入一片滤纸,用捣器均匀压实标准样直至捣器的支持环紧紧接触圆筒顶边，旋转捣器1～2圈，慢慢取出捣器。

4.2.4 透气试验

将装好标准样的圆筒外锥面涂一薄层凡士林，把它连接到U形压力计上，打开阀门，缓慢地从压力计一臂中抽出空气，直到压力计内液面上升到超过第3条刻度线时关闭阀门。当压力计内液面的弯月面下降到第3条刻线时开始计时，当液面的弯月面下降到第2条刻线时停止计时。记录液面从第3条刻线到第2条刻线所需的时间 t_s，精确到0.1s。透气试验要重复称取两次标准样分别进行，当两次透气时间的差超过1.0s时，要测第3遍，取两次不超过1.0s的平均透气时间作为该仪器的标准时间。

5 试验步骤

5.1 粉煤灰样品取样后，应先通过0.9mm方孔筛，再在105℃的烘箱中烘干至恒量，并在干燥器中冷却至室温。

5.2 按T 0819—2009方法测定粉煤灰密度。

5.3 漏气检查

将透气圆筒上口用橡皮塞塞紧，接到压力计上。用抽气装置从压力计一臂中抽出部分气体，然后关闭阀门，观察是否漏气。如发现漏气，用活塞油脂加以密封。

5.4 空隙率(ε)的确定

对粉煤灰粉料的空隙率应予选用0.530±0.005。

当按该空隙率不能将试样压至本方法4.2.3规定的位置时，则允许改变空隙率。空隙率的调整以2 000g砝码(5等砝码)将试样压实至本方法4.2.3规定的位置为准。

5.5 确定试样量

试样量按式(T 0820-3)计算。

$$m = \rho V(1-\varepsilon) \qquad \text{(T 0820-3)}$$

式中：m——需要的试样量(g)；

ρ——试样密度(g/cm^3)；

V——试料层体积(cm^3)，按本方法4.1测定；

ε——试料层空隙率。

5.6 试料层制备

5.6.1 将穿孔板放入透气圆筒的突缘上，用捣棒把一片滤纸放到穿孔板上，边缘放平并压紧。称取按本方法5.5确定的粉煤灰量，精确至0.001g，倒入圆筒。轻敲圆筒的边，使粉煤灰层表面平坦。再放入一片滤纸，用捣器均匀捣实试料直至捣器的支持环与圆筒顶边接触，并旋转1～2圈，慢慢取出捣器。

5.6.2 穿孔板上的滤纸为ϕ12.7mm边缘光滑的圆形滤纸片，每次测定需用新的滤纸片。

5.7 透气试验

5.7.1 将装有试料层的透气圆筒下锥面涂一层活塞油脂，然后把它插入压力计顶端锥形磨口处，旋转1～2圈。要保证紧密连接不致漏气，并不振动所制备的试料层。

5.7.2 打开微型电磁泵慢慢从压力计一臂中抽出空气，直到压力计内液面上升到扩大部下端时关闭阀门。当压力计内液体的弯月面下降到第3条刻度线时开始计时(图T 0820-2)，当液体的弯月面下降到第2条刻度线时停止计时，记录液面从第3条刻度线下降到第2刻度线所需的时间t，以秒(s)为单位，并记下试验时的温度(℃)。每次透气试验，应重新制备试料层。

测定比表面积应注意以下几个方面：

(1)试样捣实：由于试料层内空隙分布均匀程度对比表面积结果有影响，因此捣实试样应按规定统一操作。

(2)空隙率大小：在测定需要相互比较的试料时，空隙率不宜改变太多。

(3)确保透气仪各部分接头应保持紧密。

6 计算

6.1 当被测试样的密度、试料层中空隙率与标准试样相同，试验时温度与校准温度之差≤3℃时，比表面积可按式(T 0820-4)计算。

$$S=\frac{S_s\sqrt{t}}{\sqrt{t_s}} \qquad (T\ 0820\text{-}4)$$

如试验时温度与校准温度之差大于3℃时，比表面积则按式(T 0820-5)计算。

$$S=\frac{S_s\sqrt{t}\sqrt{\eta_s}}{\sqrt{t_s}\sqrt{\eta}} \qquad (T\ 0820\text{-}5)$$

式中：S——被测试样的比表面积(cm^2/g)；

S_s——标准试样的比表面积(cm^2/g)；

t——被测试样试验时，压力计中液面降落测得的时间(s)；

t_s——标准试样试验时，压力计中液面降落测得的时间(s)；

η——被测试样试验温度下的空气黏度(μPa·s)；

η_s——标准试样试验温度下的空气黏度(μPa·s)。

注：$\sqrt{t}$保留小数点后两位。

6.2　当被测试样的试料层中空隙率与标准试样试料层中空隙率不同，试验时的温度与校准温度之差≤3℃时，比表面积可按式(T 0820-6)计算。

$$S=\frac{S_s\sqrt{t}(1-\varepsilon_s)\sqrt{\varepsilon^3}}{\sqrt{t_s}(1-\varepsilon)\sqrt{\varepsilon_s^3}} \quad (T\ 0820\text{-}6)$$

如试验时温度与校准温度之差≥3℃时，比表面积则按式(T 0820-7)计算。

$$S=\frac{S_s\sqrt{t}(1-\varepsilon_s)\sqrt{\varepsilon^3}\sqrt{\eta_s}}{\sqrt{t_s}(1-\varepsilon)\sqrt{\varepsilon_s^3}\sqrt{\eta}} \quad (T\ 0820\text{-}7)$$

式中：ε——被测试样试料层中的空隙率；

ε_s——标准试样试料层中的空隙率。

6.3　当被测试样的密度和空隙率均与标准样品不同，试验时温度与校准温度之差≤3℃时，比表面积可按式(T 0820-8)计算。

$$S=\frac{S_s\sqrt{t}(1-\varepsilon_s)\sqrt{\varepsilon^3}\rho_s}{\rho\sqrt{t_s}(1-\varepsilon)\sqrt{\varepsilon_s^3}} \quad (T\ 0820\text{-}8)$$

如试验时温度与校准温度之差≥3℃时，比表面积则按式(T 0820-9)计算。

$$S=\frac{S_s\sqrt{t}(1-\varepsilon_s)\sqrt{\varepsilon^3}\rho_s\sqrt{\eta_s}}{\sqrt{t_s}(1-\varepsilon)\sqrt{\varepsilon_s^3}\rho\sqrt{\eta}} \quad (T\ 0820\text{-}9)$$

式中：ρ——被测试样的密度(g/cm³)；

ρ_s——标准试样的密度(g/cm³)。

在不同温度下，水银密度、空气黏度 η 和 $\sqrt{\eta}$ 见表 3-3。

不同温度下水银密度、空气黏度 η 和 $\sqrt{\eta}$　　表 3-3

温度(℃)	水银密度(g/cm³)	空气黏度 η(Pa·s)	$\sqrt{\eta}$
8	13.58	0.000 174 9	0.013 22
10	13.57	0.000 175 9	0.013 26
12	13.57	0.000 176 8	0.013 30
14	13.56	0.000 177 8	0.013 33
16	13.56	0.000 178 8	0.013 37
18	13.55	0.000 179 8	0.013 41
20	13.55	0.000 180 8	0.013 45
22	13.54	0.000 181 8	0.013 48

续上表

温度(℃)	水银密度(g/cm^3)	空气黏度 η(Pa·s)	$\sqrt{\eta}$
24	13.54	0.000 182 8	0.013 52
26	13.53	0.000 183 7	0.013 55
28	13.53	0.000 184 7	0.013 59
30	13.52	0.000 185 7	0.013 63
32	13.52	0.000 186 7	0.013 66
34	13.51	0.000 187 6	0.013 70

7 结果整理

粉煤灰比表面积应由两次透气试验结果的平均值确定，计算结果保留至 $10cm^2/g$。如两次试验结果相差2%以上，则应重新试验。

8 报告

试验报告应包括以下内容：

(1)原材料的品种、规格和产地；

(2)试验日期及时间；

(3)仪器设备的名称、型号及编号；

(4)环境温度和湿度；

(5)粉煤灰试样的比表面积；

(6)执行标准；

(7)需要说明的其他内容。

4 无机结合料稳定材料的取样、成型和养生试验

T 0841—2009 无机结合料稳定材料取样方法

1 适用范围

本方法适用于无机结合料稳定材料室内试验、配合比设计以及施工过程中的质量抽检等。本方法规范了无机结合料及稳定材料的现场取样操作。

取样的目的分两种情况：一种情况是样品能代表一个大的总体的平均情况。此时，所取原材料应与施工现场所用的材料相同，而且材料的特性和颗粒组成等也要能代表施工现场所用的材料。另一种情况是样品只代表材料总体的很小部分，通过一系列小样品来研究材料性质的变异性。

2 分料方法

可用下列方法之一将整个样品缩小到每个试验所需材料的合适质量。

2.1 四分法

2.1.1 需要时应加清水使主样品变湿。充分拌和主样品：在一块清洁、平整、坚硬的表面上将试料堆成一个圆锥体，用铲翻动此锥体并形成一个新锥体，这样重复进行3次。在形成每一个锥体堆时，铲中的料要放在锥顶，使滑到边部的那部分料尽可能分布均匀，使锥体的中心不移动。

2.1.2 将平头铲反复交错垂直插入最后一个锥体的顶部，使锥体顶变平，每次插入后提起铲时不要带有试料。沿两个垂直的直径，将已变成平顶的锥体料堆分成四部分，尽可能使这四部分料的质量相同。

2.1.3 将对角的一对料(如一、三象限为一对，二、四象限为另一对)铲到一边，将剩余的一对料铲到一块。重复上述拌和以及缩小的过程，直到达到要求的试样质量。

2.2 分料器法

如果集料中含有粒径2.36mm以下的细料，材料应该是表面干燥的。将材料充分拌和后通过分料器，保留一部分，将另一部分再次通过分料器。这样重复进

行,直到将原样品缩小到需要的质量。

3 料堆取料

在料堆的上部、中部和下部各取一份试样,混合后按四分法分料取样。

一般用于在施工前取样做混合料的组成设计以及测定石灰的有效钙和氧化镁含量等。为此,需从料场或料堆的许多不同位置分别取部分样品,然后将这些小样品混合成一个样品。在取样时宜用平锹将料堆表面的料铲开,呈台阶状,然后取料。

4 试验室分料

4.1 目标配合比阶段各种石料应逐级筛分,然后按设定级配进行配料。

根据设计的混合料级配,在室内将工程用料进行各档筛分,然后按照级配曲线的各档含量,对每份试样进行逐档配料,以减少试验的离散。

4.2 生产配合比阶段可采用四分法分料,且取料总质量应大于分料取样后每份质量的4~8倍。

取工程实际用料,按照级配曲线配料后,按四分法取每份试验的料进行试验。

5 施工过程中混合料取样

5.1 在进行混合料验证时,宜在摊铺机后取料,且取料应分别来源于3~4台不同的料车,然后混合到一起进行四分法取样,进行无侧限抗压强度成型及试验。

5.2 在评价施工离散性时,宜在施工现场取料。应在施工现场的不同位置按随机取样原则分别取样品。对于结合料剂量还需要在同一位置的上层和下层分别取样,试样应单独成型。

对施工离散性能评价的取样,一般在施工现场,摊铺机摊铺宽度范围内左、中、右3处取料,用做强度和回弹模量试验的混合料样品应在现场压实结束后整平时取。取回的样品应及时成型,在制作试件时应保持原有状态,不再进行任何加工。

T 0804—1994 无机结合料稳定材料击实试验方法

重型击实是多年来普遍使用的材料配合比试验方法,试验方法规范、试验设备简单,广泛应用于工程实践和科学研究。因此,此次修订仍将该方法作为无机结合料稳定材料配合比试验的标准方法和手段。

近些年来,国内科研和工程界对该试验方法产生一些误解。误解一:该试验方法是静态试验,不如采用振动试验方法更能符合实际工程情况。误解二:该方法设计施工的无机结合料容易产生温缩或干缩裂缝,应采用振动试验方法。对此需解释说明：首先，击实试验方法并不是一种静态试验方法，从试验过程中的荷载状态看，是一种周期性的动态冲击荷载，试验材料在这种荷载作用下，也产生一定的振动和颗粒料的重新排列，与实际工程中振动压路机碾压过程有一定的相似之处。其次，无机结合材料的温缩、干缩问题是一个比较复杂的工程问题，不能简单归结于击实试验方法。特别是近几年，交通部公路科学研究院针对我国当前使用比较普遍的水泥稳定碎石材料的级配和施工工艺进行了广泛、深入的研究，提出了一系列解决温缩、干缩的技术对策，取得了良好的应用效果。

其实，无论是采用击实试验方法，还是采用振动试验方法，对于某一特定的工程、特定的混合料类型，最终都是需要提供最佳含水量和最大干密度两个工程参数。对于试验方法优劣的评价标准实际上是看哪种方法确定的这两个参数更准确，所对应的材料路用性能更好，施工和易性好。如果这两种方法确定的这两个参数基本一样，则无所谓谁优谁劣。击实试验方法设备简单、便宜，试验操作已被广大工程技术人员所熟知，具有更广泛的工程意义和生命力。

近些年，国内一些工程采用振动试验方法进行混合料配合比设计发现，其确定的混合料的含水量明显低于击实试验方法，而干密度又明显大于击实试验方法，在工程应用中存在难以碾压的问题。一些施工单位和业主采用振动试验方法，而施工控制的指标则采用击实试验的参数，或接近击实试验的参数。这正说明振动试验方法还存在一定的应用问题。

同样，击实试验是几十年来工程中普遍应用的方法，一些单位在使用过程中没有严格按照规范要求操作，有意或者无意间造成混合料的干密度偏低，含水量偏高的结果，导致无机结合料稳定材料的路用性能降低，过早产生这样或那样的病害。例如，规范中明确要求，对于一种混合料应进行两次平行的击实试验，以验证试验结果的可靠性和准确性，但是当前绝大多数工程单位（甚至监理、质检单位）没有按此操作，有的甚至拿上一个工程的数据凭经验人为修改后，在下一个工程中使用。

因此，当前的工程界不应简单地评价击实试验这样或那样的不足，选择其他方法来替代，而是应严格规范击实试验的操作，认认真真、实事求是地得到准确的混合料的最佳含水量和最大干密度。

1　适用范围

1.1　本方法适用于在规定的试筒内，对水泥稳定材料（在水泥水化前）、石灰稳定材料及石灰（或水泥）粉煤灰稳定材料进行击实试验，以绘制稳定材料的含水量—干密度关系曲线，从而确定其最佳含水量和最大干密度。

1.2 试验集料的公称最大粒径宜控制在37.5mm以内(方孔筛)。

1.3 试验方法类别。本试验方法分三类,各类击实方法的主要参数列于表T 0804-1。

试验方法类别表 表T 0804-1

类别	锤的质量(kg)	锤击面直径(cm)	落高(cm)	试筒尺寸			锤击层数	每层锤击次数	平均单位击实功(J)	容许最大公称粒径(mm)
				内径(cm)	高(cm)	容积(cm^3)				
甲	4.5	5.0	45	10.0	12.7	997	5	27	2.687	19.0
乙	4.5	5.0	45	15.2	12.0	2177	5	59	2.687	19.0
丙	4.5	5.0	45	15.2	12.0	2177	3	98	2.677	37.5

本次修订,对称量仪器的要求进行了调整。增加了游标卡尺,以对试模的内径和高进行精确测量,减少试模变形对试模容积产生的影响,其余同T 0804—1994。

2 仪器设备

2.1 击实筒:小型,内径100mm、高127mm的金属圆筒,套环高50mm,底座;大型,内径152mm、高170mm的金属圆筒,套环高50mm,直径151mm和高50mm的筒内垫块,底座。

2.2 多功能自控电动击实仪:击锤的底面直径50mm,总质量4.5kg。击锤在导管内的总行程为450mm。可设置击实次数,并保证击锤自由垂直落下,落高应为450mm,锤迹均匀分布于试样面。

由于电动击实仪比人工击实的离散性小,并且现在试验室大多备有多功能自控电动击实仪,因此用多功能自控电动击实仪代替原规程中击锤和导管的要求。

2.3 电子天平:量程4 000g,感量0.01g。

2.4 电子天平:量程15kg,感量0.1g。

2.5 方孔筛:孔径53mm、37.5mm、26.5mm、19mm、4.75mm、2.36mm的筛各1个。

2.6 量筒:50mL、100mL和500mL的量筒各1个。

2.7 直刮刀:长200~250mm、宽30mm和厚3mm,一侧开口的直刮刀,用以刮平和修饰粒料大试件的表面。

2.8 刮土刀:长150~200mm、宽约20mm的刮刀,用以刮平和修饰小试件的表面。

2.9 工字形刮平尺:30mm×50mm×310mm,上下两面和侧面均刨平。

2.10 拌和工具:约400mm×600mm×70mm的长方形金属盘、拌和用平头小铲等。

2.11 脱模器。

2.12 测定含水量用的铝盒、烘箱等其他用具。

2.13 游标卡尺。

3 试验准备

3.1 将具有代表性的风干试料(必要时,也可以在50℃烘箱内烘干)用木锤捣碎或用木碾碾碎。土团均应破碎到能通过4.75mm的筛孔。但应注意不使粒料的单个颗粒破碎或不使其破碎程度超过施工中拌和机械的破碎率。

3.2 如试料是细粒土,将已破碎的具有代表性的土过4.75mm筛备用(用甲法或乙法做试验)。

3.3 如试料中含有粒径大于4.75mm的颗粒,则先将试料过19mm筛,如存留在19mm筛上的颗粒的含量不超过10%,则过26.5mm筛,留作备用(用甲法或乙法做试验)。

3.4 如试料中粒径大于19mm的颗粒含量超过10%,则将试料过37.5mm筛,如果存留在37.5mm筛上的颗粒的含量不超过10%,则过53mm的筛备用(用丙法试验)。

3.5 每次筛分后,均应记录超尺寸颗粒的百分率P。

3.6 在预定做击实试验的前一天,取有代表性的试料测定其风干含水量。对于细粒土,试样应不少于100g;对于中粒土,试样应不少于1 000g;对于粗粒土的各种集料,试样应不少于2 000g。

3.7 在试验前用游标卡尺准确测量试模的内径、高和垫块的厚度,以计算试筒的容积。

4 试验步骤

4.1 准备工作

在试验前应将试验所需要的各种仪器设备准备齐全,测量设备应满足精度要求;调试击实仪器,检查其运转是否正常。

4.2 甲法

4.2.1 将已筛分的试样用四分法逐次分小,至最后取出约10～15kg试料。再用四分法将已取出的试料分成5～6份,每份试料的干质量为2.0kg(对于细粒土)或 2.5kg(对于各种中粒土)。

4.2.2 预定 5～6 个不同含水量,依次相差 0.5%～1.5%①,且其中至少有两个大于和两个小于最佳含水量。

注①:对于中、粗粒土,在最佳含水量附近取 0.5%,其余取 1%。对于细粒土,取 1%,但对于黏土,特别是重黏土,可能需要取 2%。

预定含水量的确定,对于细粒土,可参照其塑限估计素土的最佳含水量。一般其最佳含水量较塑限约小 3%～10%,对于砂类土较塑限值约小 3%,对于黏质土较塑限值约小 6%～10%。天然砂砾土、级配集料等的最佳含水量与集料中细土的含量和塑性指数有关,一般在 5%～12%范围内。对于细土少的、塑性指数为 0 的未筛分碎石,其最佳含水量接近 5%。对于细土偏多的、塑性指数较大的砂砾土,其最佳含水量在 10%左右。水泥稳定材料的最佳含水量与素土接近,石灰、粉煤灰稳定材料的最佳含水量可能较素土大 1%～3%。

4.2.3 按预定含水量制备试样。将 1 份试料平铺于金属盘内,将事先计算得的该份试料中应加的水量均匀地喷洒在试料上,用小铲将试料充分拌和到均匀状态(如为石灰稳定材料、石灰粉煤灰综合稳定材料、水泥粉煤灰综合稳定材料和水泥、石灰综合稳定材料,可将石灰、粉煤灰和试料一起拌匀),然后装入密闭容器或塑料口袋内浸润备用。

浸润时间要求:黏质土 12～24h,粉质土 6～8h,砂类土、砂砾土、红土砂砾、级配砂砾等可以缩短到 4h 左右,含土很少的未筛分碎石、砂砾和砂可缩短到 2h。浸润时间一般不超过 24h。

应加水量可按式(T 0804-1)计算。

$$m_w=\left(\frac{m_n}{1+0.01w_n}+\frac{m_c}{1+0.01w_c}\right)\times 0.01w-\frac{m_n}{1+0.01w_n}\times 0.01w_n-\frac{m_c}{1+0.01w_c}\times 0.01w_c \tag{T 0804-1}$$

式中:m_w——混合料中应加的水量(g);

m_n——混合料中素土(或集料)的质量(g),其原始含水量为 w_n,即风干含水量(%);

m_c——混合料中水泥或石灰的质量(g),其原始含水量为 w_c(%);

w——要求达到的混合料的含水量(%)。

4.2.4 将所需要的稳定剂水泥加到浸润后的试样中,并用小铲、泥刀或其他工具充分拌和到均匀状态。水泥应在土样击实前逐个加入,加有水泥的试样拌和后，应在1h内完成下述击实试验，拌和后超过1h的试样，应予作废（石灰稳定材料和石灰粉煤灰稳定材料除外）。

水泥遇水就要开始水化作用。从加水拌和到进行击实试验间隔的时间愈长，水泥的水化作用和结硬程度就愈大。它会影响水泥混合料所能达到的密实度，间隔时间愈长，影响愈大。例如，一种水泥砂砾混合料加水拌和后立即进行击实试验，得其干密度为2.37g/cm^3；拌和后间隔1h进行同样的击实试验，得干密度为2.30g/cm^3；间隔4h，所得干密度为2.18g/cm^3；间隔8h，所得干密度只有2.10g/cm^3。间隔时间从1～8h，所得干密度分别只有无间隔时间的97%、92%、89%，因此，加有水泥的试样拌和后应在1h内完成击实试验。据施工经验，石灰土（特别是稳定黏土类土）击实最大干密度在7d以内其数值是逐渐减小的，因此应注意击实试验的时间。

4.2.5 试筒套环与击实底板应紧密联结。将击实筒放在坚实地面上，用四分法取制备好的试样400～500g（其量应使击实后的试样等于或略高于筒高的1/5）倒入筒内，整平其表面并稍加压紧，然后将其安装到多功能自控电动击实仪上，设定所需锤击次数，进行第1层试样的击实。第1层击实完后，检查该层高度是否合适，以便调整以后几层的试样用量。用刮土刀或螺丝刀将已击实层的表面“拉毛”，然后重复上述做法，进行其余4层试样的击实。最后一层试样击实后，试样超出筒顶的高度不得大于6mm，超出高度过大的试件应该作废。

不管是采用直径10cm还是直径15cm的试筒，击实所用的锤都是锤击面直径为5cm。对于直径10cm的试筒，应在筒内沿筒壁转圈击实。对于直径15cm的试筒，在筒内沿壁锤击一圈（约6次）后应到筒中心锤击一次，然后再沿筒壁锤击一圈并在筒中心锤击一次，如此反复进行，直到要求的总次数。采用符合要求的电动击实仪，能严格保持上述条件。手工击实时，还应注意保持击锤自由垂直落下和每次落高均为45cm。

4.2.6 用刮土刀沿套环内壁削挖（使试样与套环脱离）后，扭动并取下套环。齐筒顶细心刮平试样，并拆除底板。如试样底面略突出筒外或有孔洞，则应细心刮平或修补。最后用工字形刮平尺齐筒顶和筒底将试样刮平。擦净试筒的外壁，称其质量m_1。

4.2.7 用脱模器推出筒内试样。从试样内部由上至下取两个有代表性的样品（可将脱出试件用锤打碎后，用四分法采取），测定其含水量，计算至0.1%。两个试样的含水量的差值不得大于1%。所取样品的数量见表T 0804-2（如只取1个样品测定含水量，则样品的质量应为表列数值的两倍）。擦净试筒，称其质量m_2。

测稳定材料含水量的样品质量　　表 T 0804-2

公称最大粒径(mm)	样品质量(g)	公称最大粒径(mm)	样品质量(g)
2.36	约 50	37.5	约 1 000
19	约 300		

烘箱的温度应事先调整到 110℃左右，以使放入的试样能立即在 105～110℃的温度下烘干。

4.2.8　按本方法 4.2.3～4.2.7 的步骤进行其余含水量下稳定材料的击实和测定工作。凡已用过的试样，一律不再重复使用。

4.3　乙法

在缺乏内径 10cm 的试筒时，以及在需要与承载比等试验结合起来进行时，采用乙法进行击实试验。本法更适宜于公称最大粒径达 19mm 的集料。

4.3.1　将已过筛的试料用四分法逐次分小，至最后取出约 30kg 试料。再用四分法将取的试料分成 5～6 份，每份试料的干质量约为 4.4kg(细粒土)或 5.5kg(中粒土)。

4.3.2　以下各步的做法与本方法 4.2.2～4.2.8 相同，但应该先将垫块放入筒内底板上，然后加料并击实。所不同的是，每层需取制备好的试样约 900g(对于水泥或石灰稳定细粒土)或 1 100g(对于稳定中粒土)，每层的锤击次数为 59 次。

4.4　丙法

4.4.1　将已过筛的试料用四分法逐次分小，至最后取出约 33kg 试料。再用四分法将所取的试料分成 6 份(至少要 5 份)，每份质量约 5.5kg(风干质量)。

4.4.2　预定 5～6 个不同含水量，依次相差 0.5%～1.5%。在估计最佳含水量左右可只差 0.5%～1%①。

注①：对于水泥稳定类材料，在最佳含水量附近取 0.5%；对于石灰、二灰稳定类材料，根据具体情况在最佳含水量附近取 1%。

4.4.3　同 4.2.3。

4.4.4　同 4.2.4。

4.4.5　将试筒、套环与夯击底板紧密地联结在一起，并将垫块放在筒内底板上。击实筒应放在坚实的地面上，取制备好的试样 1.8kg 左右[其量应使击实后的试样略高于(高出 1～2mm)筒高的 1/3]倒入筒内，整平其表面，并稍加压紧。然后将其安装到多功能自控电动击实仪上，设定所需锤击次数，进行第 1 层试样的击实。第 1 层击实完后检查该层的高度是否合适，以便调整以后两层的试样用量。用刮土刀或螺丝刀将已击实的表面“拉毛”，然后重复上述做法，进行其余两试样的击实。最后一层试样击实后，试样超出试筒顶的高度不得大于6mm。超出高度过大的试件应该作废。

4.4.6　用刮土刀沿套环内壁削挖(使试样与套环脱离)，扭动并取下套环。齐筒顶细心刮平试样，并拆除底板，取走垫块。擦净试筒的外壁，称其质量m_1。

对于含有砾石或碎石颗粒的中粒土特别是粗粒土，难于刮平。在整平过程中，可允许某些大颗粒露出表面，但同时要取出某些颗粒，使表面有空洞或凹陷，这些空洞或凹陷的体积尽可能与表面突出的大颗粒体积相等。

4.4.7　用脱模器推出筒内试样。从试样内部由上至下取两个有代表性的样品(可将脱出试件用锤打碎后，用四分法采取)，测定其含水量，计算至0.1%。两个试样的含水量的差值不得大于1%。所取样品的数量应不少于700g，如只取1个样品测定含水量，则样品的数量应不少于1 400g。烘箱的温度应事先调整到110℃左右，以使放入的试样能立即在105～110℃的温度下烘干。擦净试筒，称其质量m_2。

4.4.8　按本方法4.4.3～4.4.7进行其余含水量下稳定材料的击实和测定。凡已用过的试料，一律不再重复使用。

5　计算

5.1　稳定材料湿密度计算

按式(T 0804-2)计算每次击实后稳定材料的湿密度。

$$\rho_w = \frac{m_1 - m_2}{V} \quad \text{(T 0804-2)}$$

式中：ρ_w——稳定材料的湿密度(g/cm³)；

m_1——试筒与湿试样的总质量(g)；

m_2——试筒的质量(g)；

V——试筒的容积(cm³)。

5.2　稳定材料干密度计算

按式(T 0804-3)计算每次击实后稳定材料的干密度。

$$\rho_d = \frac{\rho_w}{1 + 0.01w} \quad \text{(T 0804-3)}$$

式中：ρ_d——试样的干密度(g/cm³)；

w——试样的含水量(%)。

5.3　制图

5.3.1　以干密度为纵坐标、含水量为横坐标，绘制含水量—干密度曲线。

曲线必须为凸形的，如试验点不足以连成完整的凸形曲线，则应该进行补充试验。

5.3.2 将试验各点采用二次曲线方法拟合曲线，曲线的峰值点对应的含水量及干密度即为最佳含水量和最大干密度。

5.4 超尺寸颗粒的校正

当试样中大于规定最大粒径的超尺寸颗粒的含量为5%～30%时，按下列各式对试验所得最大干密度和最佳含水量进行校正（超尺寸颗粒的含量小于5%时，可以不进行校正）。①

注①：超尺寸颗粒的含量少于5%时，它对最大干密度的影响位于平行试验的误差范围内。

(1)最大干密度按式(T 0804-4)校正。

$$\rho'_{dm}=\rho_{dm}(1-0.01p)+0.9\times0.01pG'_a \quad (T\ 0804\text{-}4)$$

式中：ρ'_{dm}——校正后的最大干密度(g/cm³)；

ρ_{dm}——试验所得的最大干密度(g/cm³)；

p——试样中超尺寸颗粒的百分率(%)；

G'_a——超尺寸颗粒的毛体积相对密度。

(2)最佳含水量按式(T 0804-5)校正。

$$w'_0=w_0(1-0.1p)+0.01pw_a \quad (T\ 0804\text{-}5)$$

式中：w'_0——校正后的最佳含水量(%)；

w_0——试验所得的最佳含水量(%)；

p——试样中超尺寸颗粒的百分率(%)；

w_a——超尺寸颗粒的吸水量(%)。

6 结果整理

6.1 应做两次平行试验，取两次试验的平均值作为最大干密度和最佳含水量。两次重复性试验最大干密度的差不应超过0.05g/cm³（稳定细粒土）和0.08g/cm³（稳定中粒土和粗粒土），最佳含水量的差不应超过0.5%（最佳含水量小于10%）和1.0%（最佳含水量大于10%）。超过上述规定值，应重做试验，直到满足精度要求。

对于一种混合料进行平行试验是必要的，不可省略。由于当前路用材料试验普遍存在人为因素对试验结果的影响，仅做一次试验难以保证试验结果的可靠性。特别是对于最佳含水量和最大干密度这样关键性的工程控制指标的确定，必须进行平行试验的验证、校核。正规的试验报告须提交至少两次平行试验的试验结果。

6.2 混合料密度计算应保留小数点后3位有效数字。含水量应保留小数点后1位有效数字。

7 报告

试验报告应包括以下内容：

(1)试样的最大粒径、超尺寸颗粒的百分率；

(2)无机结合料类型及剂量；

(3)所用试验方法类别；

(4)最大干密度(g/cm^3)；

(5)最佳含水量(%)，并附击实曲线。

8 记录

本试验的记录格式见表T 0804-3。

稳定材料击实试验记录表 表T 0804-3

工程名称＿＿＿＿ 结合料含水量(%)＿＿＿＿

试样编号＿＿＿＿ 试验方法＿＿＿＿

混合料名称＿＿＿＿ 试验者＿＿＿＿

结合料剂量(%)＿＿＿＿ 校核者＿＿＿＿

集料含水量(%)＿＿＿＿ 试验日期＿＿＿＿

	试验序号		1		2		3		4		5		6	
干密度	加水量	(g)												
	筒+湿试样的质量	(g)												
	筒的质量	(g)												
	湿试样质量	(g)												
	湿密度	(g/cm^3)												
	干密度	(g/cm^3)												
含水量	盒号													
	盒+湿试样的质量	(g)												
	盒+干试样的质量	(g)												
	盒的质量	(g)												
	水的质量	(g)												
	干试样的质量	(g)												
	含水量	(%)												
	平均含水量	(%)												

T 0842—2009 无机结合料稳定材料振动压实试验方法

振动压实试验方法是近些年来国内一些大学和科研单位针对碎石含量比较高的无机结合料稳定材料配合比试验提出的一种试验方法。早在20世纪80年代末90年代初,交通部公路科学研究所针对大粒径碎石路基的压实问题,曾研制、使用过相关的试验设备。当前国内一些业主、科研及施工单位对此方法比较感兴趣,并在一些工程中加以应用。

据了解,目前国内振动压实方法还不统一,不同地区、不同单位使用的振动压实设备并不一致,有的激振单元在试件上部,有的在下部;有的按照振动压路机的原理设计采用配重并配有上车系统,有些只有振动单元和气压系统;不同设备的激振力和激振频率也不完全一样;同时由于设计原理不一样,即使采用了相同的激振力和频率,达到的压实效果也相差甚远,难以比较。

作为一种新型试验方法,此次规范修订将其纳入,主要是为了规范试验方法,供研究和工程单位参考使用,并在实践中不断加以完善和改进。

1 适用范围

本方法适用于在室内对水泥、石灰、石灰粉煤灰稳定粒料土基层材料进行振动压实试验,以确定这些材料在振动压实条件下的含水量—干密度曲线,确定其最佳含水量和最大干密度。

本方法适用于粗集料含量较大的稳定材料。一般来说,振动压实试验确定的最佳含水量小于击实试验确定的最佳含水量,最大干密度大于击实试验确定的最大干密度。由于还未建立起振动压实试验测试的干密度与击实试验和工程现场振动压实效果的相关关系,因此该试验方法主要用于室内研究。

2 仪器设备

2.1 钢模:内径152mm、高170mm、壁厚10mm;钢模套环:内径152mm、高50mm、壁厚10mm;筒内垫块:直径151mm、厚20mm;钢模底板:直径300mm、厚10mm。以上各部件如图 T 0842-1 所示,可用螺栓固定成一体。

2.2 振动压实机:如图 T 0842-2 所示,配有ϕ150mm的压头,静压力、激振力和频率可调。

由于目前还没有振动压实机的标准要求,现在市场上的振动压路机的品种较

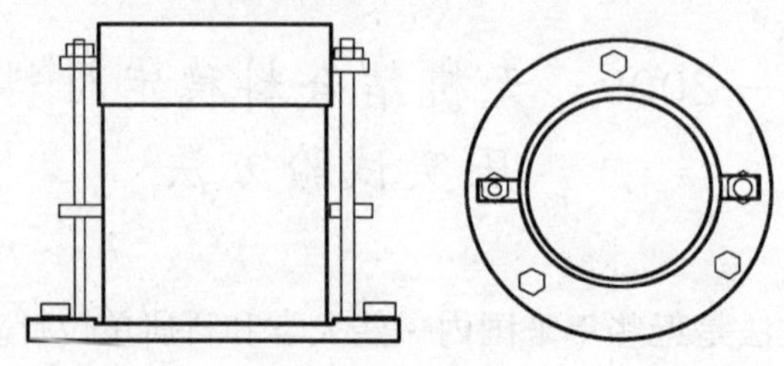

图 T 0842-1 钢模、钢模套环及钢模底板示意图

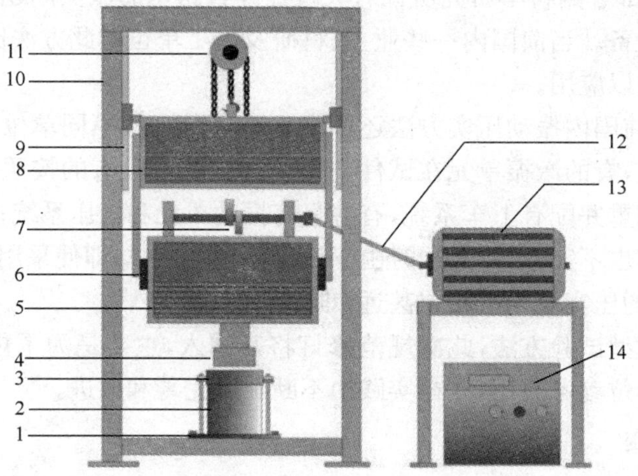

图 T 0842-2 振动压实机示意图

1-钢模底盘;2-钢模;3-钢模套环;4-压头;5-下车系统;6-减振块;7-偏心块;8-上车系统;9-导向柱;10-机架;11-手动葫芦;12-传动轴;13-电动机;14-变频器

多,压实效果不尽相同。新规程中要求振动压实机宜参照振动压路机的设计原则设计上车压实和下车振动系统,上车和下车之间采用隔振措施,保证下车压实系统的重量占整车的 60%左右。而不仅仅满足静压力和激振力就算满足新规程的要求。

振动压实机的工作原理为:由电动机输出动力,经分动箱分动后,由两根传动轴带动两个偏心激振器同步旋转,激振器两根偏心轴上的偏心块和转动方向相反,以抵消侧向离心力,垂直方向的离心力带动压头产生纵向振动,使试模中的混合料振实。通过控制柜中的变频器可调节电动机的转速,从而使激振器的振动频率可在 10～50Hz 内无级变化,通过增减配重块和改变上车、下车系统的质量,从而达到改变压头的静压头和改变上车、下车振动质量之比的要求。上车、下车系统块之间通过减振块连接,以达到减振目的。混合料振实以后,通过手动葫芦可把上车、下车系统质量块和激振器以及压头一同提起，以便更换压头和试模及混合料。

2.3　电子天平：量程 15kg，感量 0.1g；量程 4 000g，感量 0.01g。

2.4　方孔筛：孔径 37.5mm、31.5mm、26.5mm、19mm、9.5mm、4.75mm、2.36mm、0.6mm 以及 0.075mm 的标准筛各 1 个。

2.5　量筒：50mL、100mL 和 500mL 的量筒各 1 个。

2.6　直刮刀：长 200～250mm、宽 30mm、厚 3mm，一侧开口的直刮刀，用以刮平和修饰粒料大试件的表面。

2.7　工字形刮平尺：30mm×50mm×310mm，上下两面和侧面均刨平。

2.8　拌和工具：约 400mm×600mm×70mm 的长方形金属盘、拌和用平头小铲等。

2.9　脱模器。

2.10　测定含水量用的铝盒、烘箱等其他用具。

2.11　用于固紧试模螺栓的扳手、钳子，用于调节偏心块夹角的小榔头等。

3　试验准备

3.1　对集料进行筛分，按预定级配配好集料。如果集料的最大公称粒径不大于 37.5mm，则直接备料；如果大于 37.5mm 的粒径含量超过 10%，则过 37.5mm 筛备用，筛分后记录超尺寸颗粒的百分率。

3.2　在预定做击实试验的前一天，取有代表性的试料测定其风干含水量。对于细料，试样应不少于 100g；对于中粒料，试样应不少于 1 000g；对于粗粒料，试样应不少于 2 000g。同时测定石灰和水泥的含水量。

4　试验步骤

4.1　调节振动压实机上下车的配重块数、偏心块夹角和变频器的频率。对无机结合料稳定粒料，一般选用面压力约为 0.1MPa①，激振力约 6 800N②，振动频率为 28～30Hz 的振实条件。

注①：振动压实机依照振动压路机的压实原理设计，分为上车和下车系统，下车质量/整车质量应在 0.6 左右。一般选用上车配重为 3 块、下车配重为 6 块（上车配重块约 4.5kg/个，下车配重块约 5.5kg/个），也可以根据试验确定。

注②：该值为计算值，采用偏心块夹角为 60°，振动频率为 28～30Hz 时计算获得，实测激振力与被压实材料有关，一般大于该值，也可以根据试验确定。

以上参数是由长安大学研制的仪器并根据相关研究成果得出的，针对水泥稳定粒料基层，对于当前其他大量厂家生产的仪器，由于设计原理和压力来源不同，该参数并不完全适用。同时，不同稳定材料需要的振动频率、激振力和静压力不尽相同，因此研究单位应该通过变换不同参数的试验，确定达到最佳压实效果的该种材料的最佳振动频率、面压力和激振力。

4.2　将准备好的各种粗、细集料按照预定的混合料级配配制5～6份，每份试料的干质量约为5.5～6.5kg。

4.3　预定5～6个不同含水量，依次相差1%～2%，且其中至少有两个大于和两个小于最佳含水量。

4.4　按预定含水量制备试样。

将1份试料平铺于金属盘内，将事先计算得到的该份试料中应加的水量均匀地喷洒在试料上，用小铲将试料充分拌和到均匀状态，然后装入密闭容器或塑料口袋内浸润备用。

应加水量可按式(T 0842-1)计算：

$$m_w=\left(\frac{m_n}{1+0.01w_n}+\frac{m_c}{1+0.01w_c}\right)\times 0.01w-\frac{m_n}{1+0.01w_n}\times 0.01w_n-\frac{m_c}{1+0.01w_c}\times 0.01w_c \tag{T 0842-1}$$

式中：m_w——混合料中应加的水量(g)；

m_n——混合料中集料的质量(g)，其原始含水量为w_n，即风干含水量(%)；

m_c——混合料中水泥或石灰的质量(g)，其原始含水量为w_c(%)；

w——要求达到的混合料的含水量(%)。

4.5　将所需要的结合料，如水泥加到浸润后的试料中，并用小铲、泥刀或其他工具充分拌和到均匀状态。加有水泥的试料拌和后，应在1h内完成振实试验。拌和后超过1h的试样，应予作废(石灰稳定和石灰粉煤灰稳定除外)。

对于水泥稳定类材料，从加水拌和到进行压实试验间隔的时间愈长，水泥的水化作用和结硬程度就愈大，因此要求以水泥为结合料的试验拌和后要在1h内完成试验。

4.6　将钢模套环、钢模及钢模底板紧密联结，然后将其放在坚实地面上。将拌和好的混合料按四分法分成4份，将对角的两份依次倒入筒内，一边倒一边用直径2cm左右的木棒插捣。混合料应分两次装完，整平其表面并稍加压紧，然后将钢模连同混合料放在振动压实机的钢质底板上，用螺栓将钢模底板与振动压实机底板固定在一起。

4.7　将振动压头对准钢模后，拉动手动葫芦放下振动器，使振动压头与钢模内的混合料紧密接触，然后取下手动葫芦吊钩，放好手动葫芦拉链。检查振动压实机上的螺栓及相关联结处，确定没有任何物品放在振动压实机上。

4.8　启动振动压实机开关，开始振动压实。仔细观察振实压实情况，在振动压头回弹跳起时关闭机器，记下振动压实时间。

由于振动容易对仪器造成损伤，在振动压实前需仔细检查仪器螺栓的紧固程度，操作时一定要遵守操作规程，不可疏忽大意。振动压实过程较短，应认真观察振动压实机压头是否达到跳起的状态，不要使振动压实机长时间在回弹跳起状态运行。

由于振动压实中水分的影响作用显著，高含水量下压头回弹跳起现象很难出现，振动时间太长会使试料大量挤出。因此，确定不同含水量下的压实效果时，中等或较低含水量下以压头回弹跳起为控制条件；高含水量下以试料挤出为停止振动压实的控制条件。

4.9　用手动葫芦拉起振动压头。用刮土刀或螺丝刀将已振实层的表面拉毛，然后将剩下的混合料加入试模中，一边倒一边用直径 2cm 左右的木棒插捣，整平其表面并稍加压紧，重复上述振动试验。

4.10　振动完毕后，用手动葫芦拉起振动压头。松开钢模底板的螺栓，将钢模连同经过振实的混合料一起卸下。用刮土刀沿套环内壁稍稍挖松振实后的混合料，以便使混合料与套环脱离，松开螺栓后小心扭动并取下钢模套环，然后检查钢模内振实后的材料高度是否合适。经过振实的混合料不能低于钢模的边缘，同时，振实后的混合料也不能高出钢模边缘 10mm，否则作废。

4.11　齐钢模顶用刮土刀仔细刮平混合料，如混合料顶面略突出筒外或有孔洞，则应细心刮平或修补。拆除底板，擦净钢模外壁，称取钢模与混合料的质量 m_1。

含有砾石或碎石颗粒的中粒料特别是粗粒料难刮平。在整平过程中可允许某些大颗粒露出表面，但同时要取出某些颗粒使表面有些空洞，尽可能使突出的体积与空洞的体积相等。

4.12　用脱模器推出钢模内混合料。用锤将经过振实的混合料打碎后，从其中心部分取 2 000～2 500g 的混合料，装入金属盆中。将金属盆连同混合料一起放入 110℃的烘箱中烘干 12h，测定其含水量，并计算相应的干密度。擦净试筒，称其质量 m_2。

5　计算

5.1　稳定材料湿密度计算

按式(T 0842-2)计算每次击实后稳定材料的湿密度。

$$\rho_w = \frac{m_1 - m_2}{V} \quad \text{(T 0842-2)}$$

式中：ρ_w——稳定材料的湿密度(g/cm^3)；

m_1——试筒与湿试样的合质量(g)；

m_2——试筒的质量(g)；

V——试筒的容积(cm^3)。

5.2　稳定材料干密度计算

按式(T 0842-3)计算每次击实后稳定材料的干密度。

$$\rho_d = \frac{\rho_w}{1 + 0.01w} \qquad (T\ 0842\text{-}3)$$

式中：ρ_d——稳定材料的干密度(g/cm^3)；

ρ_w——稳定材料的湿密度(g/cm^3)；

w——稳定材料的含水量(%)。

5.3　制图

5.3.1　以干密度为纵坐标、含水量为横坐标，在普通直角坐标纸上绘制干密度—含水量关系曲线，凸形曲线顶点的纵横坐标分别为稳定材料的最大干密度和最佳含水量。

5.3.2　如试验点不足以连成完整的驼峰形曲线，则应该进行补充试验。

5.3.3　按上述方法测定并计算不同含水量下的试件的干密度，绘制干密度—含水量关系曲线。确定最佳含水量、最大干密度和最佳压实状态下的振动压实时间。

6　结果整理

6.1　混合料密度计算应保留小数点后3位有效数字，含水量应保留小数点后1位有效数字。

6.2　应做两次平行试验，两次试验最大干密度的差不应超过0.05g/cm^3(稳定细粒土)和0.08g/cm^3(稳定中粒土和粗粒土)，最佳含水量的差不应超过0.5%(最佳含水量小于10%)和1.0%(最佳含水量大于10%)。

7　报告

试验报告应包括以下内容：

(1)试样的最大粒径、超尺寸颗粒的百分率；

(2)水泥的种类和强度等级，或石灰中有效氧化钙和氧化镁的含量(%)；

(3)无机结合料类型及剂量；

(4)所用振动成型机的各参数；

(5)最大干密度(g/cm^3)；

(6)最佳含水量(%)，并附振实曲线。

8　记录

本试验的记录格式见表T 0842-1。

稳定材料振动压实试验记录表　　　　表 T 0842-1

工程名称＿＿＿＿＿＿＿＿＿＿　　结合料含水量(%)＿＿＿＿＿＿＿＿＿＿

试样编号＿＿＿＿＿＿＿＿＿＿　　试验方法＿＿＿＿＿＿＿＿＿＿

混合料名称＿＿＿＿＿＿＿＿＿＿　　试验者＿＿＿＿＿＿＿＿＿＿

结合料剂量(%)＿＿＿＿＿＿＿＿＿＿　　校核者＿＿＿＿＿＿＿＿＿＿

集料含水量(%)＿＿＿＿＿＿＿＿＿＿　　试验日期＿＿＿＿＿＿＿＿＿＿

振动参数＿＿＿＿＿频率＿＿＿＿＿面压力＿＿＿＿＿激振力＿＿＿＿＿

试验序号			1		2		3		4		5		6	
干密度	加水量	(g)												
	筒+湿试样的质量	(g)												
	筒的质量	(g)												
	湿试样质量	(g)												
	湿密度	(g/cm³)												
	干密度	(g/cm³)												
含水量	盒号													
	盒+湿试样的质量	(g)												
	盒+干试样的质量	(g)												
	盒的质量	(g)												
	水的质量	(g)												
	干试样的质量	(g)												
	含水量	(%)												
	平均含水量	(%)												
备注(振动状态)														

T 0843—2009　无机结合料稳定材料试件制作方法(圆柱形)

圆柱形试件是无机结合料稳定材料物理力学性能试验的基本形状之一，是强度试验、模量试验的标准试件。圆柱形试件尺寸一般分为三种规格，根据稳定材料粒径的大小而选择，稳定材料混合料的粒径越大，试件尺寸也越大。为了便于试验操作，圆柱形试件的径高比一般为 1∶1，这也是目前我国相关试验的标准尺寸规格。尽管这种规格尺寸的试件在进行顶面压力试验时(如抗压强度试验或抗压回弹模量试验)存在顶面的应力紊乱现象，有些研究人员认为试验结果失真，但是通过我国“七五”期间相关的研究成果认为，这种试验结果与工程现场的结果基本吻合，且目前设计规范中的相关参数均采用这种方法测定的试验结果，因此，新规程仍采用这种规格试件作为标准试件。

在科学研究中，根据需要可采用径高比为1∶1.5或1∶2甚至1∶2.5(或1∶3)的试件。其成型方法同新规程，但需要注意，随着径高比的增加，不仅单个试件的质量显著增加，而且试件中部的压实、试件成型后的脱模等都将带来较大困难，这将对试验结果的稳定性产生影响。

1 适用范围

本方法适用于无机结合料稳定材料的无侧限抗压强度、间接抗拉强度、室内抗压回弹模量、动态模量、劈裂模量等试验的圆柱形试件。

2 仪器设备

2.1 方孔筛：孔径53mm、37.5mm、31.5mm、26.5mm、4.75mm和2.36mm的筛各1个。

2.2 试模：细粒土，试模的直径×高=ϕ50mm×50mm；中粒土，试模的直径×高=ϕ100mm×100mm；粗粒土，试模的直径×高=ϕ150mm×150mm。适用于下列不同土的试模尺寸如图T 0843-1所示。

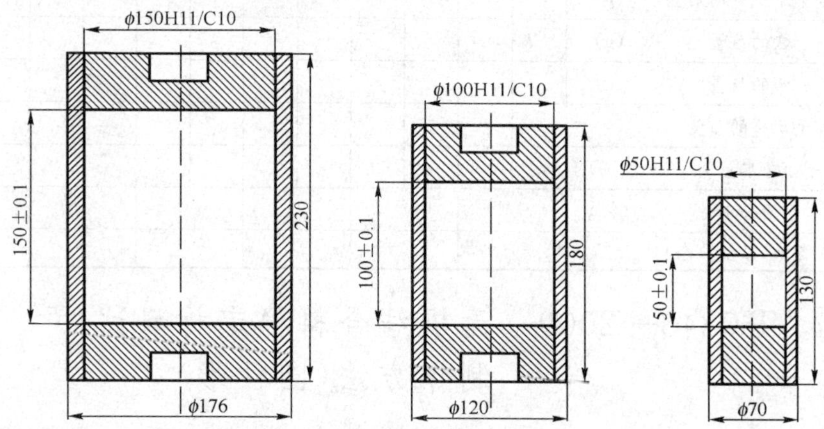

图T 0843-1 圆柱形试件和垫块设计尺寸(尺寸单位：mm)

注：H11/C10表示垫块和试模的配合精度。

在成型过程中，内壁涂机油是必要的。同时避免表面出现裂纹，应保持试模内壁光洁度，试模口无毛刺、变形，试筒垂度、试模直径公差满足要求。

2.3 电动脱模器。

2.4 反力架：反力为400kN以上。

400kN反力框架和液压千斤顶适宜于制备ϕ50mm×50mm的试件，也可用于

制备 ϕ100mm×100mm 的试件。用于制备 ϕ150mm×150mm 的试件时,有时压力不够,宜采用 1 000kN 的压力机或反力架和千斤顶。

2.5 液压千斤顶:200～1 000kN。

2.6 钢板尺:量程 200mm 或 300mm,最小刻度 1mm。

2.7 游标卡尺:量程 200mm 或 300mm。

2.8 电子天平:量程 15kg,感量 0.1g;量程 4 000g,感量 0.01g。

2.9 压力试验机:可替代千斤顶和反力架,量程不小于 2 000kN,行程速度可调。

3 试验准备

3.1 试件的径高比一般为 1∶1,根据需要也可成型 1∶1.5 或 1∶2 的试件。试件的成型根据需要的压实度水平,按照体积标准,采用静力压实法制备。

3.2 将具有代表性的风干试料(必要时,可以在 50℃烘箱内烘干),用木锤捣碎或用木碾碾碎,但应避免破坏粒料的原粒径。按照公称最大粒径的大一级筛,将土过筛并进行分类。

3.3 在预定做试验的前一天,取有代表性的试料测定其风干含水量。对于细粒土,试样应不少于 100g;对于中粒土,试样应不少于 1 000g;对于粗粒土,试样的质量应不少于 2 000g。

3.4 按照本规程 T 0804—1994 确定无机结合料稳定材料的最佳含水量和最大干密度。

3.5 根据击实结果,称取一定质量的风干土,其质量随试件大小而变。对 ϕ50mm×50mm 的试件,1 个试件约需干土 180～210g;对于 ϕ100mm×100mm 的试件,1 个试件约需干土 1 700～1 900g;对于 ϕ150mm×150mm 的试件,1 个试件约需干土 5 700～6 000g。

对于细粒土,一次可称取 6 个试件的土;对于中粒土,一次宜称取 1 个试件的土;对于粗粒土,一次只称取 1 个试件的土。

3.6 将准备好的试料分别装入塑料袋中备用。

4 试验步骤

成型试验根据试件尺寸的大小一般需要 2～3d,大致分为三个步骤:成型前一天进行试料准备,包括闷料;第二天上午可进行压实成型;下午再进行脱模、称量。

4.1 调试成型所需要的各种设备,检查是否运行正常;将成型用的模具擦拭干净,并涂抹机油。成型中、粗粒土时,试模筒的数量应与每组试件的个数相配套。上下垫块应与试模筒相配套,上下垫块能够刚好放入试筒内上下自由移动(一般来说上下垫块直径比试筒内径约小0.2mm)且上下垫块完全放入试筒后，试筒内未被上下垫块占用的空间体积能满足径高比为1∶1的设计要求。

4.2 对于无机结合料稳定细粒土，至少应该制备6个试件；对于无机结合料稳定中粒土和粗粒土，至少应该分别制备9个和13个试件。

4.3 根据击实结果和无机结合料的配合比按式(T 0843-1)计算每份料的加水量、无机结合料的质量。

4.4 将称好的土放在长方盘(约400mm×600mm×70mm)内。向土中加水拌料、闷料。石灰稳定材料、水泥和石灰综合稳定材料、石灰粉煤灰综合稳定材料、水泥粉煤灰综合稳定材料，可将石灰或粉煤灰和土一起拌和，将拌和均匀后的试料放在密闭容器或塑料袋(封口)内浸润备用。

实际使用的石灰有两种，一种是用块灰自行消解的消石灰粉(通常过2mm的筛)，另一种是袋装生石灰粉。试验时采用的石灰应与施工现场所用石灰相同。在采用生石灰粉时，必须与土拌和后一起进行浸润，而且浸润时间不应少于3h，使生石灰粉能充分消解。否则，试件在养生过程中易由于生石灰粉膨胀而损坏。

对于细粒土(特别是黏性土)，浸润时的含水量应比最佳含水量小3%；对于中粒土和粗粒土，可按最佳含水量加水①；对于水泥稳定类材料，加水量应比最佳含水量小1%～2%。

浸润时间要求为：黏质土12～24h，粉质土6～8h，砂类土、砂砾土、红土砂砾、级配砂砾等可以缩短到4h左右，含土很少的未筛分碎石、砂砾及砂可以缩短到2h。浸润时间一般不超过24h。

注①：应加的水量可按下式计算：

$$m_w = \left(\frac{m_n}{1+0.01w_n}+\frac{m_c}{1+0.01w_c}\right)\times 0.01w - \frac{m_n}{1+0.01w_n}\times 0.01w_n - \frac{m_c}{1+0.01w_c}\times 0.01w_c \quad (\text{T 0843-1})$$

式中：m_w——混合料中应加的水量(g)；

m_n——混合料中素土(或集料)的质量(g)，其含水量为w_n(风干含水量)(%)；

m_c——混合料中水泥或石灰的质量(g)，其原始含水量为w_c(%)(水泥的w_c通常很小，也可以忽略不计)；

w——要求达到的混合料的含水量(%)。

4.5 在试件成型前1h内，加入预定数量的水泥并拌和均匀。在拌和过程中，应将预留的水(对于细粒土为3%，对于水泥稳定类为1%～2%)加入土中，使混合料达到最佳含水量。拌和均匀的加有水泥的混合料应在1h内按下述方法制成试件，超过1h的混合料应该作废。其他结合料稳定材料，混合料虽不受此限，但也应尽快制成试件。

4.6 用反力架和液压千斤顶，或采用压力试验机制件。

将试模配套的下垫块放入试模的下部，外露 2cm 左右。将称量的规定数量 m_2(g)的稳定材料混合料分 2～3 次灌入试模中，每次灌入后用夯棒轻轻均匀插实。如制取 ϕ50mm×50mm 的小试件，则可以将混合料一次倒入试模中，然后将与试模配套的上垫块放入试模内，也应使其外露 2cm 左右(即上、下垫块露出试模外的部分应该相等)。

4.7 将整个试模(连同上、下垫块)放到反力架内的千斤顶上(千斤顶下应放一扁球座)或压力机上，以 1mm/min 的加载速率加压，直到上下压柱都压入试模为止。维持压力 2min。

制作试件时，要特别注意两端垫块是否均匀进入。如发现垫块的一侧已进入试模筒内并已与筒顶齐平，而另一侧尚未完全进入筒内，则应解除压力后旋转试模筒，然后再继续加压，直到垫块完全进入试模筒内。加压过程中应注意，否则压力过大易将试模筒压坏(中间鼓出)。

在成型过程中，一般情况下会有少量水分挤出，在计算试件干密度时可忽略。如果挤出水过多或出现试件难以压实成标准尺寸，说明原击实结果有问题，或者成型的配料计算有误，需要认真检查、复核，找出原因，重新成型。

4.8 解除压力后，取下试模，并放到脱模器上将试件顶出。用水泥稳定有黏结性的材料(如黏质土)时，制件后可以立即脱模；用水泥稳定无黏结性细粒土时，最好过 2～4h 再脱模；对于中、粗粒土的无机结合料稳定材料，也最好过 2～6h 脱模。

所有试件在脱模过程中应做到轻拿轻放，防止脱模搬运过程中对试件造成损伤。

4.9 在脱模器上取试件时，应用双手抱住试件侧面的中下部，然后沿水平方向轻轻旋转，待感觉到试件移动后，再将试件轻轻抱起，放置到试验台上。切勿直接将试件向上拔起。

4.10 称试件的质量 m_2，小试件精确至 0.01g，中试件精确至 0.01g，大试件精确至 0.1g。然后用游标卡尺测量试件高度 h，精确至 0.1mm。检查试件的高度和质量，不满足成型标准的试件作为废件。

试件是按一定标准密度或压实度成型的，因此需要对成型后试件的密度或压实度进行计算评价，以确保试件满足成型要求，即按照试件的实际几何尺寸计算试件的体积，然后根据试件实际质量计算出试件的密度。进而计算出试件压实度。一般要求成型后试件的压实度不超过标准压实度±1%。

4.11 试件称量后应立即放在塑料袋中封闭，并用潮湿的毛巾覆盖，移放至养生室。

5　计算

单个试件的标准质量：

$$m_0 = V \times \rho_{max} \times (1 + w_{opt}) \times \gamma \qquad (T\ 0843\text{-}2)$$

考虑到试件成型过程中的质量损耗，实际操作过程中每个试件的质量可增加0～2%，即：

$$m'_0 = m_0 \times (1 + \delta) \qquad (T\ 0843\text{-}3)$$

每个试件的干料(包括干土和无机结合料)总质量：

$$m_1 = \frac{m'_0}{1 + w_{opt}} \qquad (T\ 0843\text{-}4)$$

每个试件中的无机结合料质量：

外掺法

$$m_2 = m_1 \times \frac{\alpha}{1 + \alpha} \qquad (T\ 0843\text{-}5)$$

内掺法

$$m_2 = m_1 \times \alpha \qquad (T\ 0843\text{-}6)$$

每个试件中的干土质量：

$$m_3 = m_1 - m_2 \qquad (T\ 0843\text{-}7)$$

每个试件中的加水量：

$$m_w = (m_2 + m_3) \times w_{opt} \qquad (T\ 0843\text{-}8)$$

验算：

$$m'_0 = m_2 + m_3 + m_w \qquad (T\ 0843\text{-}9)$$

式中：V——试件体积(cm^3)；

w_{opt}——混合料最佳含水量(%)；

ρ_{max}——混合料最大干密度(g/cm^3)；

γ——混合料压实度标准(%)；

m_0、m'_0——混合料质量(g)；

m_1——干混合料质量(g)；

m_2——无机结合料质量(g)；

m_3——干土质量(g)；

δ——计算混合料质量的冗余量(%)；

α——无机结合料的掺量(%)；

m_w——加水质量(g)。

6　结果整理

6.1　小试件的高度误差范围应为－0.1～0.1mm，中试件的高度误差范围应为－0.1～0.15mm，大试件的高度误差范围应为－0.1～0.3mm。

6.2 质量损失:小试件应不超过标准质量 2g,中试件应不超过 5g,大试件应不超过 15g。

7 记录

本试验的记录格式见表 T 0843-1。

稳定材料圆柱形试件成型记录表　　表 T 0843-1

工程名称________　混合料名称________

土质类型________　结合料类型及剂量(%)________

最佳含水量(%)________　最大干密度(g/cm³)________

试件压实度(%)________　试件标准质量(g)________

试验人员________　试验日期________

编号	直径(mm)				高度(mm)				质量(g)	误差(g)
	1	2	3	平均	1	2	3	平均		
1										
2										
3										
4										
5										
6										

T 0844—2009 无机结合料稳定材料试件制作方法(梁式)

1 适用范围

本方法适用于无机结合料稳定材料的抗弯拉强度、干缩试验、温缩试验、疲劳试验、弯拉模量等试验的梁式试件的成型。

梁式试件是无机结合料稳定材料物理、力学试验另一种标准试件之一。根据稳定材料混合料粒径的不同,分别选择小、中、大型试件尺寸规格。

2 仪器设备

2.1 方孔筛:孔径 53mm、37.5mm、31.5mm、26.5mm、4.75mm 和 2.36mm 的筛各1个。

2.2 试模:内壁尺寸 50mm×50mm×200mm、100mm×100mm×400mm(图 T 0844-1)或 150mm×150mm×550mm。铸铁制成;内表面磨光,拆装方便。内部尺寸允许偏差为:棱边长度不超过 1mm,直角不超过 0.5°。模板应有足够的刚度,在加压振动作用下，不易变形，带有与试件面积相同的上、下压块(图 T 0844-2)，厚约 5cm。

2.3　压力试验机：可替代千斤顶和反力架，量程不小于 2 000kN，行程速度可调。

2.4　钢板尺：量程应满足测量长度的要求，最小刻度 1mm。

2.5　游标卡尺：量程 200mm。

2.6　电子天平：量程 15kg，感量 0.1g；量程 4 000g，感量 0.01g。

2.7　台秤：量程 50kg，感量 5g。

2.8　垫板：小梁垫板厚度 1mm，中梁垫板厚度 1.5～2mm，大梁垫板厚度 4～5mm。

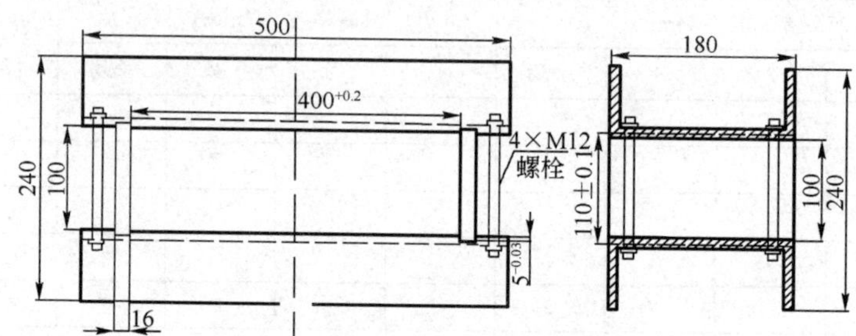

图 T 0844-1　中梁试模的外模尺寸及要求(尺寸单位：mm)

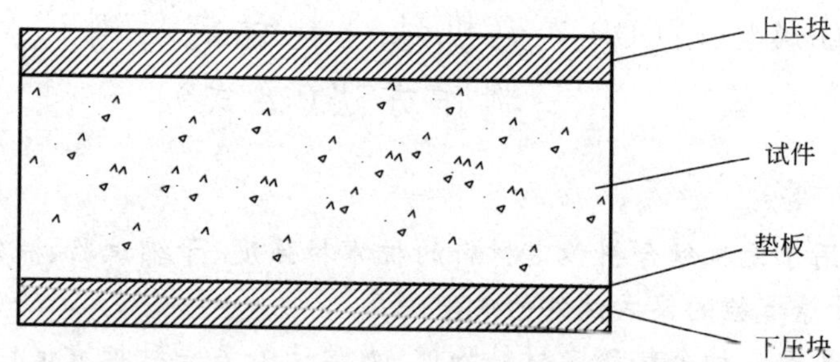

图 T 0844-2　梁式试件成型示意图

3　试验准备

3.1　根据材料粒径的大小，使用下列尺寸的试模：小梁，50mm×50mm×200mm，适用于细粒土；中梁，100mm×100mm×400mm，适用于中粒土①；大梁，150mm×150mm×550mm，适用于粗粒土。根据需要的压实度水平，按照体积标准，采用静力压实法制备。

注①：由于大梁试件的成型难度较大，在试验室不具备成型条件时，中梁试件的最大公称粒径可放宽到 26.5mm。

由于我国半刚性基层材料的主要级配形式为公称最大粒径为 26.5mm 的粗粒料，如成型大梁进行试验，目前国内绝大多数试验室不具备相应的成型条件，而且以往我国相应粒径混合料是采用中梁试验，因此新规程中梁试件的公称最大粒径范围可放宽至 26.5mm。

3.2　将具有代表性的风干试料(必要时，也可以在 50℃烘箱内烘干)，用木锤捣碎或用木碾碾碎，但应避免破碎粒料的原粒径。按照公称最大粒径的大一级筛将土过筛并进行分类。

3.3　在预定做试验的前一天，取有代表性的试料测定其风干含水量。对于细粒土，试样应不少于 100g；对于中粒土，试样应不少于 1 000g；对于粗粒土，试样的质量应不少于 2 000g。

3.4　按照本规程 T 0804—1994 确定无机结合料结合料稳定材料的最佳含水量和最大干密度。

3.5　根据击实结果，称取一定质量风干土，其质量随试件大小而变。对于小梁试件，1 个试件约需干土 900～1 100g；对于中梁试件，1 个试件约需干土 8 500～10 000g；对于大梁试件，1 个试件约需干土 26 000～28 000g。

3.6　将准备好的试料分别装入塑料袋中备用。

4　试验步骤

梁式试件成型步骤与圆柱形试件类似，大致分为 3 步：成型前一天备料、闷料；第二天上午可压实成型；下午或第三天(中梁、大梁)再进行脱模。由于梁式试件的体积比较大(一个中梁试件一般相当于大型圆柱形试件质量的 1.5 倍)，脱模操作比较烦琐，所以操作人员一般为 3～4 人。

4.1　调试成型所需要的各种设备，检查是否运行正常；将成型用的模具擦拭干净，并涂抹机油。

4.2　无机结合料稳定细粒土，应制备 6 个试件；无机结合料稳定中粒土和粗粒土，应分别制备 9 个和 13 个试件。

4.3　根据击实结果和无机结合料的配合比，计算每份试料的加水量、无机结合料的质量。

4.4　将称好的土放在长方盘(约 400mm×600mm×70mm)内。向土中加水拌料、闷料。如为石灰稳定材料、水泥和石灰综合稳定材料、石灰粉煤灰综合稳定材料、水泥粉煤灰综合稳定材料，可将石灰或粉煤灰和土一起拌和，将拌和均匀后的试料放在密闭容器或塑料袋(封口)内浸润备用。

对于细粒土(特别是黏性土)，浸润时的含水量应比最佳含水量小 3%；对于中粒土和粗粒土可按最佳含水量加水①；对于水泥稳定类材料，加水量应比最佳含水量小1%～2%。

注①：应加的水量可按式(T 0844-1)计算。

$$m_w = \left(\frac{m_n}{1+0.01w_n} + \frac{m_c}{1+0.01w_c}\right) \times 0.01w - \frac{m_n}{1+0.01w_n} \times 0.01w_n - \frac{m_c}{1+0.01w_c} \times 0.01w_c \quad (\text{T 0844-1})$$

式中：m_w——混合料中应加的水量(g)；

m_n——混合料中素土(或集料)的质量(g)；其含水量 w_n (风干含水量)(%)；

m_c——混合料中水泥或石灰的质量(g)；其原始含水量 w_c (%)(水泥的 w_c 通常很小，也可以忽略不计)；

w——要求达到的混合料的含水量(%)。

浸润时间要求：黏质土12～24h，粉质土6～8h，砂类土、砂砾土、红土砂砾、级配砂砾等可以缩短到4h左右，含土很少的未筛分碎石、砂砾及砂可以缩短到2h。浸润时间一般不超过24h。

4.5 在试件成型前1h内，加入预定数量的水泥并拌和均匀。在拌和过程中，应将预留的水(对于细粒土为3%，对于水泥稳定类为1%～2%)加入土中，使混合料含量达到最佳含水量。拌和均匀的加有水泥的混合料应在1h内按下述方法制成试件，超过1h的混合料应该作废。其他结合料稳定材料，混合料虽不受此限，但也应尽快制成试件。

4.6 采用压力机制备试件。

将试模的下压块放入试模的下部，外露2cm左右，然后将垫板两面刷油后放在下压块的上面①。当制作小梁时，宜再铺垫与垫板等尺寸的纸。将称量的规定数量 m_2 的稳定材料混合料分2～3次灌入试模中，每次灌入后用夯棒轻轻均匀插实。如制的是小梁试件，则可以将混合料一次倒入试模中。最后将上压块放入试模内，也应使其外露2cm左右(上、下压块露出试模外的部分应该相等)。

注①：为了在梁式试件脱模后能够承托试件的重量，应减少试件在搬运过程中的损坏。

4.7 将整个试模(连同上下压块)放到压力机上，加压直到上下压块都压入试模为止。小梁维持压力2min，中梁维持5min，大梁维持压力至少10min。

4.8 解除压力后，取下试模，对于小梁可利用压力机顶推法脱模，对于中梁、大梁宜采用拆卸模具方法脱模。用水泥稳定有黏结性的细粒土时，制件后可以立即脱模，用水泥稳定无黏结性的细粒土时，宜过2～4h再脱模；对于中、粗粒土的无机结合料稳定材料，宜过2～6h脱模。

4.9　称试件的质量m_2，小梁精确至0.01g，中梁精确至0.1g，大梁精确至1g。然后用游标卡尺测量试件的断面尺寸以及小梁的长度，精确至0.1mm。用钢板尺量取中梁、大梁试件的长度，精确至1mm。检查试件的断面尺寸和质量，不满足成型标准的作为废件。

梁式试件成型后需要检测试件的密度或压实度，以保证试件的质量。

5　计算

单个试件的标准质量：

$$m_0 = V \times \rho_{max} \times (1 + w_{opt}) \times \gamma \tag{T 0844-2}$$

考虑到试件成型过程中的质量损耗，实际操作过程中每个试件的质量可增加0～2%，即：

$$m'_0 = m_0 \times (1 + \delta) \tag{T 0844-3}$$

每个试件的干料（包括干土和无机结合料）总质量：

$$m_1 = \frac{m'_0}{1 + w_{opt}} \tag{T 0844-4}$$

每个试件中的无机结合料质量：

外掺法　$$m_2 = m_1 \times \frac{\alpha}{1 + \alpha} \tag{T 0844-5}$$

内掺法　$$m_2 = m_1 \times \alpha \tag{T 0844-6}$$

每个试件中的干土质量：

$$m_3 = m_1 - m_2 \tag{T 0844-7}$$

每个试件中的加水量：

$$m_w = (m_2 + m_3) \times w_{opt} \tag{T 0844-8}$$

验算：

$$m'_0 = m_2 + m_3 + m_w \tag{T 0844-9}$$

式中：V——试件体积（cm^3）；

w_{opt}——混合料最佳含水量（%）；

ρ_{max}——混合料最大干密度（g/cm^3）；

γ——混合料压实度标准（%）；

m_0、m'_0——混合料质量（g）；

m_1——干混合料质量（g）；

m_2——无机结合料质量（g）；

m_3——干土质量（g）；

δ——计算混合料质量的冗余量（%）；

α——无机结合料的掺量(%)；

m_w——加水质量(g)；

6 结果整理

6.1 小梁试件的断面尺寸误差范围应为-0.1～0.1mm，中梁试件的断面尺寸误差范围应为-0.1～0.15mm，大梁试件的断面尺寸误差范围应为-0.1～0.3mm。

6.2 质量损失：小梁试件应不超过标准质量5g，中梁试件应不超过20g，大梁试件应不超过50g。

7 记录

本试验的记录格式见表T 0844-1。

稳定材料梁式试件成型记录表　　表T 0844-1

工程名称________　　混合料名称________

土质类型________　　结合料类型及剂量(%)________

最佳含水量(%)________　　最大干密度(g/cm³)________

试件压实度(%)________　　试件标准质量(g)________

试验人员________　　试验日期________

编号	断面尺寸(mm)						长度(mm)				质量(g)	误差(g)
	左端宽度	左端高度	右端宽度	右端高度	平均宽度	平均高度	1	2	3	平均		
1												
2												
3												
4												
5												
6												

T 0845—2009 无机结合料稳定材料养生试验方法

1 适用范围

1.1 本方法适用水泥稳定材料类和石灰、二灰稳定材料类的养生。

1.2 标准养生方法是指无机结合料稳定类材料在规定的标准温度和湿度环境下强度增长的过程。快速养生是为了提高试验效率，采用提高养生温度缩短养生时间的养生方法。

1.3 本方法规定了无机结合料稳定材料的标准养生和快速养生的试验方法和步骤。在采用快速养生时，应建立快速养生条件下与标准养生条件下，混合料的强度发展的关系曲线，并确定标准养生的长龄期强度对应的快速养生短龄期。

2 仪器设备

2.1 标准养护室：标准养护室温度20℃±2℃，相对湿度在95%以上。

2.2 高温养护室：能保持试件养生温度60℃±1℃，相对湿度95%以上。容积能满足试验要求。

3 试验步骤

3.1 标准养生方法

关于无机结合料稳定材料的养生温度，原规程中规定的是北方地区20℃±2℃，南方地区为25℃±2℃。这是为了方便南北方地区的室内养生条件的需要而制定的。目前，各试验室都应具备自动控温、控湿的条件。为了使南北方的室内试验结果具有可比性，同时也为了与水泥混凝土的养生方法一致，方便各试验室操作，本次修订将无机结合料稳定材料的养生温度统一为20℃±2℃。

由于此次标准养生温度的改变将影响到无机结合料稳定材料的设计强度的确定，编写组进行了相同无机结合料在分别在20℃±2℃、25℃±2℃情况下养生，测试其抗压强度试验。试验结果为，同一组混合料在25℃±2℃、95%湿度下养生7d的抗压强度为6.4MPa，在20℃±2℃、95%湿度下养生7d的抗压强度为5.4MPa。也就是说，25℃±2℃下养生的强度是20℃±2℃下养生强度的1.18倍。

3.1.1 试件从试模内脱出并量高称质量后，中试件和大试件应装入塑料袋内。试件装入塑料袋后，将袋内的空气排除干净，扎紧袋口，将包好的试件放入养护室。

此处须双手捧试件送往养护室，切不可拧着袋口，在养生结束后，也务必用双手捧着进行量高、称质量等操作。

3.1.2 标准养生的温度为20℃±2℃，标准养生的湿度为≥95%。试件宜放在铁架或木架上，间距至少10～20mm。试件表面应保持一层水膜，并避免用水直接冲淋。

3.1.3 标准养生方法，对无侧限抗压强度试验是养生龄期7d，最后一天浸水。对弯拉强度、间接抗拉强度，水泥稳定材料类的标准养生龄期是90d，石灰稳定材料类的标准养生龄期是180d。

3.1.4 在养生期的最后一天，将试件取出，观察试件的边角有无磨损和缺块，并量高称质量，然后将试件浸泡于20℃±2℃水中，应使水面在试件顶上约2.5cm。

3.2 快速养生方法

由于无机结合料稳定材料在常温条件下强度增长相对缓慢，对于实际工程施工而言，其养生龄期过长，使得一些重要的技术指标（如模量、劈裂强度、弯拉强度等）都很难作为混合料的技术性能控制指标，因此在许多工程应用和科研工作中都提出了快速养生的方法。为了真正实现无机结合料稳定材料的快速养生，新规程增加了快速养生方法，以便各单位参考应用，并最终建立快速养生和标准养生的关系，从而缩短无机结合料稳定材料配合比设计的时间。

3.2.1 快速养生龄期的确定

在快速养生过程中，确定标准养生的长龄期对应的快速养生的短龄期时，也可以采用测试抗压回弹模量和劈裂强度值来建立两者的关系。在实际试验中，根据具体试验目的选用。

(1)将一组无机结合料稳定材料，在标准养生条件下（20℃±2℃，湿度≥95%）养生180d（石灰稳定类材料养生180d，水泥稳定类材料养生90d）测试抗压强度值。

(2)将同样的一组无机结合料稳定材料，在高温养生条件下（60℃±1℃，湿度≥95%）下养生7d、14d、21d、28d等，进行不同龄期的抗压强度试验，建立高温养生条件下强度—龄期的相关关系。

(3)在强度—龄期关系曲线上，找出标准养生长龄期强度对应的高温养生的短龄期。并以此作为快速养生的龄期。

3.2.2 快速养生试验步骤

(1)将高温养护室的温度调至规定的温度60℃±1℃，湿度也保持在95%以上，并能自动控温控湿。

(2)将制备的试件量高称质量后，小心装入塑料袋内。试件装入塑料袋后，将袋内的空气排除干净，并将袋口用麻绳扎紧，将包好的试件放入养护箱中。

(3)养生期的最后一天，将试件从高温养护室内取出，晾至室温（约2h），再打开塑料袋取出试件，观察试件有无缺损，量高称质量后，浸入20℃±2℃恒温水槽中，水面高出试件顶2.5cm。浸水24h后，取出试件，用软布擦去可见自由水，称质量、量高后，立即进行相关的试验。

4 结果整理

4.1 如养生期间有明显的边角缺损，试件应该作废。

4.2 对养生7d的试件，在养生期间，试件质量损失应符合下列规定：小试件不超过1g；中试件不超过4g；大试件不超过10g。质量损失超过此规定的试件，应予作废。

4.3 对养生 90d 和 180d 的试件，在养生期间，试件质量的损失应符合下列规定：小试件不超过 1g；中试件不超过 10g；大试件不超过 20g。质量损失超过此规定的试件，应予作废。

试件的质量损失指含水量的减少，不包括由于各种不同原因从试件上掉下的混合料。

5 报告

试验报告应包括以下内容：

(1)材料的颗粒组成；

(2)水泥的种类和强度等级，或石灰的等级；

(3)重型击实的最佳含水量(%)和最大干密度(g/cm^3)；

(4)无机结合料类型及剂量；

(5)试件干密度(保留小数点后 3 位，g/cm^3)或压实度；

(6)该材料在高温下的龄期与强度的对应关系；

(7)与标准长龄期强度所对应的快速养生的龄期。

6 记录

本试验的记录格式根据所养生的试件类型，采取相应的梁式试件和圆柱形试件的记录表格。圆柱形试件养生记录见表 T 0845-1。在记录内容里增加养生的起始日前和终止日期，养生的温度、湿度和养生结束后的试验内容。

稳定材料圆柱形试件养生记录表 表 T 0845-1

工程名称________ 混合料名称________

土质类型________ 结合料类型及剂量(%)________

最佳含水量(%)________ 最大干密度(g/cm^3)________

试件压实度(%)________ 试件标准质量(g)________

养生开始日期________ 饱水日期________

养生温度________ 养生湿度________

试验人员________ 试验目的________

编号	直径(mm)				高度(mm)				质量(g)	误差(%)
	1	2	3	平均	1	2	3	平均		
1										
2										

续上表

编　号	直 径 (mm)				高 度 (mm)				质量 (g)	误差 (%)
	1	2	3	平均	1	2	3	平均		
3										
4										
饱水前质量和尺寸										
1										
2										
3										
4										
饱水后质量和尺寸										
1										
2										
3										
4										

5 无机结合料稳定材料的物理、力学试验

无机结合料稳定材料作为半刚性基层的主要材料用在半刚性基层沥青路面中，应具备以下基本条件：①有足够的强度和刚度，即无机结合料稳定材料要有足够的抗压强度、回弹模量、抗弯拉强度或间接弯拉强度、抗疲劳性能等；②有足够的水稳定性和冰冻稳定性，因此在强度测试过程中都提出了饱水后测定其强度和刚度的要求，同时半刚性基层材料本身的透水性也是反映其水稳定性的一个指标，半刚性基层材料的冰冻稳定性在季冻地区也是影响半刚性基层质量的重要影响因素；③有足够的抗冲刷能力，随着交通量和汽车载质量的增加，对基层材料提出了新的抗冲刷要求，近些年来抗冲刷性能指标也被广大科研工作者用来作为评价半刚性基层性能的指标之一；④收缩小，半刚性材料的收缩包括干缩和温缩，是无结合料稳定材料固有的性能之一，多年来一直是广大科研工作者用来评价和优选半刚性材料的指标之一。

半刚性基层材料是我国最主要的基层材料，在多年使用过程中，一些工程由于设计和施工中的一些问题，出现了抗裂性不足、抗冲刷能力不足以及抗冻性不好等缺陷。因此引入半刚性基层材料收缩系数测定方法、抗冲刷试验方法、弯拉强度测定方法、疲劳试验方法、动态模量测定方法、冻融试验方法等试验方法，对半刚性基层材料混合料设计进行多方面的控制和评价，有利于选择出更能符合使用条件的混合料配合比。同时逐渐积累数据，以便建立半刚性基层材料在承载情况下的应力—应变本构关系，为半刚性基层沥青路面的设计提供理论依据。

T 0805—1994 无机结合料稳定材料无侧限抗压强度试验方法

1 适用范围

本方法适用于测定无机结合料稳定材料（包括稳定细粒土、中粒土和粗粒土）试件的无侧限抗压强度。

本次修订，对称量仪器和加载仪器的要求进行了调整，其余和 T 0805—1994 一致。

2 仪器设备

2.1 标准养护室。

2.2 水槽:深度应大于试件高度50mm。

2.3 压力机或万能试验机(也可用路面强度试验仪和测力计):压力机应符合现行《液压式压力试验机》(GB/T 3722)及《试验机通用技术要求》(GB/T 2611)中的要求,其测量精度为±1%,同时应具有加载速率指示装置或加载速率控制装置。上下压板平整并有足够刚度,可以均匀地连续加载卸载,可以保持固定荷载。开机停机均灵活自如,能够满足试件吨位要求,且压力机加载速率可以有效控制在1mm/min。

2.4 电子天平:量程15kg,感量0.1g;量程4 000g,感量0.01g。

2.5 量筒、拌和工具、大小铝盒、烘箱等。

2.6 球形支座。

2.7 机油:若干。

3 试件制备和养护

3.1 细粒土,试模的直径×高=ϕ50mm×50mm;中粒土,试模的直径×高=ϕ100mm×100mm;粗粒土,试模的直径×高=ϕ150mm×150mm。

3.2 按照本规程T 0843—2009方法成型径高比为1∶1的圆柱形试件。

目前抗压强度标准试件规格的径高比为1∶1。有研究表明,此规格试件容易产生顶端应力紊乱现象,因此有些科研单位采用径高比为1∶1.5或1∶2的试件。表5-1为不同径高比试件无侧限抗压强度试验结果。由此看出,对于相同材料、相同直径的试件,随着高度的增加,其强度逐渐降低。采用1∶1试件可能存在应力紊乱导致强度失真的问题,同样,对于1∶1.5或1∶2的试件,是否就消除了应力紊乱的问题,还难以回答。当前无机结合料稳定材料的强度标准是根据1∶1试件的标准制定的,因此,修正试件尺寸并不是简单的事情,将涉及材料设计标准问题,为此,强度试验的标准试件仍采用径高比1∶1。

不同方法得到试件强度比较(MPa) 表5-1

试件尺寸(cm)	强度(MPa)	变异系数(%)
ϕ10×10	4.35	13.07
ϕ10×15	3.55	7.57
ϕ10×20	3.08	8.05
ϕ10×30	2.55	18.93

同时,进行强度试验时,尽管试件表面进行了处理,但由于试件与上、下压块之间,在荷载施加过程中仍会产生较大的摩擦力,对试验结果仍会产生比较显著的影

响。为此,应采用必要措施消除这种影响,即首先将甘油与滑石粉的混合物(质量比 2∶1)涂在试件的上、下顶面上,再用 60℃左右的熔蜡将两端封闭,可封闭两次,蜡膜厚度 1~2mm,然后进行强度测试。表 5-2 为有关的试验结果。由表 5-2 可以看出,两端进行处理后,基本消除了界面摩擦力,试件强度大幅度降低,尽管仍为 1∶1试件,但其强度水平基本上与 1∶2 试件相当。

试件端部状况对于强度的影响表 表 5-2

级配	端部状况	平均值(MPa)	C_v(%)	代表值(MPa)
U	端部涂甘油	4.12	10.16	3.43
	两端蜡封	2.21	7.16	1.95
	单面蜡封	2.57	9.39	2.17
	正常界面	4.19	9.00	3.57
W	端部涂甘油	5.35	1.63	5.20
	两端蜡封	2.59	6.67	2.31
	单面蜡封	2.75	6.46	2.46
	正常界面	5.79	5.89	5.22
Y	端部涂甘油	4.46	9.09	3.79
	两端蜡封	2.18	7.34	1.92
	单面蜡封	2.26	7.97	1.96
	正常界面	5.28	9.72	4.44

由于目前设计指标是采用以往的试验方法测试得的,如采用顶面处理方法测定强度,其强度标准将会大幅降低,工程技术人员还难以接受,工程操作存在一定困难。为此,新规程仍采用以往试验方法,但顶面处理方法暴露出的问题值得引起重视。

除特殊目的外,试件的干密度应与规定的施工过程中必须达到的干密度(压实度×最大干密度)相一致。

3.3 按照本规程 T 0845—2009 的标准养生方法进行 7d 的标准养生。

根据《公路路面基层施工技术规范》(JTJ 034—2000),在施工前和施工过程中对稳定材料混合料进行材料组成设计,只用 7d 龄期的抗压强度。如需要不同龄期混合料的强度,则按要求延长养生期。

3.4 将试件两顶面用刮刀刮平,必要时可用快凝水泥砂浆抹平试件顶面。

3.5 为保证试验结果的可靠性和准确性,每组试件的数目要求为:小试件不少于 6 个;中试件不少于 9 个;大试件不少于 13 个。

4 试验步骤

4.1 根据试验材料的类型和一般的工程经验,选择合适量程的测力计和压力机，试件破坏荷载应大于测力量程的20%且小于测力量程的80%。球形支座和上下顶板涂上机油，使球形支座能够灵活转动。

4.2 将已浸水一昼夜的试件从水中取出，用软布吸去试件表面的水分，并称试件的质量 m_4。

4.3 用游标卡尺测量试件的高度 h，精确至0.1mm。

试验前试件表面应用刮刀刮平，避免试件表面不均匀的凸起物在试验过程中造成应力集中，导致试验数据失真。必要时，可用快凝水泥砂浆抹面处理。如需要抹面，则抹面应在试件饱水前完成，然后进行饱水。

4.4 将试件放在路面材料强度试验仪或压力机上，并在升降台上先放一扁球座，进行抗压试验。试验过程中，应保持加载速率为1mm/min。记录试件破坏时的最大压力 P(N)。

在进行强度试验时，试件需放置在竖向荷载的中心位置，如采用测力计，则测力计中心、球形支座、上压板、试件及下压板（或半球形支座）应处在同一条直线上，避免偏载对试验结果的影响。

4.5 从试件内部取有代表性的样品（经过打破），按照本规程T 0801—2009方法，测定其含水量 w。

5 计算

试件的无侧限抗压强度按式（T 0805-1）计算。

$$R_c = \frac{P}{A} \tag{T 0805-1}$$

式中：R_c——试件的无侧限抗压强度(MPa)；

P——试件破坏时的最大压力(N)；

A——试件的截面积(mm^2)；

$$A = \frac{1}{4}\pi D^2$$

D——试件的直径(mm)。

6 结果整理

6.1 抗压强度保留两位小数。

6.2 同一组试件试验中，采用3倍均方差方法剔除异常值，小试件可以允许有1个异常值，中试件1～2个异常值，大试件2～3个异常值。异常值数量超过上述规定的试验重做。

6.3 同一组试验的变异系数 C_v(%)符合下列规定，方为有效试验：小试件 $C_v \leq 6\%$；中试件 $C_v \leq 10\%$；大试件 $C_v \leq 15\%$。如不能保证试验结果的变异系数小于上述规定，则应按允许误差10%和90%概率重新计算所需的试件数量，增加试件数量并另做新试验。新试验结果与老试验结果一并重新进行统计评定，直到变异系数满足上述规定。

允许的变异系数的计算方法如下：

$$C_v = \frac{S}{\overline{x}} \tag{5-1}$$

式中：C_v——变异系数(%)；

$\overline{x}$——算术平均值；

$$\overline{x}=\frac{1}{n}\sum_{i=1}^{n}x_i$$

S——标准差。

$$S=\sqrt{\frac{1}{n-1}\sum_{i=1}^{n}(x_i-\overline{x})^2}$$

允许的变异系数 C_v是与规定的试验数量 n 相对应的。

n 用下式求得。

$$n = [t_{1-a/2}C_v|e|]^2 \tag{5-2}$$

式中：$t_{1-a/2}$——t 分布表中的分位值；

$|e|$——允许误差，在此取10%。

正态分布表中相同概率(或 a)的 $Z_{1-a/2}$的值，代入式中计算得 n 后，再加2或3即为所要的试验数量。在此用90%概率(即 $a=0.10$)，$Z_{1-a/2}=1.645$。

7　报告

试验报告应包括以下内容：

(1)材料的颗粒组成；

(2)水泥的种类和强度等级，或石灰的等级；

(3)重型击实的最佳含水量(%)和最大干密度(g/cm^3)；

(4)无机结合料类型及剂量；

(5)试件干密度(保留3位小数，g/cm^3)或压实度；

(6)吸水量以及测抗压强度时的含水量(%)；

(7)抗压强度，保留两位小数；

(8)若干个试验结果的最小值和最大值、平均值 $\overline{R}_c$、标准差 S、变异系数 C_v和95%保证率的值 $R_{c0.95}$($R_{c0.95}=\overline{R}_c-1.645S$)。

8　记录

本试验的记录格式见表 T 0805-1。

无侧限抗压强度试验记录表　　表 T 0805-1

工程名称______　　试件尺寸(cm)______

路段范围______　　养生龄期(d)______

混合料名称______　　加载速率(mm/min)______

结合料剂量(%)______　　试验者______

最大干密度(g/cm³)______　　校核者______

试件压实度(%)______　　试验日期______

试件号						
试件制备方法						
制件日期						
养生前试件质量 m_2	(g)					
浸水前试件质量 m_3	(g)					
浸水后试件质量 m_4	(g)					
养生期间的质量损失* m_2-m_3	(g)					
吸水量 m_4-m_3	(g)					
养生前试件的高度 h_0	(cm)					
浸水后试件的高度 h	(cm)					
试验的最大压力 P	(N)					
无侧限抗压强度 R_c	(MPa)					
平均值(MPa)		变异系数(%)		代表值(MPa)		

注：*指水分损失。如养生后试件掉粒或掉块，不作为水分损失。

T 0806—1994　无机结合料稳定材料间接抗拉强度试验方法(劈裂试验)

《公路沥青路面设计规范》(JTG D50—2006)对高速公路、一级公路、二级公路的半刚性材料的基层、底基层确定层底拉应力指标，所用材料抗拉强度采用劈裂强度。

1　适用范围

本方法适用于测定无机结合料稳定材料(包括稳定细粒土、中粒土和粗粒土)试件的间接抗拉强度。

2　仪器设备

2.1　压力机或万能试验机(也可用路面强度试验仪和测力计)：压力机应符合现行《液压式压力试验机》(GB/T 3722)及《试验机通用技术要求》(GB/T 2611)中的要求，其测量精度为±1%，同时应具有加载速率指示装置或加载速率控制装置。上下压板平整并有足够刚度，可以均匀地连续加载卸载，可以保持固定荷载。开机停机均灵活自如，能够满足试件吨位要求，且压力机加载速率可以有效控制在1mm/min。

2.2 劈裂夹具：同 T 0852—2009。

2.3 压条：采用半径与试件半径相同的弧面压条，其长度应大于试件的高度。不同尺寸试件采用的压条宽度和弧面半径见表 T 0806-1。

不同试件对应的压条尺寸　　表 T 0806-1

试件尺寸(mm)	宽度(mm)	弧面半径(mm)
ϕ50×50	6.35	25
ϕ100×100	12.70	50
ϕ150×150	18.75	75

为了提高试验的准确性，新规程建议采用压条进行试验。在无压条时试验结果计算如下：

$$R_i = \frac{2P}{\pi dh} \tag{5-3}$$

式中：R_i——间接抗拉强度(MPa)；

P——试件破坏时的最大压力(N)；

d——试件的直径(mm)；

h——浸水后试件的高度(mm)。

2.4 标准养护室。

2.5 水槽：深度应大于试件高度 50mm。

2.6 电子天平：量程 15kg，感量 0.1g；量程 4 000g，感量 0.01g。

2.7 量筒、拌和工具、大小铝盒、烘箱等。

2.8 球形支座。

2.9 机油：若干。

3 试件的制备和养护

3.1 试件采用高：直径=1：1 的圆柱体。细粒土试模的直径×高=ϕ50mm×50mm；中粒土试模的直径×高=ϕ100mm×100mm；粗粒土试模的直径×高=ϕ150mm×150mm。本试验应采用静力压实法制备等干密度的试件。

3.2 按照本规程 T 0843—2009 方法成型径高比为 1：1 的圆柱形试件。

3.3 按照本规程 T 0845—2009 方法进行设计龄期的标准养生。

3.4 为保证试验结果的可靠性和准确性，每组试件的数目要求为：小试件不少于 6 个；中试件不少于 9 个；大试件不少于 13 个。

4　试验步骤

4.1　根据试验材料的类型和一般的工程经验,选择合适量程的测力计和试验机,试件破坏荷载应大于测力量程的20%且小于测力量程的80%。球形支座和上下压条涂上机油,使球形支座能够灵活转动。

4.2　将已浸水一昼夜的试件从水中取出,用软布吸去试件表面的可见自由水,并称试件的质量。

4.3　用游标卡尺量试件的高度 h,精确至0.1mm。

4.4　在压力机的升降台上置一压条,将试件横置在压条上,在试件的顶面也放一压条(上下压条与试件的接触线必须位于试件直径的两端,并与升降台垂直。)

安置试件时,应选择平顺的侧面放在压条上,尽可能保证试件与压条完全接触,无脱空处。

4.5　在上压条上面放置球形支座,球形支座应位于试件的中部。

4.6　试验过程中应使试验的形变等速增加,保持加载速率为1mm/min。记录试件破坏时的最大压力 P(N)。

4.7　从试件内部取有代表性的样品(经过打碎),按照本规程T 0801—2009方法,测定其含水量 w。

5　计算

试件的间接抗拉强度按式(T 0806-1)计算。

$$R_i = \frac{2P}{\pi dh}\left(\sin 2\alpha - \frac{a}{d}\right) \quad (T\ 0806\text{-}1)$$

式中:R_i——间接抗拉强度(MPa);

d——试件的直径(mm);

a——压条的宽度(mm);

α——半压条宽对应的圆心角(°);

P——试件破坏时的最大压力(N);

h——浸水后试件的高度(mm)。

对于小试件:
$$R_i = 0.012\,526\,\frac{P}{h}\ (\text{MPa}) \quad (T\ 0806\text{-}2)$$

对于中试件:
$$R_i = 0.006\,263\,\frac{P}{h}\ (\text{MPa}) \quad (T\ 0806\text{-}3)$$

对于大试件:
$$R_i = 0.004\,178\,\frac{P}{h}\ (\text{MPa}) \quad (T\ 0806\text{-}4)$$

6　结果整理

6.1　间接抗拉强度保留两位小数。

6.2　同一组试件试验中,采用3倍均方差方法剔除异常值,小试件可以有1

个异常值，中试件 1～2 个异常值，大试件 2～3 个异常值。异常值数量超过上述规定的试验重做。

6.3 同一组试验的变异系数 C_v(%)符合下列规定，方为有效试验：小试件 $C_v \leqslant 6\%$；中试件 $C_v \leqslant 10\%$；大试件 $C_v \leqslant 15\%$。如不能保证试验结果的变异系数小于上述规定，则应按允许误差 10%和 90%概率重新计算所需的试件数量，增加试件数量并另做新试验。新试验结果与老试验结果一并重新进行统计评定，直到变异系数满足上述规定。

7 报告

试验报告应包括以下内容：

(1)集料的颗粒组成；

(2)水泥的种类和强度等级，或石灰的有效钙和氧化镁含量(%)；

(3)重型击实的最佳含水量(%)和最大干密度(g/cm^3)；

(4)无机结合料类型及剂量；

(5)试件干密度(保留 3 位小数，g/cm^3)或压实度；

(6)吸水量以及测间接抗拉强度时的含水量(%)；

(7)间接抗拉强度(MPa)，用两位小数表示；

(8)若干个试验结果的最小值和最大值、平均值 $\overline{R}_i$、标准差 S、变异系数 C_v 和 95%保证率的值 $R_{i0.95}$($R_{i0.95}=\overline{R}_i-1.645S$)。

8 记录

本试验的记录格式见表 T 0806-1。

间接抗拉强度试验记录表 表 T 0806-1

工程名称________ 试件尺寸(cm)________

路段范围________ 养生龄期(d)________

混合料名称________ 加载速率(mm/min)________

结合料剂量(%)________ 试验者________

最大干密度(g/cm^3)________ 校核者________

试件压实度(%)________ 试验日期________

试件号						
试件制备方法						
制件日期						
养生前试件质量 m_2	(g)					
浸水前试件质量 m_3	(g)					

续上表

试件号								
浸水后试件质量 m_4		(g)						
养生期间的质量损失 * m_2-m_3		(g)						
吸水量 m_4-m_3		(g)						
养生前试件的高度 h_0		(mm)						
浸水后试件的高度 h		(mm)						
破坏载荷 P		(N)						
间接抗拉强度 R_i		(MPa)						
平均值(MPa)		变异系数(%)			代表值(MPa)			

注：* 指水分损失。如养生后试件掉粒或掉块，不作为水分损失。

T 0851—2009 无机结合料稳定材料弯拉强度试验方法

半刚性材料有一定的抗拉强度，测定半刚性材料的抗拉强度有 3 种方法：第 1 种方法是利用梁式试件，采用三分点加载，进行弯拉试验，直到试件破坏，用此法测得的试件抗拉强度称做弯拉强度；第 2 种方法是利用梁式试件或圆柱形试件进行直接拉伸试验，直到破坏，用此法测得的试件的抗拉强度称做直接抗拉强度；第 3 种方法是利用圆柱形试件并沿其直径方向用接近于线压力进行试验，直到破坏，用此法得到的试件抗拉强度称间接抗拉强度或劈裂强度(R_i)。弯曲试验被认为能更好地模拟半刚性材料层在车轮荷载下的实际受力状况。

"八五"研究成果表明，半刚性材料弯拉强度约是劈裂强度的 2 倍。

1 适用范围

本方法适用于测定无机结合料稳定材料的弯拉强度，并为无机结合料稳定材料的弯拉疲劳试验、弯拉模量试验确定加荷标准提供基础参数。试验采用三分点加压的方法进行。

弯拉强度试验有三分点加载和中心点加载两种加载模式，鉴于目前梁式试件的疲劳试验基本采用三分点加载模式，为了使弯拉强度试验结果可用于疲劳试验，新规程采用三分点加载模式。同时，由于路面材料存在较明显的非线性，加载速率对强度试验结果影响较大，为了用于疲劳试验，弯拉强度试验的加载速率与抗压强度和劈裂强度试验的加载速率有明显差别，宜采用快速加载模式，加载速率为 50mm/min，使其尽量与疲劳试验时动态荷载的加载速率相一致。

2　仪器设备

2.1　压力机或万能试验机(也可用路面强度试验仪和测力计):压力机应符合现行《液压式压力试验机》(GB/T　3722)及《试验机通用技术要求》(GB/T　2611)中的要求,其测量精度为±1%,同时应具有加载速率指示装置或加载速率控制装置。上下压板平整并有足够刚度,可以均匀地连续加载卸载,可以保持固定荷载。开机停机均灵活自如,能够满足试件吨位要求,且压力机加载速率可以有效控制在50mm/min。

2.2　加载模具,如图 T 0851-1 所示。

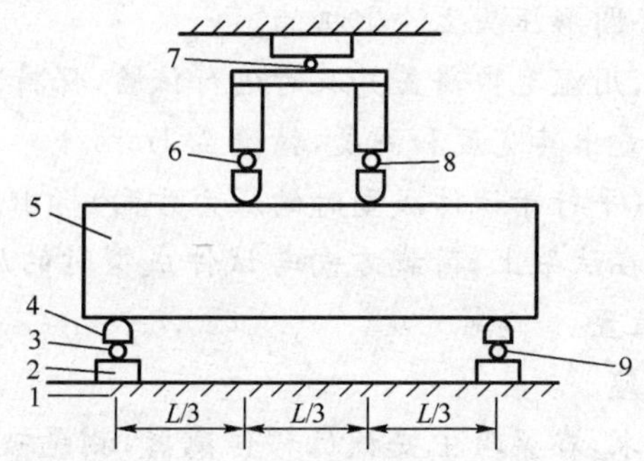

图 T 0851-1　弯拉强度试验装置图(尺寸单位:mm)

1-机台;2-活动支座;3、8-两个钢球;4-活动船形垫块;5-试件;6、7、9-一个钢球

2.3　标准养护室。

2.4　球形支座。

2.5　电子天平:量程 15kg,感量 0.1g;量程 4 000g,感量 0.01g。

2.6　台秤:量程 50kg,感量 5g。

3　试件制备和养护

3.1　根据混合料粒径的大小,选择不同尺寸的试件尺寸:小梁,50mm×50mm×200mm,适用于细粒土;中梁,100mm×100mm×400mm,适用于中粒土①;大梁,150mm×150mm×550mm,适用于粗粒土。

注①:由于大梁试件的成型难度较大,在试验室不具备成型条件时,中梁试件的最大公称粒径可放宽到 26.5mm。

3.2　按照本规程 T 0844—2009 方法成型梁式试件。

3.3　养生时间视需要而定,水泥稳定材料、水泥粉煤灰稳定材料的养生龄期应是 90d,石灰稳定材料和石灰粉煤灰稳定材料的养生龄期应是 180d。按照本规程 T 0845—2009 标准养生方法进行养生。

3.4 为保证试验结果的可靠性和准确性，每组试件的试验数目要求为：小梁试件不少于6根；中梁不少于12根；大梁不少于15根。

4 试验步骤

4.1 根据试验材料的类型和一般的工程经验，选择合适量程的测力计和试验机，对被测试件施加的压力应在量程的20%～80%范围内。如采用压力机系统，需调试设备，设定好加载速率。

4.2 球形支座涂上机油，使球形支座能够灵活转动，并安放在上压块上。在上下压块的左右两个半圆形压头上涂上机油。

4.3 试件取出后，用湿毛巾覆盖并及时进行试验，保持试件干湿状态不变。

4.4 在试件中部量出其宽度和高度，精确至1mm。

4.5 在试件侧面(平行于试件成型时的压力方向)标出三分点位置。

4.6 将试件安放在试架上，荷载方向与试件成型时的压力方向一致，上下压块应位于试件三分点位置。

4.7 安放球形支座。

4.8 根据试验要求，在梁跨中安放位移传感器，测量破坏极限荷载时的跨中位移。

4.9 加载时，应保持均匀、连续，加载速率为50mm/min，直至试件破坏。

《公路柔性路面设计规范》(1986年)曾规定弯拉强度的测定方法采用三分点加载，加载速度为1mm/min。研究表明：由于疲劳试验频率较高，这种方法测定的弯拉强度并不适应用于疲劳试验的要求。编写组按上述1mm/min的方法测定的某种水泥碎石的弯拉强度为1.13MPa，变异系数为13.3%，但在实际的疲劳试验过程中，当荷载达到1.13MPa后，作用几百万次仍不破坏。采用10Hz的加载频率和1mm/min的加载速率两种方法对水泥砂小梁进行平行试验发现：前者的平均弯拉强度比后者高出1.44倍，均方差为0.23。若用1.44乘上1.13就可近似得出水泥碎石中梁在10Hz动荷载下的平均弯拉强度1.63MPa。这说明快速加载的试验方法测得的弯拉强度大于慢速加载时测得的疲劳强度，也说明快速加载测得的弯拉强度更适合用于疲劳试验。《公路沥青路面设计规范》(JTG D50—2006)中规定沥青材料的弯拉强度按照《公路工程沥青及沥青混合料试验规程》(JTJ 052—2000)规定的加载速率50mm/min进行试验。

4.10 记录破坏极限荷载 F(N)或测力计读数。

5 计算

按式(T 0851-1)计算弯拉强度。

$$R_s = \frac{PL}{b^2 h} \tag{T 0851-1}$$

式中：R_s——弯拉强度(MPa)；

P——破坏极限荷载(N)；

L——跨距，也就是两支点间的距离(mm)；

b——试件宽度(mm)；

h——试件高度(mm)。

6 结果整理

6.1 弯拉强度保留两位小数。

6.2 同一组试件试验中，采用3倍均方差方法剔除异常值，小梁可以有1个异常值，中梁1～2个异常值，大梁2～3个异常值。异常值数量超过上述规定的试验重做。

6.3 同一组试验的变异系数C_v(%)符合下列规定，方为有效试验：小梁$C_v \leqslant 6\%$；中梁$C_v \leqslant 10\%$；大梁$C_v \leqslant 15\%$。如不能保证试验结果的变异系数小于上述规定，则应按允许误差10%和90%概率重新计算所需的试件数量，增加试件数量并另做新试验。新试验结果与老试验结果一并重新进行统计评定，直到变异系数满足上述规定。

7 报告

试验报告应包括以下内容：

(1)集料的颗粒组成；

(2)水泥的种类和强度等级，或石灰的有效钙和氧化镁含量(%)；

(3)重型击实的最佳含水量(%)和最大干密度(g/cm^3)；

(4)无机结合料类型及剂量；

(5)试件干密度(保留3位小数，g/cm^3)或压实度；

(6)吸水量以及测间接抗拉强度时的含水量(%)；

(7)弯拉强度(MPa)，用两位小数表示；

(8)若干个试验结果的最小值和最大值、平均值$\overline{R}_s$、标准差S、变异系数C_v和95%保证率的值$R_{s0.95}$($R_{s0.95} = \overline{R}_s - 1.645S$)。

8 记录

本试验的记录格式见表T 0851-1。

弯拉强度试验记录表　　表 T 0851-1

工程名称________　试件尺寸(cm)________
路段范围________　养和生龄期(d)________
混合料名称________　加载速率(mm/min)________
结合料剂量(%)________　试验者________
最大干密度(g/cm^3)________　校核者________
试件压实度(%)________　试验日期________

试件号							
试件制备方法							
制件日期							
养生前试件质量 m_2	(g)						
浸水前试件质量 m_3	(g)						
浸水后试件质量 m_4	(g)						
养生期间的质量损失* m_2-m_3	(g)						
吸水量 m_4-m_3	(g)						
养生前试件的高度 h_0	(mm)						
破坏载荷 P	(N)						
弯拉强度 R_s	(MPa)						
平均值(MPa)		变异系数(%)		代表值(MPa)			

注：*指水分损失。如养生后试件掉粒或掉块，不作为水分损失。

T 0808—1994　无机结合料稳定材料室内抗压回弹模量试验方法(顶面法)

《公路沥青路面设计规范》(JTG D50—2006)中路面结构设计所采用的模量为材料的抗压回弹模量，而并非传统材料力学中的杨氏弹性模量。其本质区别在于，根据材料力学的理论，杨氏弹性模量是材料固有的属性，与材料形状、应力状态等条件无关，类似于材料的泊松比。但对于非均质、各向异性的路面材料来说，存在显著的应力依赖特性，材料的回弹变形与应力状态以及几何尺寸都存在显著的关系，因此，所谓的杨氏弹性模量几乎不存在，即使得到了，也没有实际的工程意义。选择“抗压回弹模量”这个概念是反映了路面材料在某种应力状态下的应力响应特性，其数值是材料应力水平的函数，同时与试件的几何参数有关。同时，以后几个模量试验涉及的劈裂模量、弯拉模量都存在同样的特点。

所以说，路面材料的回弹模量都是在某个应力水平的条件下的数值，没有应力水平的回弹模量，没有意义。一般来说，对于高等级公路的半刚性基层材料采用

0.7MPa 应力水平下的抗压回弹模量，对于底基层材料采用 0.5MPa 应力水平下的抗压回弹模量。对于特重载交通，应力水平可分别提高至 1.0MPa 和 0.7MPa。

1 适用范围

本方法适用于在室内对无机结合料稳定材料试件进行抗压回弹模量试验。

本次修订，对称量仪器和加载仪器的要求进行了调整，其余和 T 0808—1994 一致。

2 仪器设备

2.1 压力机或万能试验机（也可用路面强度试验仪和测力计）：压力机应符合现行《液压式压力试验机》（GB/T 3722）及《试验机通用技术要求》（GB/T 2611）中的要求，其测量精度为±1%，同时应具有加载速率指示装置或加载速率控制装置。上下压板平整并有足够刚度，可以均匀地连续加载卸载，可以保持固定荷载。开机停机均灵活自如，能够满足试件吨位要求，且压力机加载速率可以有效控制在 1mm/min。

2.2 测形变装置：圆形金属平面加载顶板和圆形金属平面加载底板，板的直径应大于试件的直径，底板直径线两侧有立柱，立柱上装有千分表夹。也可以直接利用直径 152mm 击实筒的底座。

2.3 千分表（1/1 000mm）：2 只（或相同精度的位移传感器 2 个），也可采用数据采集系统，包括荷载传感器（1 个）、位移传感器（2 个）、荷载计数器以及数据采集仪。

2.4 标准养护室。

2.5 水槽：深度应大于试件高度 50mm。

2.6 天平：量程 4 000g，感量 0.01g；量程 15kg，感量 0.1g。

2.7 机油：若干。

2.8 球形支座。

2.9 适合测试范围的测力计。

2.10 圆形钢板。

3 试件制备和养护

3.1 细粒式和中粒式混合料成型 ϕ100mm×100mm 试件，粗粒式混合料成型 ϕ150mm×150mm 试件。

3.2 按照本规程 T 0804—1994 确定无机结合料稳定材料的最佳含水量和最大干密度。

3.3 试件数量：对于无机结合料稳定细粒土，应制备不少于 6 个试件，并要求模量试验结果的变异系数不超过10%;对于无机结合料稳定中粒土,应制备不少于9个试件,并要求模量试验结果的变异系数不超过10%;对于无机结合料稳定粗粒土,应制备不少于15个试件,并要求模量试验结果的变异系数不超过15%。

3.4 按照本规程T 0843—2009方法制备试件。

3.5 按照本规程T 0845—2009标准养生方法进行养生,水泥稳定类土养生龄期为90d,石灰或粉煤灰稳定类土养生龄期180d。

3.6 圆柱形试件的两个端面应用水泥净浆彻底抹平。将试件直立桌上,在上端面用早强高强水泥净浆薄涂一层后,在表面撒少量0.25~0.5mm的细砂,用直径大于试件的平面圆形钢板放在顶面,加压旋转圆钢板,使顶面齐平。边旋转边平移并迅速取下钢板。如有净浆被钢板粘去,则重新用净浆抹平,并重复上述步骤。一个端面整平后,放置4h以上,然后将另一端面同样整平。整平应该达到:加载板放在试件顶面后,在任一方向都不会翘动。试件整平后放置8h以上。

3.7 将端面已经处理平整的试件饱水24h,水面高于试件顶面约2.5cm。

4 试验步骤

4.1 根据试验材料的类型和一般的工程经验,选择合适量程的测力计和试验机,对被测试件施加的压力应在量程的20%~80%范围内。如采用压力机系统,需调试设备,设定好加载速率。

4.2 加载板上的计算单位压力的选定值:对于无机结合料稳定基层材料,用0.5~0.7MPa;对于无机结合料稳定底基层材料,用0.2~0.4MPa。实际加载的最大单位压力应略大于选定值。

对于荷载施加的水平,不宜超过试件无侧限抗压强度的60%~70%,即施加的最大荷载为抗压强度的60%~70%,并以此为标准等间隔划分出5~6个荷载级位,因此在进行模量试验时应首先进行强度试验,根据强度试验结果确定模量的荷载级位。

4.3 将试件浸水24h后从水中取出,并用布擦干后放在加载底板上,在试件顶面撒少量0.25~0.5mm的细砂,并手压加载板在试件顶面边加压边旋转,使细砂填补表面微观的不平整处,并使多余的砂流出,以增加顶板与试件的接触面积。

整平试件的两个端面是本试验取得较好结果的关键,必须认真进行。首先,必须用平面加载刚性板放在试件顶面检查是否有翘动和脱空现象。实践证明,不需要用净浆整平的试件很少。

接触状况有两种:一是试件安置在底座上后,用两手指分别同时按压试件顶面任一直径线的两端,试件不应有翘动现象;二是将顶板放在试件顶面后,用两手指分别同时按压顶板任一直径的两端不应有翘动现象。也就是说,试件要平稳地放置在试件上，否则，所测的形变往往偏大，导致所得的回弹模量偏小，而且试验结果的变异性大或精度差；试件端面与底座和顶板的接触面积应尽可能大，达到试件端面的理论面积，否则所得的回弹模量的值往往偏小，且变异性大。

4.4 安置千分表，使千分表的脚支在加载顶板直径线的两侧并离试件中心距离大致相等。

为了保证试验过程中试件变形测量的可靠性，一方面选择稳定的、有足够精度的变形测量仪器(如千分表或位移传感器)。另一方面选择合理的荷载级位，荷载级位过小，试件变形量小，测量误差大；如荷载级位过大，造成试件损伤，影响下级荷载施加后试件回弹变形的可靠性。

在测量回弹变形时，在试件顶面应至少放置两个相同精度的传感器或千分表，且二者应处在同一个直径的两端，距试件中心等距。在每级荷载作用下，两个传感器(或千分表)读数相差不宜超过50%，否则应重新试验。以两个传感器测量变形的平均值作为该级荷载作用下的变形值。由于路面材料的非线性，在荷载作用时会出现应力松弛或蠕变现象。为此，当出现应力松弛时，应及时补加荷载，最好采用应力控制模式的自动加载系统以维持试验过程中荷载的稳定；当出现蠕变现象时，为减小蠕变对变形测量的影响，应严格按照新规程要求的时间和荷载速率加载、卸载，并在荷载稳定时间的最后一刻读取传感器的变形读数。

4.5 将带有试件的测变形装置放到路面材料强度试验仪的升降台上(也可以先将测变形装置放在升降台上再安置试件和千分表)，调整升降台的高度，使测力环下端的压头中心与加载板的中心接触。

4.6 预压：先用拟施加的最大载荷的一半进行两次加荷卸荷预压试验，使加载顶板与试件表面紧密接触。每两次卸载后等待1min，然后将千分表的短指针调到中间位置，并将长指针调到0，记录千分表的原始读数。

4.7 回弹变形测量：将预定的单位压力分成5～6等份，作为每次施加的压力值。实际施加的荷载应较预定级数增加1级。施加第1级荷载(如为预定最大荷载的1/5)，待荷载作用达1min时，记录千分表的读数，同时卸去荷载，让试件的弹性变形恢复。到0.5min时记录千分表的读数，施加第2级荷载(为预定最大荷载的2/5)，同前，待荷载作用1min，记录千分表的读数，卸去荷载。卸载后达0.5min时，再记录千分表的读数，并施加第3级荷载。如此逐级进行，直至记录下最后一级荷载下的回弹变形。

5 计算

5.1 按式(T 0808-1)计算每级荷载下的回弹变形 l。

$$l = \text{加载时读数} - \text{卸载时读数} \tag{T 0808-1}$$

5.2　以单位压力 p 为横坐标(向右)、回弹变形 l 为纵坐标(向下)，绘制 p 与 l 的关系曲线，修正曲线开始段的虚假变形。修正时，一般情况下将第 1 个和第 2 个试验点取成直线，并延长此直线与纵坐标轴相交，此交点即为新原点，如图 T 0808-1 所示。

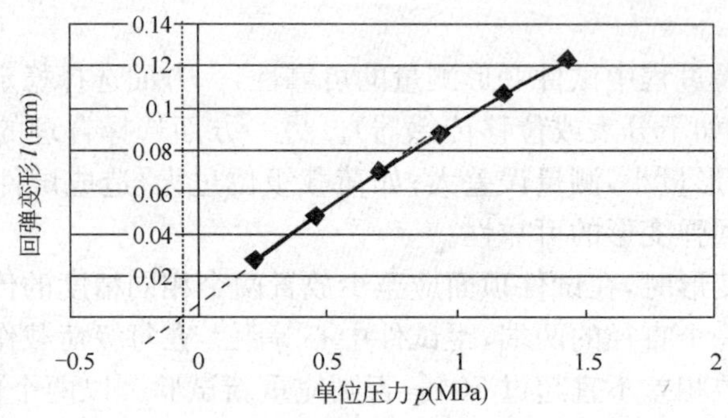

图 T 0808-1　单位压力与回弹变形关系曲线

5.3　用加载板上的计算单位压力 p 以及与相应的回弹变形 l 按式(T 0808-2)计算回弹模量。

$$E_c = \frac{ph}{l} \qquad (T\ 0808\text{-}2)$$

式中：E_c——抗压回弹模量(MPa)；

p——单位压力(MPa)；

h——试件高度(mm)；

l——试件回弹变形(mm)。

6　结果整理

6.1　抗压回弹模量用整数表示。

6.2　同一组试件试验中，采用 3 倍均方差方法剔除异常值，大试件 2～3 个异常值。异常值数量超过上述规定的试验重做。

6.3　对于无机结合料稳定细粒土、中粒土，变异系数不超过 10%；粗粒土，变异系数不超过 15%。如不能保证变异系数小于上述规定，则还应按允许误差 10% 和 90% 概率重新计算增加试件数量，并另做新试验。新试验结果与老试验结果一并重新进行统计评定，直到变异系数满足上述规定。

7　报告

试验报告应包括以下内容：

(1)集料的颗粒组成；

(2)水泥的种类和强度等级,或石灰的有效钙和氧化镁含量(%);

(3)重型击实的最佳含水量(%)和最大干密度(g/cm^3);

(4)无机结合料类型及剂量;

(5)试件干密度或压实度;

(6)吸水量以及测抗压回弹模量时的含水量(%);

(7)抗压回弹模量(MPa),用整数表示;

(8)n 个试验结果的最小值和最大值、平均值 $\bar{E}_c$、标准差 S 和变异系数 C_v(%)。

8 记录

本试验的记录格式见表 T 0808-1。

室内抗压回弹模量试验记录表 表 T 0808-1

工程名称＿＿＿＿ 试件尺寸＿＿＿＿

路段范围＿＿＿＿ 试验方法＿＿＿＿

材料名称＿＿＿＿ 试 验 者＿＿＿＿

试样编号＿＿＿＿ 校 核 者＿＿＿＿

最大粒径＿＿＿＿ 试验日期＿＿＿＿

荷载级数	单位压力 p(MPa)	千分表读数(1/1 000mm)						回弹形变 l (1/1 000mm)	抗压回弹模量 E_c(MPa)
		加 载			卸 载				
		左	右	平均	左	右	平均		
1									
2									
3									
4									
5									
6									

T 0807—1994 无机结合料稳定材料室内抗压回弹模量试验方法(承载板法)

1 适用范围

本方法适用于在室内对无机结合料稳定细粒土试件进行抗压回弹模量试验。

本次修订,对称量仪器的要求进行了调整,并根据其在工程中应用的情况对其适用范围缩小到适用于无机结合料稳定细粒土,其余和 T 0807—1994 一致。

2 仪器设备

2.1 杠杆式压力仪或其他合适的仪器:荷载量程大于 1.5kN。

2.2 承载板：直径 37.4mm，面积 11cm^2。

2.3 千分表(1/1 000mm)：两只。

2.4 标准养护室。

2.5 电子天平：量程 15kg，感量 0.1g；量程 4 000g，感量 0.01g。

2.6 量筒、拌和工具、大小铝盒、烘箱等。

2.7 机油：若干。

2.8 适合测试范围的测力计。

2.9 圆形钢板。

3 试件准备

3.1 采用 ϕ150mm×150mm 试件进行试验。

3.2 将具有代表性的风干试料(必要时，也可以在 50℃烘箱内烘干)用木锤捣碎或用木碾碾碎，但应避免破碎粒料的原粒径。将土过筛并进行分类，除去大于 4.75mm的颗粒备用。

3.3 在预定做试验的前一天，取有代表性的试料测定其风干含水量。对于细粒土，试样应不少于 100g。

3.4 按照本规程 T 0804—1994 确定无机结合料稳定材料的最佳含水量和最大干密度。

3.5 稳定细粒土应做 13 个试件，并使试验结果的变异系数不超过 15%。

3.6 按照本规程 T 0843—2009 方法制备试件。

3.7 按照本规程 T 0845—2009 的养生条件进行养生。

4 试验步骤

4.1 承载板上单位压力的选定值；对于无机结合料稳定基层材料，用 0.5～0.7MPa；对于无机结合料稳定底基层材料，用 0.2～0.4MPa。实际加载的最大单位压力应略大于选定值。

车轮荷载作用在面层表面的单位压力为 0.7MPa。当基层上为薄沥青面层时，基层顶面所受的单位压力接近 0.7MPa。当沥青面层较厚时，基层顶面的单位压力不超过 0.5MPa。所以承载板上的计算单位压力(也就是计算抗压回弹模量时用的单位压力)取 0.5～0.7MPa。同理，确定底基层混合料的抗压回弹模量时，取计算单位压力 0.2(二级及二级以上公路)～0.4MPa(三级及三级以下公路)。

4.2 将试件浸水 24h 后从水中取出，并用布擦干后放在杠杆式压力仪上，用小圆板将试件中心部分磨平(必要时用 0.25～0.5mm 的细砂填充表面细小孔隙)

后，安置承载板。调平杠杆，使加砝码端略向下倾。安置千分表。

4.3 预压：先用拟施加的最大荷载的一半进行两次加载卸载预压试验，使承载板与试件顶面紧密接触。第2次卸载后等待1min，然后将千分表的短指针调到中间位置，长指针调到0。记录千分表的原始读数。

4.4 回弹变形测量：将预定的单位压力分成5～6等份，作为每次施加的压力值。实际施加的荷载应较预定级数增加1级。施加第1级荷载（如为预定最大荷载的1/6），待荷载作用达1min时，记录千分表的读数。同时卸去荷载①，让试件的弹性变形恢复，到0.5min时记录千分表的读数。施加第2级荷载（为预定最大荷载的2/6），同前，待荷载作用1min并记录千分表的读数，卸去荷载。卸载后达0.5min时，记录千分表的读数，并施加第3级荷载。如此逐级进行，直至记录下最后一级荷载下的回弹变形。

注①：卸除荷载时，一手扶住杠杆，轻轻取下砝码，不使杠杆弹起脱离承载板。

5 计算

5.1 按式（T 0807-1）计算每级荷载下的回弹变形 l。

$$l = 加载时平均读数 - 卸载后平均读数 \quad (T\ 0807\text{-}1)$$

5.2 以单位压力 p 为横坐标（向右）、回弹变形 l 为纵坐标（向下），绘制 p 与 l 关系曲线。若曲线开始段出现下凹现象，需进行修正。修正时，一般情况下将第1个和第2个试验点取成直线，并延长此直线与纵坐标轴相交，此交点即为新原点。

5.3 按式（T 0807-2）计算抗压回弹模量。

$$E_c = \frac{\pi p d}{4l}(1-\mu^2) \quad (T\ 0807\text{-}2)$$

式中：E_c——抗压回弹模量（MPa）；

p——单位压力（MPa）；

d——承载板直径（mm）；

l——相应单位压力 p 的回弹变形（mm）；

μ——泊松系数，可取0.25。

5.4 计算全部试件的算术平均值、标准差和变异系数。

抗压回弹模量试验结果的变异系数通常较大。如从备料、制件到抗压回弹模量试验都能仔细进行，则可将结果的偏差系数控制在15%（稳定细粒土）以内。试验数量的计算与T 0805—1994条文释义相同。如试验结果的变异系数大于规定的15%，则应按T 0805—1994条文释义中的公式计算所需的数量，然后增补所缺试件数。

6 结果整理

6.1 抗压回弹模量用整数表示。

6.2 同一组试件试验中,采用3倍均方差方法剔除异常值,大试件可以有2～3个异常值。异常值数量超过上述规定的试验重做。

6.3 对于无机结合料稳定细粒土,要求模量试验结果的变异系数不超过15%;如不能保证变异系数小于上述规定,则还应按允许误差10%和90%概率重新计算增加试件数量,并另做新试验。新试验结果与老试验结果一并重新进行统计评定,直到变异系数满足上述规定。

7 报告

试验报告应包括以下内容:

(1)集料的颗粒组成;

(2)水泥的种类和强度等级,或石灰的有效钙和氧化镁含量(%);

(3)重型击实的最佳含水量(%)和最大干密度(g/cm^3);

(4)无机结合料类型及剂量;

(5)试件干密度或压实度;

(6)吸水量以及测抗压回弹模量时的含水量(%);

(7)抗压回弹模量(MPa),用整数表示;

(8)n个试验结果的最小值和最大值、平均值$\overline{E}_c$、标准差S和变异系数C_v(%)。

8 记录

本试验的记录格式见表T 0807-1。

室内抗压回弹模量试验记录表　　表T 0807-1

工程名称＿＿＿＿＿＿　　承载板直径＿＿＿＿＿＿

路段范围＿＿＿＿＿＿　　试验方法＿＿＿＿＿＿

材料名称＿＿＿＿＿＿　　试验者＿＿＿＿＿＿

试样编号＿＿＿＿＿＿　　校核者＿＿＿＿＿＿

最大粒径＿＿＿＿＿＿　　试验日期＿＿＿＿＿＿

荷载级数	单位压力 p(MPa)	千分表读数(1/1 000mm)						回弹变形 l (1/1 000mm)	抗压回弹模量 E_c(MPa)
		加载			卸载				
		左	右	平均	左	右	平均		
1									
2									
3									

续上表

荷载级数	单位压力 p(MPa)	千分表读数(1/1 000mm)						回弹变形 l (1/1 000mm)	抗压回弹模量 E_c(MPa)
		加载			卸载				
		左	右	平均	左	右	平均		
4									
5									
6									

T 0852—2009　无机结合料稳定材料劈裂回弹模量试验方法

1　适用范围

本方法通过向圆柱形试件施加轴向荷载,测定试件在荷载变化时的轴向弹性变形,从而计算材料的劈裂回弹模量。

劈裂法测定的回弹模量虽不在规范中使用,但它也是材料性能主要指标之一。国外有些设计方法,如美国 AASHTO 路面结构设计指南规定采用 ASTM D4123“沥青混合料回弹模量间接拉伸试验的标准方法”测定的回弹模量作为设计参数。当前成熟的试验方法有:美国 AASHTO TP31—94“沥青混合料间接拉伸回弹模量标准试验方法”、ASTM D4123“沥青混合料回弹模量间接拉伸试验的标准方法”(加载模具如图 5-1 所示)。本方法参考以上试验方法原则编写。劈裂回弹模量以 0.15 倍劈裂强度处的模量为准。

图 5-1　ASTM D4123 劈裂试验加载模具

在测定劈裂回弹模量试验过程中,试件上一直要作用一个接触荷载,用以保持加载条和试件间的紧密接触。加载过程中需要观察两个垂直变形和两个水平变形,以保证试件变形的协调性。

2 仪器设备

2.1 压力机或万能试验机(也可用路面强度试验仪和测力计):压力机应符合现行《液压式压力试验机》(GB/T 3722)及《试验机通用技术要求》(GB/T 2611)中的要求,其测量精度为±1%,同时应具有加载速率指示装置或加载速率控制装置。上下压板平整并有足够刚度,可以均匀地连续加载卸载,可以保持固定荷载。开机停机均灵活自如,能够满足试件吨位要求,且压力机加载速率可以有效控制在1mm/min。

2.2 数据采集系统:包括荷载传感器(1 个)、位移传感器(或千分表)(4 个)、荷载计数器以及数据采集仪。

2.3 劈裂夹具,如图 T 0852-1 所示。

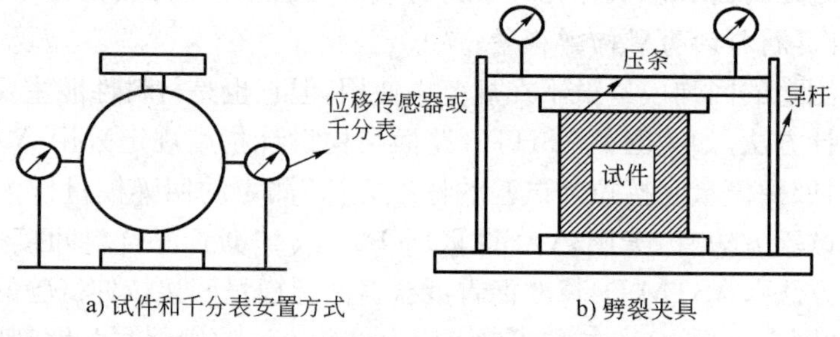

图 T 0852-1 劈裂回弹模量试验装置示意图

压条采用半径与试件半径相同的弧面压条,其长度应大于试件的高度。不同尺寸试件采用的压条宽度和弧面半径见表 T 0852-1。

不同尺寸试件对应的压条尺寸　　表 T 0852-1

试件尺寸(mm)	压条宽度(mm)	弧面半径(mm)
ϕ100×100	12.70	50
ϕ150×150	18.75	75

2.4 标准养护室。

2.5 水槽:深度应大于试件高度 50mm。

2.6 天平:量程 4 000g,感量 0.01g;量程 15kg,感量 0.1g。

2.7 球形支座。

2.8 机油:若干。

2.9 圆形钢板。

3 试件制备和养护

3.1 对于细粒式、中粒式混合料，采用 ϕ100mm×100mm 的圆柱形试件；对于粗粒式混合料，采用 ϕ150mm×150mm 的圆柱形试件。试验荷载为静态荷载。

3.2 按照本规程 T 0804—1994 确定无机结合料稳定材料的最佳含水量和最大干密度。

3.3 试件数量：无机结合料稳定细粒土，应制备不少于 9 个试件，并要求模量试验结果的变异系数不超过 10%；无机结合料稳定中粒土，应制备不少于 15 个试件，并要求模量试验结果的变异系数不超过 10%；无机结合料稳定粗粒土，应制备不少于 19 个试件，并要求模量试验结果的变异系数不超过 15%。

3.4 按照本规程 T 0843—2009 方法制备试件。

3.5 按照本规程 T 0845—2009 标准养生方法进行养生，水泥稳定类土养生龄期为 90d，石灰或粉煤灰稳定类土养生龄期 180d。

4 试验步骤

4.1 根据试验材料的类型和一般的工程经验，选择合适量程的测力计和试验机，施加的荷载应大于量程的 20%且小于量程的 80%。球形支座和上下压条涂上机油，使球形支座能够灵活转动。

4.2 将已浸水一昼夜的试件从水中取出，用软布吸去试件表面的水分，并称试件的质量。

4.3 试件高度的测试：沿圆周四等分点用游标卡尺测量 4 点高度，精确至 0.1mm，以其平均值计，在试件两侧通过圆心画上十字标记。

4.4 将试件置于试验台夹具的上、下压条之间，安放好上压条与侧面的十字画线对准，上下压条应居中。

4.5 按照本规程 T 0806—1994 方法测定混合料的劈裂强度，作为劈裂回弹模量试验的破坏荷载 P。

4.6 在试件两边分别等距离各安放 1 个位移传感器或千分表。

4.7 预压：先用拟施加的最大载荷的一半进行两次加载卸载预压试验，使加载顶板与试件表面紧密接触。每次卸载后等待 1min。如采用千分表测量变形时，将千分表的短指针调到中间位置，并将长指针调到 0，记录千分表的原始读数。

4.8 回弹变形测量：将预定的单位压力分成 5～6 等份，作为每次施加的压力值。设定的最大压力值不宜超过破坏荷载的 0.6～0.7 倍。实际施加的荷载应较预定级数增加1级。施加第1级荷载(如为预定最大荷载的1/5),待荷载作用达1min时,记录千分表的读数,同时卸去荷载,让试件的弹性变形恢复。到0.5min时记录千分表的读数,施加第2级荷载(为预定最大荷载的2/5),同前,待荷载作用1min,记录千分表的读数,卸去荷载。卸载后达0.5min时,再记录千分表的读数,并施加第3级荷载。如此逐级进行,直至记录下最后一级荷载下的回弹变形。

5 计算

5.1 按式(T 0852-1)计算每级荷载下的试件竖向回弹形变 l_Y。

$$l_Y = \text{加载时平均读数} - \text{卸载后平均读数} \quad \text{(T 0852-1)}$$

5.2 以单位压力 $p-p_0$ 为横坐标(向右)、回弹形变 l_Y 为纵坐标(向下)绘制 p 与 l_Y 关系曲线。若曲线开始段出现下凹现象,需进行修正。修正时,一般情况下将第1个和第2个试验点取成直线,并延长此直线与纵坐标轴相交,此交点即为新原点。

5.3 按式(T 0852-2)计算劈裂回弹模量。

$$E_i = \frac{p - p_0}{d l_X}(0.27 + 1.0\mu) \quad \text{(T 0852-2)}$$

式中:E_i——劈裂回弹模量(MPa);

p——各级荷载(N);

p_0——初荷载(N);

d——试件直径(mm);

l_X——水平回弹形变(mm);在没有条件测水平变形时,可用式(T 0852-3)计算水平方向变形;

$$l_X = \frac{l_Y \times (0.135 + 0.5\mu)}{1.794 - 0.0314\mu} \quad \text{(T 0852-3)}$$

l_Y——竖向回弹形变(mm);

μ——泊松比,可取0.25。

5.4 计算全部试件的算术平均值、标准差和变异系数。

6 结果整理

6.1 劈裂回弹模量用整数表示。

6.2 同一组试件试验中,采用3倍均方差方法剔除异常值,大试件2~3个异常值。异常值数量超过上述规定的试验重做。

6.3 无机结合料稳定细粒土、中粒土,试验结果的变异系数不超过10%;粗粒土,变异系数不超过15%。如不能保证试验结果的变异系数小于上述规定,则应按允许误差10%和90%概率重新计算所需的试件数量，增加试件数量并另做新试验。新试验结果与老试验结果一并重新进行统计评定，直到变异系数满足上述规定。

7 报告

试验报告应包括以下内容：

(1)集料的颗粒组成；

(2)水泥的种类和强度等级，或石灰的有效钙和氧化镁含量(%)；

(3)重型击实的最佳含水量(%)和最大干密度(g/cm^3)；

(4)无机结合料类型及剂量；

(5)试件干密度或压实度；

(6)吸水量以及测劈裂回弹模量时的含水量(%)；

(7)劈裂回弹模量(MPa)，用整数表示；

(8)n个试验结果的最小值和最大值、平均值$\overline{E}_i$、标准差S和变异系数C_v(%)。

8 记录

本试验的记录格式见表T 0852-2。

室内劈裂回弹模量试验记录表　　表T 0852-2

工程名称________　　试件尺寸________

路段范围________　　试验方法________

材料名称________　　试 验 者________

试样编号________　　校 核 者________

最大粒径________　　试验日期________

<table>
<tr><th rowspan="3">荷载级数</th><th rowspan="3">单位压力
p
(MPa)</th><th colspan="6">Y方向
千分表读数(1/1 000mm)</th><th colspan="6">X方向
千分表读数(1/1 000mm)</th><th colspan="2" rowspan="2">回弹变形
(1/1 000mm)</th><th rowspan="3">劈裂回弹模量
E_i(MPa)</th></tr>
<tr><th colspan="3">加载</th><th colspan="3">卸载</th><th colspan="3">加载</th><th colspan="3">卸载</th></tr>
<tr><th>左</th><th>右</th><th>平均</th><th>左</th><th>右</th><th>平均</th><th>左</th><th>右</th><th>平均</th><th>左</th><th>右</th><th>平均</th><th>l_X</th><th>l_Y</th></tr>
<tr><td>1</td><td></td><td></td><td></td><td></td><td></td><td></td><td></td><td></td><td></td><td></td><td></td><td></td><td></td><td></td><td></td><td></td></tr>
<tr><td>2</td><td></td><td></td><td></td><td></td><td></td><td></td><td></td><td></td><td></td><td></td><td></td><td></td><td></td><td></td><td></td><td></td></tr>
<tr><td>3</td><td></td><td></td><td></td><td></td><td></td><td></td><td></td><td></td><td></td><td></td><td></td><td></td><td></td><td></td><td></td><td></td></tr>
<tr><td>4</td><td></td><td></td><td></td><td></td><td></td><td></td><td></td><td></td><td></td><td></td><td></td><td></td><td></td><td></td><td></td><td></td></tr>
<tr><td>5</td><td></td><td></td><td></td><td></td><td></td><td></td><td></td><td></td><td></td><td></td><td></td><td></td><td></td><td></td><td></td><td></td></tr>
<tr><td>6</td><td></td><td></td><td></td><td></td><td></td><td></td><td></td><td></td><td></td><td></td><td></td><td></td><td></td><td></td><td></td><td></td></tr>
</table>

T 0853—2009 无机结合料稳定材料弯拉回弹模量试验方法

1 适用范围

本方法采用三分点加载的方法测定无机结合料稳定材料在静态荷载作用下的弯拉回弹模量。

模量是路面材料的重要参数，我国早期的《公路柔性路面设计规范》(1986 年)中就采用了抗压回弹模量和弯拉回弹模量两种。由于弯拉试验的受力模式与实际路面荷载作用接近，因此在研究和应用中也常常用到弯拉回弹模量。

2 仪器设备

2.1 压力机或万能试验机(也可用路面强度试验仪和测力计)：压力机应符合现行《液压式压力试验机》(GB/T 3722)及《试验机通用技术要求》(GB/T 2611)中的要求，其测量精度为±1%，同时应具有加载速率指示装置或加载速率控制装置。上下压板平整并有足够刚度，可以均匀地连续加载卸载，可以保持固定荷载。开机停机均灵活自如，能够满足试件吨位要求，且压力机加载速率可以有效控制在1mm/min。

2.2 数据采集系统：包括荷载传感器，位移传感器、荷载计数器以及数据采集仪。位移传感器用于测量跨中竖向变形，安装于试件跨中的两侧。

2.3 加载模具：如图 T 0853-1 所示。

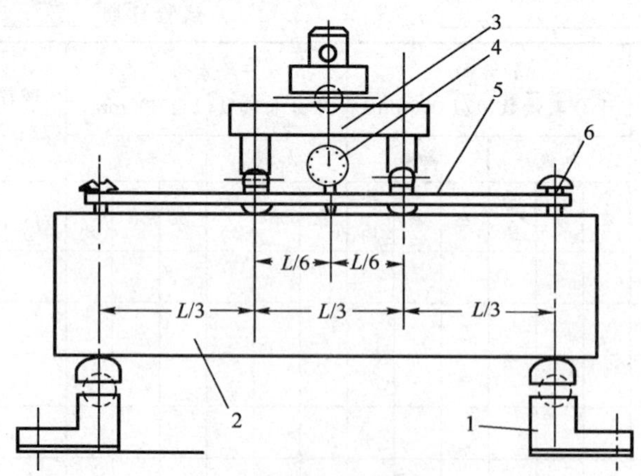

图 T 0853-1 弯拉回弹模量试验装置示意图(尺寸单位：mm)

1-可移动支座；2-试件；3-加载支座；4-千分表；5-千分表架；6-螺杆

2.4 标准养护室。

2.5 电子天平:量程15kg,感量0.1g;量程4 000g,感量0.01g。

2.6 台秤:量程50kg,感量5g。

2.7 球形支座。

3 试件制备和养护

3.1 根据混合料粒径的大小,选择不同尺寸的试件尺寸:中梁,100mm×100mm×400mm,适用于细粒土和中粒土①;大梁,150mm×150mm×550mm,适用于粗粒土。

注①:由于大梁试件的成型难度较大,当试验室不具备成型条件时,中梁试件的最大公称粒径可放宽到26.5mm。

3.2 按照本规程T 0804—1994确定无机结合料稳定材料的最佳含水量和最大干密度。

3.3 无机结合料稳定细粒土,应制备不少于9个试件,并要求模量试验结果的变异系数不超过10%;无机结合料稳定中粒土,应制备不少于15个试件,并要求模量试验结果的变异系数不超过10%;无机结合料稳定粗粒土,应制备不少于19个试件,并要求模量试验结果的变异系数不超过15%。

3.4 按照本规程T 0844—2009方法制备试件。

3.5 按照本规程T 0845—2009标准养生方法进行养生,水泥稳定类土养生龄期为90d,石灰或粉煤灰稳定类土养生龄期180d。

4 试验准备

4.1 根据试验材料的类型和一般的工程经验,选择合适量程的测力计和试验机,对被测试件施加的压力应在设备量程的20%~80%范围内。如采用压力机系统,需调试设备,设定好加载速率。

4.2 球形支座涂上机油,使其能够灵活转动,并安放在上压头上。在上下压块的左右两个半圆形压条上涂上机油。

4.3 按照本规程T 0851—2009方法测定混合料的弯拉强度,作为弯拉回弹模量试验的破坏荷载P。

4.4 将已浸水一昼夜的试件从水中取出,用软布吸去试件表面的水分,并称试件的质量。在试件中部量出其宽度和高度,精确至1mm。

4.5 在试件侧面(平行于试件成型时的压力方向)标出三分点位置。

4.6 将试件安放在试架上,荷载方向与试件成型时的压力方向一致,上下压头应位于试件三分点位置。

4.7 在试件中部的顶面两侧分别安放1个千分表或位移传感器。

现在一些设备的加载系统(包括MTS)具有能直接测定压头处变形的功能,为了简化试验步骤和方法,有些试验操作者直接取压头处的变形值作为弯拉变形值。由于试验机促动器的测变形装置精度不够,导致所测试的值偏小。因此对具有试验机促动器的压力设备,必须在保证测试精度足够的情况下,才可直接用来测试,否则必须单独安装千分表或传感器。

4.8 安放球形支座。

4.9 预压:先用拟施加的最大载荷的一半进行两次加载预压试验(设定的最大压力值不宜超过破坏荷载的0.6~0.7倍),使加载顶板与试件表面紧密接触。每两次卸载后等待1min。如采用千分表测量变形时,将千分表的短指针调到中间位置,并将长指针调到0,记录千分表的原始读数。

4.10 回弹变形测量:将预定的单位压力分成5~6等份,作为每次施加的压力值。实际施加的荷载应较预定级数增加1级。施加第1级荷载(如为预定最大荷载的1/5),待荷载作用达1min时,记录千分表的读数,同时卸去荷载,让试件的弹性变形恢复。到0.5min时记录千分表的读数,施加第2级荷载(为预定最大荷载的2/5),同前,待荷载作用1min,记录千分表的读数,卸去荷载。卸载后达0.5min时,再记录千分表的读数,并施加第3级荷载。如此逐级进行,直至记录下最后一级荷载下的回弹变形。

5 计算

5.1 按(T 0853-1)计算每级荷载下的回弹变形l。

$$l = \text{加载时平均读数} - \text{卸载后平均读数} \qquad (\text{T 0853-1})$$

5.2 以单位压力$p-p_0$为横坐标(向右)、回弹形变l为纵坐标(向下)绘制p与l关系曲线。若曲线开始段出现下凹现象,需进行修正。修正时,一般情况下将第1个和第2个试验点取成直线,并延长此直线与纵坐标轴相交,此交点即为新原点。

5.3 按式(T 0853-2)计算弯拉回弹模量。

$$E_s = \frac{23L^3(p-p_0)}{108 \times b \times h^3 \times l} \qquad (\text{T 0853-2})$$

式中:E_s——弯拉回弹模量(MPa);

p——施加的各级荷载(N);

p_0——施加的最小荷载(N);

L——试件跨径(mm);

l——跨中回弹变形(mm);

b——跨中断面的宽度(mm);

h——跨中断面的高度(mm)。

6 结果整理

6.1 弯拉回弹模量用整数表示。

6.2 同一组试件试验中,采用3倍均方差方法剔除异常值。小梁可以有1个异常值,中梁1~2个异常值,大梁2~3个异常值。异常值数量超过上述规定的试验重做。

6.3 同一组试验的变异系数 C_v(%)符合下列规定,方为有效试验:细粒土、中粒土,中梁,$C_v \leqslant 10\%$;粗粒土,大梁,$C_v \leqslant 15\%$。如不能保证变异系数小于上述规定,则还应按允许误差10%和90%概率重新计算增加试件数量,并另做新试验。新试验结果与老试验结果一并重新进行统计评定,直到变异系数满足上述规定。

7 报告

试验报告应包括以下内容:

(1)集料的颗粒组成;

(2)水泥的种类和强度等级,或石灰的有效钙和氧化镁含量(%);

(3)重型击实的最佳含水量(%)和最大干密度(g/cm^3);

(4)无机结合料类型及剂量;

(5)试件干密度或压实度;

(6)吸水量以及测弯拉回弹模量时的含水量(%);

(7)弯拉回弹模量(MPa),用整数表示;

(8)n 个试验结果的最小值和最大值、平均值 $\overline{E}_s$、标准差 S 和变异系数 C_v(%)。

8 记录

本试验的记录格式见表T 0853-1。

室内弯拉回弹模量试验记录表　　表T 0853-1

工程名称＿＿＿＿＿＿＿　　试件尺寸＿＿＿＿＿＿＿

路段范围＿＿＿＿＿＿＿　　试验方法＿＿＿＿＿＿＿

材料名称＿＿＿＿＿＿＿　　试 验 者＿＿＿＿＿＿＿

试样编号＿＿＿＿＿＿＿　　校 核 者＿＿＿＿＿＿＿

最大粒径＿＿＿＿＿＿＿　　试验日期＿＿＿＿＿＿＿

荷载级数	单位压力 p (MPa)	千分表读数(1/1 000mm)						回弹形变 l(1/1 000mm)	弯拉回弹模量 E_s(MPa)
		加载			卸载				
		左	右	平均	左	右	平均		
1									
2									

续上表

荷载级数	单位压力 p (MPa)	千分表读数(1/1 000mm)						回弹形变 l(1/1 000mm)	弯拉回弹模量 E_s(MPa)
		加载			卸载				
		左	右	平均	左	右	平均		
3									
4									
5									
6									

T 0854—2009 无机结合料稳定材料干缩试验方法

半刚性基层材料的开裂可分为两类:干缩开裂和温缩开裂。目前,描述半刚性材料干燥收缩特性的指标主要有干缩应变、干缩系数。描述半刚性材料温度收缩特性的指标包括温缩应变、温缩系数。虽然单从半刚性基层材料的收缩系数并不能绝对地说明该材料抗裂性的好坏,但是收缩性能反映收缩变形的大小,是评价抗裂性能的重要参数之一。以往的试验表明,半刚性基层材料的干缩系数、温缩系数与结合料的类型和剂量、被稳定材料类别、粒料含量、细土含量和塑性指数、小于0.002mm的黏粒含量和矿物成分等有关。合理选择基层材料及组成设计能够尽可能地减少无机结合料稳定材料的收缩。

多年来,随着我国公路建设中半刚性基层材料的应用,在基层材料的收缩性能方面进行了许多研究工作,但由于不同单位采用的试验方法和试验条件不同,即便对同一种材料进行的收缩性能测试,得出的材料温度收缩系数、干燥收缩系数数值也不同,对半刚性基层材料抗裂指标的进一步应用带来很大困难。因此需要建立一套比较完善、方法简便实用且测试数据可靠的收缩性能试验方法。

1 适用范围

本方法适用于测定无机结合料稳定材料失水收缩的程度和干缩系数计算。该试验方法是将室内成型的梁式试件放置在收缩仪上,在收缩仪的两端安置千分表,当试件失水后,试件的整体收缩会引起千分表触头移动,并使得千分表产生读数变化。通过千分表数值的变化测定试件的收缩变形值。

无机结合料稳定类材料经拌和、压实后,由于蒸发和混合料内部发生水化作用,混合料的水分会不断减少,由于水的减少而发生的毛细管作用、吸附作用、分子之间力的作用、材料矿物或凝胶体间层间水的作用和碳化收缩作用等会引起半刚性材料产生体积收缩。

2 仪器设备

2.1 收缩仪(图 T 0854-1):两端设计为装千分表或位移计,中间能放置不同尺寸的试件。

2.2　千分表或位移计：满足0.001mm的精度要求，且指针转动灵敏。

2.3　干缩室（箱）：室（箱）内控制温度为20℃±1℃，相对湿度为60%±5%。室（箱）内配有温度、湿度自动记录仪，记录温度、湿度变化。置于恒温室中的干缩箱内须放入干燥剂用于除湿。

2.4　支脚：采用薄的玻璃片，如载玻片。

2.5　玻璃棒：若干，长度应大于试件宽度1cm。

2.6　电子天平：量程4 000g，感量0.01g；量程15kg，感量0.1g。

2.7　游标卡尺：分度0.01mm。

2.8　502胶。

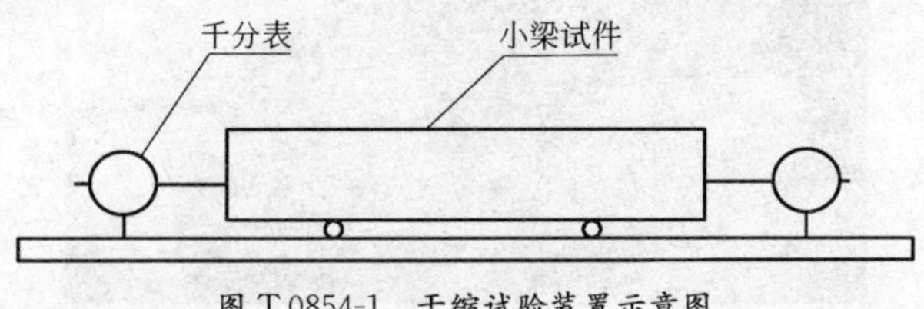

图 T 0854-1　干缩试验装置示意图

3　试件制备和养护

3.1　根据混合料粒径的大小，选择不同尺寸的试件：小梁，50mm×50mm×200mm，适用于细粒土；中梁，100mm×100mm×400mm，适用于中粒土①；大梁，150mm×150mm×550mm，适用于粗粒土。

注①：由于大梁试件的成型难度较大，当试验室不具备成型条件时，中梁试件的最大公称粒径可放宽到26.5mm。

3.2　按照本规程T 0804—1994确定无机结合料稳定材料的最佳含水量和最大干密度。

3.3　试件数量：同一配比的混合料6个试件为一组，3个试件用来测定材料的收缩变形，另外预留3个标准试件，用于测量材料的干缩失水率。

测量含水量的标准试件应具有代表性，条件许可的情况下，可考虑增加标准试件的个数，以减少试验误差。

3.4　按照本规程T 0844—2009方法制备试件。

3.5　按照本规程T 0845—2009标准养生方法进行养生，一般龄期为7d。

4　试验步骤

4.1　试件成型后在标准温度与湿度下养生7d后，将饱水后的试件表面水擦干。并采用游标卡尺测定初始长度，长度应重复测定3次，取算术平均值作为基准长度的测定值。至无明显水迹后称取试件初始质量 m_0。

在试件制作过程中应注意插捣均匀，确保试件不出现明显离析，试件之间外观差别较小。在粘贴盖玻片前，对试件的端部进行适当的处理；对于端部空隙较大的试件，在养生前，应采用与制作试件相同配比的水泥胶砂将端部空隙处抹平，然后一起养生。

4.2　取出试件，将试件长轴端磨平并在端面上使用 502 胶黏结有机玻璃片，待 502 胶凝结后将位移计（千分表）夹具固定在收缩仪上，在收缩仪上安放涂有润滑剂的玻璃棒，使试件在收缩时减少与收缩仪的摩擦。安装后效果如图 T 0854-2 所示。

图 T 0854-2　试验过程

粘贴载玻片时，应将 502 胶水均匀涂敷于载玻片，将载玻片黏附到千分表表头所对试件端部部分，并确保载玻片与试件端部完全接触，轻按数秒后，待载玻片与试件端部黏结牢固后进行后续工作。

在试验前，应确保玻璃棒在收缩仪垫面上滚动正常，仔细检查千分表灵敏性和指针走向。

将试件安放到收缩仪上，两端距离均匀；将千分表顶到试件端部盖玻片上，使千分表走动某一较大数值，并注意表指针所走的方向和读数，试验时按照与安放时千分表指针所走相反方向读数；待千分表走动到某一较大数值后用螺丝刀固定千分表，并检查表针是否走动灵敏；待千分表安放完毕后，将试件上的所有千分表指针归零，注意在归零过程中的互相干扰，应反复调整；记录试件安放小环境下的温度和湿度；在试验开始阶段应增加读数次数，如每隔 2～3h 读一次数，待表走动较为缓慢后可延长读数间隔时间。试验结束后，将试件烘干至恒量，并量取试件的标准长度 l。

4.3　收缩仪连同试件一起放入干缩室。将千分表头顶到有机玻璃片上，使表针走动到较大数值，一批试件都架好后使千分表指针归零。

4.4　从移入干缩室的时间起计算，在开始试验的一个星期内，每天读一次数，记下每个试件的每个表的读数 $X_{i,1}$、$X_{i,2}$、$X_{i,3}$、$X_{i,4}$（精确至 0.001mm），称量标准试件的质量 m_i，在 7d 以后每两天读一次数，到 1 个月后，于 60d、90d、120d、150d、

180d读取千分表的读数。并称取收缩仪和试件的总质量。

4.5 在干缩观测结束后，将标准试件放到烘箱内烘干至恒量 m_p。

5 计算

按式(T 0854-1)～式(T 0854-5)进行计算。

失水率：
$$w_i=(m_i-m_{i+1})/m_p \tag{T 0854-1}$$

干缩量：
$$\delta_i=(\sum_{j=1}^{4}X_{i,j}-\sum_{j=1}^{4}X_{i+1,j})/2 \tag{T 0854-2}$$

干缩应变：
$$\varepsilon_i=\delta_i/l \tag{T 0854-3}$$

干缩系数：
$$\alpha_{di}=\varepsilon_i/w_i \tag{T 0854-4}$$

总干缩系数：
$$\alpha_d=\frac{\sum\varepsilon_i}{\sum w_i} \tag{T 0854-5}$$

式中：w_i——第 i 次失水率(%)；

δ_i——第 i 次观测干缩量(mm)；

ε_i——第 i 次干缩应变(%)；

α_{di}——第 i 次干缩系数(%)；

m_i——第 i 次标准试件称量质量(g)；

$X_{i,j}$——第 i 次测试时第 j 个千分表的读数(mm)；

l——标准试件的长度(mm)；

m_p——标准试件烘干后恒量(g)。

6 数据整理

6.1 干缩系数保留4位有效数字。

6.2 每种混合料进行3个样本的平行试验。当3个试件的级差与3个试件的平均值不超过30%时，为有效试验，取平均值作为这种混合料的干缩系数；否则重新进行试验。

7 报告

试验报告应包括以下内容：

(1)集料的颗粒组成；

(2)水泥的种类和强度等级，或石灰的有效钙和氧化镁含量(%)；

(3)重型击实的最佳含水量(%)和最大干密度(g/cm³)；

(4)无机结合料类型及剂量；

(5)试件干密度(g/cm³)或压实度(%)；

(6)环境温度和湿度；

(7)不同时间段试件的平均干缩率；

(8)需要说明的其他内容。

8 记录

本试验的记录格式见表 T 0854-1。

无机结合料干缩试验记录表 表 T 0854-1

工程名称________ 试件标准长度________

路段范围________ 试件标准质量________

材料名称________ 试　验　者________

试样编号________ 校　核　者________

最大粒径________ 试 验 日 期________

时间(d)	试件质量(g)	失水率(%)	左表读数(0.001mm)	右表读数(0.001mm)	干缩量(0.001mm)	干缩系数

T 0855—2009 无机结合料稳定材料温缩试验方法

半刚性材料的三相，即不同矿物颗粒组成的固相、液相(水)和气相在降温过程中相互作用的结果，使半刚性材料产生体积收缩，即温度收缩。存在于半刚性材料内部的较大孔隙、毛细孔、凝胶孔中的水通过“扩张作用”、“表面张力作用”和“冰冻作用”三个过程，对半刚性材料的温度收缩性质产生极大的影响，使半刚性材料在干燥和饱水状态下有较小的温度收缩值，而在一般含水量下有较大的温度收缩值。影响含水量的主要因素是集料或土的含量、土的矿物成分、环境温度和龄期等。

一般来说，同样材料的干缩系数比温缩系数大得多，因此当前的研究多着重于半刚性材料的干缩特性。

1 目的和适用范围

本方法适用于测定无机结合料稳定材料在温度降低时的收缩系数。测定无机结合料稳定材料在含水量不变(干燥)情况下的温度收缩系数。如采用在非干燥条件下，测定温度和失水的共同收缩，测试方法同干燥情况，但同时需要增加试件测试试件的失水率，将失水收缩系数计入。

一般来说，仪表法精度不够高，但操作相对容易。应变片法的操作相对比较复杂，对试验结果影响的因素较多，为了使各种影响最小化，需要对其使用的材料进行统一。电阻应变片统一采用箔式应变片，温度补偿片统一用人工合成的无机硅酸盐材料的补偿片，应变胶黏剂统一采用 502 胶，连接导线采用屏蔽线。

2 仪器设备

2.1 游标卡尺。

2.2 高低温交变试验箱：可以控制升降温速率和具有保温功能、保湿功能，具有可编程控制降温功能。

2.3 仪表法

2.3.1 千分表或位移计。

2.3.2 收缩仪：收缩仪必须为殷钢制，否则要安装标准块，标定收缩仪在温度收缩下的变形。

仪表法的金属基座应同试件一起放入高低温交变试验箱，金属基座必须采用温度收缩系数小的材料，需要用殷钢特制，或者采用预知变形的材料制作。如果材料的温缩应变不明确，就应采用温缩变形小的温度补偿片对收缩仪进行标定。

2.3.3 支脚：采用薄的有机玻璃片，如载玻片。

2.3.4 光滑玻璃棒。

2.4 应变片法

2.4.1 静态电阻应变仪：具有相对固定的灵敏系数；提供应变信号采集和记录。

2.4.2 应变片：阻值为 120Ω、标距为 80mm 的箔式电阻应变片。

2.4.3 应变胶：502 胶。

2.4.4 手持式电动砂轮磨光机，粗砂纸、细砂纸。

2.4.5 电烙铁、焊锡、连接导线、细塑料套管、胶布。

2.4.6 温度补偿标准件（温度补偿片）：采用陶瓷片。

应变片法温度补偿的目的是要测试应变片电阻因温度引起的误差。温度补偿片一般采用陶瓷片，由于种类繁多，且对试验结果有重要影响，宜统一选用人工合成无机硅酸盐材料，其热膨胀系数比半刚性基层材料的收缩系数小一个数量级，可以满足要求。

3 试件制备和养护

3.1 根据混合料粒径的大小，选择不同尺寸的试件：小梁，50mm×50mm×200mm，适用于细粒土；中梁，100mm×100mm×400mm，适用于中粒土[①]；大梁，150mm×150mm×550mm，适用于粗粒土。

注①：由于大梁试件的成型难度较大，在试验室不具备成型条件时，中梁试件的最大公称粒径可放宽到 26.5mm。

3.2 按照本规程 T 0804—1994 确定无机结合料稳定材料的最佳含水量和最大干密度。

3.3 试件数量:同一配比的混合料 3 个试件为一组,定材料的收缩变形。

3.4 按照本规程 T 0844—2009 方法制备试件。

3.5 按照本规程 T 0845—2009 标准养生方法进行养生,一般龄期为 7d。养生龄期的最后 1d,试件饱水 24h。

3.6 温缩试验的温度确定需根据材料所在环境的温度要求和试验目的确定。可采用的温度范围是 60～-25℃。

4 试验步骤

4.1 仪表法

仪表法是采用千分表测量试件的收缩变形,将室内成型的梁式试件放置在收缩仪上,在收缩仪的两端安置千分表,当温度变化时,试件的整体收缩会引起千分表触头移动,并使得千分表产生读数变化。通过千分表数值的变化测定试件的收缩变形值。应变片法是用电阻应变片测量试件的收缩变形。

4.1.1 养生结束后,将试件放入 105℃的烘箱中烘 10～12h 至恒量,使试件中没有自由水存在。烘干后将试件放到干燥通风的地方至常温。

4.1.2 试验前用游标卡尺测量试件的初始长度,长度测量应在试件的两端和中间部位各测量 1 次,取 3 次测量的平均值。

4.1.3 在收缩仪的底面放上涂有润滑剂的玻璃棒。

4.1.4 对试件的端部进行打磨处理或直接在端部贴上支脚(薄的玻璃片)。

4.1.5 将试件的光面朝下,安放到收缩仪上,装置好千分表,千分表的表头应在贴好的玻璃片中间位置。

4.1.6 设定高低温交变试验箱的控温程序,包括温缩试验的温度以及降温速率(0.5℃/min)、保温时间(3h)。

4.1.7 将试件放入高低温交变试验箱中,将千分表顶到玻璃片上使表走动到较大的数值,待一批试件统一架好后归零。

4.1.8 试验从高温开始,逐级降温,并测定试件相应的收缩量。每个试件一般测定 5～6 个温度级别,每个级别的温度差一般为 10℃。按照降温速率的要求,当温度降到设定的级位时,保温 3h。在保温结束前的 5min 内读取千分表读数。两只千分表伸长的和为试件在降温过程中缩短的总长度。

4.2 应变片法

电阻应变片法的原理是将电阻应变片粘贴在被测试件的表面上,当试件受力变形时,金属电阻丝承受拉伸或压缩变形的同时,电阻也将发生变化。在一定的应变范围内,电阻丝的电阻改变率与应变成正比。在测试温度发生变化后,应变片电阻丝的电阻也随温度变化而改变。若不加处理,测得的应变将包含温度变化的影响,不能真实反映构件因受载荷引起的应变。

4.2.1 将达到龄期的试件放入温度为105℃的烘箱中烘10～12h至恒量。

4.2.2 试件表面处理:

(1)对于表面较平整且相对较致密的试件,可在试件两侧面表面中心位置比应变片面积稍大的范围内用砂纸磨平或用电动砂轮轻轻磨平,并用电吹风吹掉表面浮灰。

(2)对于表面粗糙的试件来说,在烘干前应在两个对应侧面上预定的贴片区用相应的结合料浆(水泥稳定类用水泥浆,二灰稳定类用二灰浆)涂抹一层,试件烘干后需要对涂层进行打磨。打磨的标准是:涂层能够填充试件表面的孔隙或坑槽,但不能独立成层。

应变片法中,试件的表面处理过程中,最为理想的状况是水泥仅仅用来填充表面的凹陷,而不单独形成一层。因此处理过的表面也应打磨至能够看到露出的粗集料。

4.2.3 粘贴应变片:

(1)用铅笔和直尺画出试件两侧的长和宽方向的中轴线,供贴应变片参照。取出两个电阻应变片,分别在底面涂上应变胶,并立即粘于试件两侧表面,压上塑料纸,并排去应变片与试件之间的气泡,应变片在长和宽两个方向上均应位于试件中轴线上。

应变片的粘贴是应变测量中非常关键的步骤之一。这一工作的好坏,直接影响胶的黏结质量,乃至测量精度。如果贴片不严格,技术不熟练,即使使用最好的应变片也无济于事。应变片应沿长度方向粘贴在试件表面的正中部。粘贴过程中,在应变片粘贴范围内涂胶厚度越薄越好,注意不要让应变片的两个引线粘在一起,以免短路。应变片粘贴完成后,为防止试件搬动过程中由于电线的带动而扯断应变片的引线,需要用细绳或细铁丝将电线牢固地捆绑在试件表面。

(2)温度补偿片表面平整,不需要表面处理。应变片粘贴方法同上,一组待测试件共用一个温度补偿标准件。

4.2.4 电线连接:

应变片粘贴完毕且应变胶固化后可以连线。试件上的两个电阻应变片采用串联的方法(图T 0855-1)。为防止应变片相邻两引线接触短路,宜在引线端部套上细的塑料套管,并把端部引线用胶布固定在试件上。连线时各导线的端头用电烙铁焊接。温度补偿片上的两个应变片采用相同的连接方法。当所有试件和温度补偿片上的应变片连接完毕后,分别将各自的引线接入静态应变仪。电线和应变片

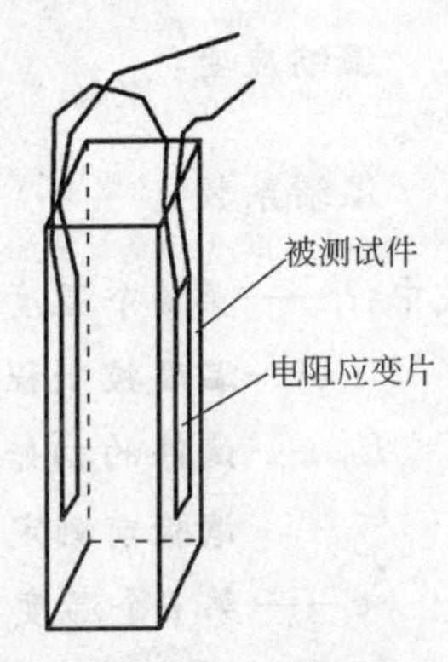

图T 0855-1 应变片粘贴

的连接方式参考应变仪的说明书。

应变片法中，为了提高测试的精度，通常在补偿片和试件上分别用两个电阻应变片串联使用。

应变片的引线产生的热输出是导致测量不稳定的重要原因，导线应力求在种类、规格、长度和引线路径上一致。因此应将相同导线拉齐绑扎成束，沿干燥、温度较恒定的路径引至恒温箱中，之后再用电烙铁连接。

4.2.5 高低温交变试验箱温度变化的设定同千分表法。

4.2.6 将连接好的试件和温度补偿片一同放入最高温度已经设定好的高低温交变试验箱中，试件可以横向卧式放置，底面最好垫置可滚动的光圆钢筋。也可以将试件竖向放置，关好箱门。启动试验箱控温程序，平衡应变仪各测试通道，开始读数并记录应变值。

另外为了保证测试精度，应变片法测试过程中还需注意以下几点：应保证所有连接引线牢固可靠，一般采用焊锡焊牢；为了提高测试精度，系统应预热 30min；系统必须接地，如果系统接地不好，将会产生一定的漂移，稳定度也将受到影响；每通道各测点所有电阻应变片的对外接线均应尽量短，长度也应相等；应避免将仪器置于强电场中；静态应变仪必须放在合适的位置上使用，切勿将其倾斜或倒置使用；输入、输出双绞线应尽量避免靠近电力线、变压器及其他干扰源。

4.2.7 人工读数应该在恒温段的最后 5min 内完成。采用计算机控制自动读数时，应该与试验箱控温程序相协调。

5 计算

5.1 仪表法

温缩变形的结果是两个千分表变形的和除以试件的长度，用百分率表示。

温缩应变：
$$\varepsilon_i = \frac{l_i - l_{i+1}}{L_0} \tag{T 0855-1}$$

温缩系数：
$$\alpha_t = \frac{\varepsilon_i}{t_i - t_{i+1}} \tag{T 0855-2}$$

式中：l_i——第 i 个温度区间的千分表读数和的平均值(mm)；

t_i——温度控制程序设定的第 i 个温度区间(℃)；

L_0——试件的初始长度，由于相对于试件的长度而言，温缩变形很小，因此以试验前测定的试件长度 L_0 计(mm)；

ε_i——第 i 个温度下的平均收缩应变(%)；

α_t——温缩系数，指单位温度变化下材料的线收缩系数。

5.2　应变片法

温缩系数：

$$\alpha_t = \frac{\varepsilon_i}{t_i - t_{i-1}} + \beta_s \qquad (T\,0855\text{-}3)$$

式中：β_s——温度补偿标准件的线膨胀系数。

6　结果整理

6.1　温缩系数保留4位有效数字。

6.2　每种混合料进行3个样本的平行试验。当3个试件的级差不超过3个试件平均值的30%时，为有效试验，取平均值作为这种混合料的温缩系数；否则重新进行试验。

7　报告

试验报告应包括以下内容：

(1)集料的颗粒组成；

(2)水泥的种类和强度等级，或石灰的有效钙和氧化镁含量(%)；

(3)重型击实的最佳含水量(%)和最大干密度(g/cm^3)；

(4)无机结合料类型及剂量；

(5)试件干密度或压实度；

(6)环境温度和湿度；

(7)试件平均温缩系数；

(8)需要说明的其他内容。

8　记录

本试验的记录格式见表T 0855-1。

无机结合料温缩试验记录表　　　　表T 0855-1

工程名称________　　试件标准长度________

路段范围________　　试件标准质量________

材料名称________　　试　验　者________

试样编号________　　校　核　者________

最大粒径________　　试 验 日 期________

温度级别(℃)	记录时间(min)	左表读数(0.001mm)	右表读数(0.001mm)	温缩变形量(0.001mm)	温缩系数

T 0856—2009　无机结合料稳定材料疲劳试验方法

对于半刚性基层沥青路面结构，由于基层刚度较大，大大降低了沥青面层的弯拉应力，因此，半刚性基层材料的疲劳破坏则上升为主要矛盾之一。在我国《公路沥青路面设计规范》(JTG D50—2006)中，路面结构的容许拉应力 $\sigma_R=\sigma_S/K_S$，σ_S 为半刚性材料的极限劈裂强度，K_S为抗拉结构强度系数，其中 K_S主要与疲劳寿命有关。在国外的路面设计方法中，如 SHELL 设计法、美国联邦公路局的设计法、法国的 LPC 设计法中规定的路面损坏模型都有半刚性基层疲劳开裂的模型，开展疲劳试验研究对路面设计有重要意义。

1　适用范围

本方法适用于无机结合料稳定材料以及贫混凝土材料的疲劳试验。试验采用三分点施加 Havesine 波的动态周期性的压应力荷载模式进行疲劳试验。

由于半刚性材料的抗拉强度远远小于其抗压强度，对于路面的结构设计，必须评价材料的抗拉强度而不是它的抗压强度。弯曲试验被认为能更好地模拟半刚性材料层在车轮荷载下的实际受力情况，而且在车轮荷载作用下，半刚性基层的应力状况是沿深度抗压变到抗拉。因此采用弯曲试验进行半刚性材料的疲劳试验是可行和合理的试验方法。

2　仪器设备及相关参数

2.1　试验机：即应力控制系统，要求应能施加一定频率范围、荷载持续时间及不同大小的应力，可用能产生需要波形的电动液压试验机，要求精度达到 5N。应保证试验机能够施加稳定动态荷载。施加的荷载波形如图 T 0856-1 所示。

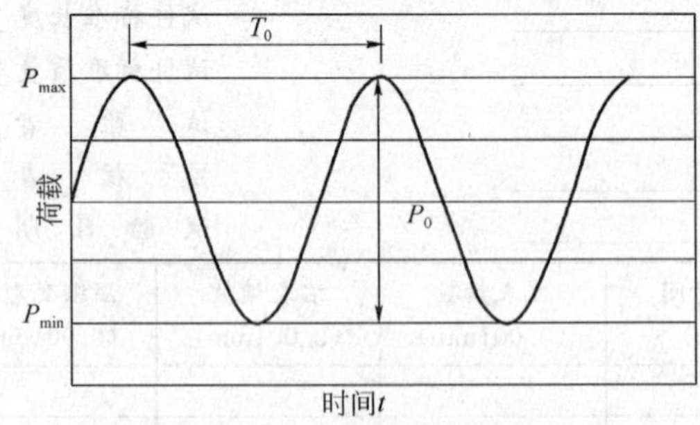

图 T 0856-1　疲劳试验荷载曲线示意图

P_{max}-最大荷载(N)；P_{min}-最小荷载(N)，$P_{min}=0.02\times P_{max}$；$P_0$-荷载振幅(N)，$P_0=P_{max}-P_{min}$；$T_0$-荷载周期，$T_0=1/f$，$f$ 为荷载频率，标准频率为 10Hz

2.2 数据采集系统：包括荷载传感器、位移传感器、荷载计数器以及数据采集仪。位移传感器用于测量跨中竖向变形，安装于试件跨中的两侧。

2.3 加载模具：如图 T 0851-1 所示。

2.4 标准养护室。

2.5 电子天平：量程 15kg，感量 0.1g；量程 4 000g，感量 0.01g。

2.6 台秤：量程 50kg，感量 5g。

3 试件准备

3.1 试验采用梁式试件，根据土的粒径大小选择小梁、中梁或大梁试件。小梁适用于细粒土；中梁适用于中粒土①；大梁适用于粗粒土。

注①：由于大梁试件的成型难度较大，当试验室不具备成型条件时，中梁试件的最大公称粒径可放宽到 26.5mm。

3.2 由于混合料疲劳试验的变异性较大，为了得到比较可靠的试验结果，对于一种应力(应变)水平(或应力强度比水平)，平行试验的样本量不宜小于：小梁 6 根，中梁 9 根，大梁 13 根。为评价某种混合料的疲劳性能，得到相关的疲劳寿命曲线，应至少进行 4 个应力(应变)水平(或应力强度比水平)的试验。试验应准备足够的试件数目，并考虑一定量的备用件(不少于 10%)。按照本规程 T 0844—2009 方法制备试件。

3.3 对于水泥稳定类材料，一般进行 90d 龄期的疲劳试验；对于石灰或粉煤灰稳定类材料，一般进行 180d 龄期的疲劳试验。根据科研项目的需要，试验人员也可采用适当的龄期。由于疲劳试验的周期比较长，试件的成型准备应考虑疲劳试验时试件的实际龄期，同一组试验的龄期误差不宜超过±3d。

3.4 按照本规程 T 0845－2009 标准养生方法进行养生。养生龄期的最后 1d，试件饱水 24h。应该将试件浸泡在水中，水面高于试件顶面约 2.5cm。在浸泡于水中之前，应再次称试件的质量 m_3。

3.5 饱水后，将试件表面水擦干，重新测量试件的质量和几何尺寸；然后用油笔在试件的三分点位置作出标记，以便下步试验时准确放置夹具。

4 试验步骤

4.1 检查试验的机械设备是否正常。由于疲劳试验的周期比较长，应着重检查试验系统的电力供应是否正常。计算机等控制系统的电源应备有延时电源，以防突然断电造成试验数据的丢失和设备的损坏。选择合适的荷载传感器和位移(应变)传感器的量程，以确保测量结果精度的可靠性。

4.2 根据试验目的，编制有关的疲劳试验程序，并进行调试，可靠、稳定后方可进行正式试验。选择一个试件,检查荷载波形是否满足试验精度要求,位移(应变)信号接收是否正常。由于疲劳试验中试件的破坏存在偶然性,为了保护试验设备,疲劳程序中应设定相关的终止试验的保护程序。

4.3 首先进行梁式试件的弯拉强度测定,以便确定疲劳试验的荷载水平。

4.4 根据疲劳试验要求,取4~6($K=\sigma/S$)个应力比(对于无机结合料推荐应力强度比范围在0.5~0.85内)。

4.5 将试件安放在疲劳试验的模具上。注意疲劳试验的荷载方向应与试件成型时的压力方向平行一致。

4.6 预压:在施加正式试验荷载前,应取0.2倍应力强度比水平的荷载进行预压2min,以减少接触不良造成的试验偏差。

4.7 施加荷载为连续的Havesine波,荷载标准频率为10Hz。

4.8 在疲劳试验过程中,有些试件的试验时间较长,试件产生风干。为此,需要用湿毛巾或塑料布覆盖,保持其湿润。

4.9 试验过程中,应时刻监测荷载波形和试件的响应变形波形。

4.10 试验过程中数据的采集内容有:荷载重复作用次数(即疲劳寿命),按对数级数规律采集一定荷载作用次数下的试件变形响应参数,及相应的滞回曲线。滞回曲线应连续采集10个周期的数据,然后进行平均,作为该时刻试件的代表滞回曲线。

5 计算

将所有有效的疲劳试验数据按式(T 0856-1)、式(T 0856-2)回归计算疲劳方程:

$$\lg N=a+b\sigma/S \qquad (T\ 0856\text{-}1)$$

$$\lg N=a+b\lg\sigma \qquad (T\ 0856\text{-}2)$$

式中:N——荷载作用次数(次);

σ——作用荷载(N);

σ/S——应力强度比;

S——梁式试件的弯拉强度(MPa);

a、b——回归系数。

6 结果整理

疲劳试验的疲劳方程的相关系数不宜小于50%。

7 报告

试验报告应包括以下内容:

(1)集料的颗粒组成;

(2)水泥的种类和强度等级,或石灰的有效钙和氧化镁含量(%);

(3)重型击实的最佳含水量(%)和最大干密度(g/cm^3);

(4)无机结合料类型及剂量;

(5)试件干密度或压实度;

(6)试验设备;

(7)荷载频率、荷载级位;

(8)疲劳方程及相关系数。

8 记录

本试验的记录格式见表 T 0856-1。

无机结合料稳定材料疲劳试验记录表 表 T 0856-1

工程名称______ 试件尺寸______

荷载频率______ 材料名称______

试 验 者______ 试样编号______

校 核 者______ 试验日期______

应力水平(MPa)	应力强度比	疲劳寿命(次)	平均寿命(次)

附:无机结合料稳定材料疲劳试验的数据处理方法

新规程中无机结合料稳定材料的弯曲疲劳试验结果采用单对数方程进行回归,应力强度比与疲劳寿命的对数值之间存在一元线性相关关系,疲劳方程的形式如式(T 0856-1)。

无机结合料稳定材料的弯曲疲劳试验数据采用新规范附录 B 中介绍的一元线性回归分析的方法进行处理,由此可以得到 50%保证率下的疲劳方程。统计分析中样本总体的构成有两种方法:一种是将所有试件的弯曲疲劳试验数据作为总体;另一种是将同一个应力强度比下所测试件的疲劳寿命取平均值后作为总体。下面通过具体的例子进行详细介绍。

【算例】

表 5-3、表 5-4 为某种无机结合料稳定材料的弯曲疲劳试验结果。要求计算其

疲劳方程并进行显著性分析，同时计算保证率为99%、95%、90%下的疲劳方程。

某无机结合料稳定材料弯曲疲劳试验原始数据 表5-3

应力强度比 σ/S	荷载作用次数 N(次)												
0.74	3 710	21 600	70 070	73 790	155 070	249 370	552 700	647 770	2 032 000	2 161 999	1 968 248	2 772 000	5 518 409
0.79	1 000	1 370	1 570	2 310	23 690	150 290	346 114	338 160	450 910	522 000	878 225	2 736 388	6 000 000
0.83	80	200	900	9 890	12 750	16 000	30 660	32 570	37 000	767 694			
0.87	30	200	400	1 430	3 000	8 490	14 382	621 052					
0.92	40	80	110	4 920	6 770	9 870	21 710						

某无机结合料稳定材料弯曲疲劳试验数据 表5-4

应力强度比 σ/S	lg$N$												
0.74	3.57	4.33	4.85	4.87	5.19	5.40	5.74	5.81	6.31	6.33	6.29	6.44	6.74
0.79	3.00	3.14	3.20	3.36	4.37	5.18	5.54	5.53	5.65	5.72	5.94	6.44	6.78
0.83	1.90	2.30	2.95	4.00	4.11	4.20	4.49	4.51	4.57	5.89			
0.87	1.48	2.30	2.60	3.16	3.48	3.93	4.16	5.79					
0.92	1.60	1.90	2.04	3.69	3.83	3.99	4.34						

【方法一】

将所有试件的弯曲疲劳试验数据作为一个总体进行一元线性回归分析，见表5-5。将应力强度比(σ/S)作为自变量x，荷载作用次数(疲劳寿命)的对数值(lg$N$)作为因变量y，此时总体的样本量为51，由表5-5所列(x_i，y_i)数据进行回归分析。

总体数据表(样本量n=51) 表5-5

x_i	y_i	x_i	y_i	x_i	y_i	x_i	y_i	x_i	y_i
0.74	3.569 4	0.79	3.000 0	0.83	1.903 1	0.87	1.477 1	0.92	1.602 1
0.74	4.334 5	0.79	3.136 7	0.83	2.301 0	0.87	2.301 0	0.92	1.903 1
0.74	4.845 5	0.79	3.195 9	0.83	2.954 2	0.87	2.602 1	0.92	2.041 4
0.74	4.868 0	0.79	3.363 6	0.83	3.995 2	0.87	3.155 3	0.92	3.692 0
0.74	5.190 5	0.79	4.374 6	0.83	4.105 5	0.87	3.477 1	0.92	3.830 6
0.74	5.396 8	0.79	5.176 9	0.83	4.204 1	0.87	3.928 9	0.92	3.994 3
0.74	5.742 5	0.79	5.539 2	0.83	4.486 6	0.87	4.157 8	0.92	4.336 7
0.74	5.811 4	0.79	5.529 1	0.83	4.512 8	0.87	5.793 1		
0.74	6.307 9	0.79	5.654 1	0.83	4.568 2				
0.74	6.334 9	0.79	5.717 7	0.83	5.885 2				

续上表

x_i	y_i	x_i	y_i	x_i	y_i	x_i	y_i	x_i	y_i
0.74	6.2941	0.79	5.9436						
0.74	6.4428	0.79	6.4372						
0.74	6.7418	0.79	6.7782						

1. 回归疲劳方程

根据新规程附录B计算一元线性回归分析中用到的相关统计参数（$\bar{x}$、$\bar{y}$、l_{xx}、l_{xy}、l_{yy}）和回归系数（a、b），列于表5-6中。

统计参数和回归系数计算表　　表5-6

$\bar{x}$	$\bar{y}$	l_{xx}	l_{xy}	l_{yy}	b	a
0.83	4.37	0.1875	−2.7866	108.5631	−14.86	16.71

由表中数据可以得到50%保证率下的疲劳方程为：

$$\lg N = 16.71 - 14.86\sigma/S \tag{5-3}$$

2. 线性回归效果检验

根据新规程附录B检验线性回归的效果，各统计参数见表5-7。

线性回归效果检验　　表5-7

偏　离	平 方 和	自 由 度	标准偏差	统计量 F	置信限 $F_a(1,49)$		
					α=0.01	α=0.05	α=0.1
回归	41.4148	1		30.2215	7.2065		
剩余	67.1483	49	1.1706				
总和	108.5631	50			高度显著		

由表中可以看出此线性回归效果高度显著。

3. 计算不同保证率下的疲劳方程

根据新规程附录B计算不同保证率下的疲劳方程。

对于$n-2=49$，查t分布表可得：

保证率为99%时，$\lambda=2.680$，$\Delta=3.1372$；

保证率为95%时，$\lambda=2.009$，$\Delta=2.3517$；

保证率为90%时，$\lambda=1.677$，$\Delta=1.9631$。

对于疲劳试验而言，置信区间取下限时为不利情况，因此不同保证率下的疲劳方程为：

(1)99%保证率下的疲劳方程

$$\lg N = 16.71 - 14.86\sigma/S - 3.1372 = 13.5728 - 14.86\sigma/S \tag{5-4}$$

(2)95%保证率下的疲劳方程

$$\lg N = 16.71 - 14.86\sigma/S - 2.3517 = 14.3583 - 14.86\sigma/S \tag{5-5}$$

(3)90%保证率下的疲劳方程

$$\lg N = 16.71 - 14.86\sigma/S - 1.9631 = 14.7469 - 14.86\sigma/S \tag{5-6}$$

【方法二】

将同一个应力强度比下所测试件的疲劳寿命取平均值后作为一个总体进行一元线性回归分析，见表5-8。将应力强度比（σ/S）作为自变量 x，荷载作用次数（疲劳寿命）的对数值（$\lg N$）作为因变量 y，此时总体的样本量为5，由表5-8所列（x_i，y_i）数据进行回归分析。

总体数据表（样本量 n=5）　　表5-8

x_i	y_i	x_i	y_i
0.74	5.53	0.87	3.36
0.79	4.91	0.92	3.06
0.83	3.89		

1. 回归疲劳方程

根据新规程附录B计算一元线性回归分析中用到的相关统计参数（$\bar{x}$、$\bar{y}$、l_{xx}、l_{xy}、l_{yy}）和回归系数（a、b），列于表5-9中。

统计参数和回归系数计算表　　表5-9

$\bar{x}$	$\bar{y}$	l_{xx}	l_{xy}	l_{yy}	b	a
0.83	4.15	0.0194	4.3646	−0.2845	−14.66	16.32

由表5-9中数据可以得到50%保证率下的疲劳方程为：

$$\lg N = 16.32 - 14.66\sigma/S \tag{5-7}$$

2. 线性回归效果检验

根据新规程附录B检验线性回归的效果，各统计参数见表5-10所示。

线性回归效果检验　　表5-10

偏 离	平方和	自由度	标准偏差	统计量 F	置信限 $F_\alpha(1,3)$		
					α=0.01	α=0.05	α=0.1
回归	4.1715	1		64.8139	34.12		
剩余	0.1931	3	0.2537				
总和	4.3646	4			高度显著		

由表中可以看出此线性回归效果高度显著。

3. 计算不同保证率下的疲劳方程

根据新规程附录B计算不同保证率下的疲劳方程。

对于$n-2=3$,查t分布表可得:

保证率为99%时,$\lambda=5.841$,$\Delta=1.4818$;

保证率为95%时,$\lambda=3.182$,$\Delta=0.8073$;

保证率为90%时,$\lambda=2.353$,$\Delta=0.5969$。

对于疲劳试验而言,置信区间取下限时为不利情况,因此不同保证率下的疲劳方程为:

(1)99%保证率下的疲劳方程

$$\lg N = 16.32 - 14.66\sigma/S - 1.4818 = 14.8382 - 14.66\sigma/S \quad (5\text{-}8)$$

(2)95%保证率下的疲劳方程

$$\lg N = 16.32 - 14.66\sigma/S - 0.8073 = 15.5127 - 14.66\sigma/S \quad (5\text{-}9)$$

(3)90%保证率下的疲劳方程

$$\lg N = 16.32 - 14.66\sigma/S - 0.5969 = 15.7231 - 14.66\sigma/S \quad (5\text{-}10)$$

【两种方法的比较】

(1)从样本量来看,方法一的样本量明显多于方法二,采用方法一回归应较为准确。

(2)在相同保证率下,采用方法一得到的回归方程在y轴上的截距较小,试验结果偏于安全。

综上,采用方法一得到的回归方程较好,推荐采用方法一。

T 0857—2009　无机结合料稳定材料室内动态抗压回弹模量试验方法

路面结构是在车辆荷载的动态作用下,因此,路面结构的动力特性和动态参数的研究是非常必要的,材料的动态模量是一个主要的动态参数,路面材料的动态模量的试验研究在国外已经有几十年了,在我国也开展了大量研究,并有学者提出了采用动态参数进行路面结构设计的方法。

以水泥稳定材料为代表的基层材料在动态荷载作用下有弹、黏、塑性和非线性特性。随着荷载级位增大,弹、黏、塑性变形相应增大,但一般以弹性特性为主,材料的弹性变形与荷载的关系可以用三次曲线拟合。半刚性基层材料的动态模量有应力依赖性特性，半刚性基层材料随荷载增大，动态模量增大，属于硬弹簧模型特性。对于半刚性材料的应力依赖性，推荐采用抛物线模型。针对水泥土，分析得出了室内动、静模量的关系式和强度与模量的关系式(90%概率水平)：

动模量与静模量：　$E_d = 1.0865 \times E_s + 408.8$　　$(\gamma^2 = 0.7174)$

静模量与强度：　$E_s = 109.1 \times P - 7.3793$　　$(\gamma^2 = 0.8736)$

动模量与强度：　$E_d = 171.6 \times P + 264.0087$　　$(\gamma^2 = 0.7076)$

式中：E_d——动模量(MPa)；

E_s——静模量(MPa)；

P——抗压强度(N)。

1　适用范围

本方法适用于测定无机结合料稳定材料的动态抗压回弹模量。动态抗压回弹模量可以作为路面设计和评价的参数。

将混合料制成标准的圆柱形试件，在无侧限条件下，按一定温度和加载频率对试件施加半正弦轴向应力(波形与正弦波相同，只是数据全在压力轴一侧)，量测试件可恢复的轴向应变，动态模量即此应力与应变之比。

2　仪器设备

2.1　试验机：即应力控制系统，要求应能施加一定频率范围、荷载持续时间及不同大小的应力，可用能产生需要波形的电动液压试验机，要求精度达到5N。

2.2　数据采集系统：包括荷载传感器、位移传感器、荷载计数器以及数据采集仪。

传感器的精度、传感器的安放及试件的平整度对动态测量的影响较大，半刚性材料的动态测量，其变形范围一般在几十至几百个微米，因此要求传感器小量程、高精度。传感器量程宜在1mm左右，同时具有较高的静态精度即灵敏度，还要有较好的频响特性。

2.3　标准养护室。

2.4　电子天平：量程15kg，感量0.1g；量程4 000g，感量0.01g。

2.5　台秤：量程50kg，感量5g。

2.6　圆形钢板。

3　试件制备和养护

3.1　试验采用1∶1的圆柱形试件。细粒土和中粒土混合料成型ϕ100mm×100mm试件，粗粒土混合料成型ϕ150mm×150mm试件。

3.2 按照本规程T 0804—1994确定无机结合料稳定材料的最佳含水量和最大干密度。

3.3 无机结合料稳定细粒土，应备制不少于6个试件，并要求模量试验结果的变异系数不超过10%；无机结合料稳定中粒土，应制备不少于9个试件，并要求模量试验结果的变异系数不超过10%；无机结合料稳定粗粒土，应制备不少于15个试件，并要求模量试验结果的变异系数不超过15%。

3.4 按照本规程T 0843—2009方法制备试件。

3.5 按照本规程T 0845—2009的标准养生条件进行养生，水泥稳定类土养生龄期为90d，石灰或粉煤灰类稳定材料的养生龄期180d。

3.6 圆柱形试件的两个端面应用水泥净浆彻底抹平。将试件直立桌上，在上端面用早强高强水泥净浆薄涂一层后，在表面撒少许0.25～0.5mm的细砂，用直径大于试件的平面圆形钢板放在顶面，加压旋转圆钢板，使顶面齐平。边旋转边平移并迅速取下钢板。如有净浆被钢板粘去，则重新用净浆抹平，并重复上述步骤。一个端面整平后，放置4h以上，然后将另一端面同样整平。整平应该达到：加载板放在试件顶面后，在任一方向都不会翘动。试件整平后放置8h以上。

3.7 将端面已经处理平整的试件饱水24h。应将试件浸泡在水中，水面高于试件顶面约2.5cm。

4 试验步骤

4.1 检查试验的机械设备是否正常，应着重检查试验系统的电力供应是否正常。计算机等控制系统的电源应备有延时电源，以防突然断电造成试验数据的丢失和设备的损坏。选择合适的荷载传感器和位移(应变)传感器的量程，以确保测量结果精度的可靠性。

4.2 根据试验目的，编制有关的试验程序，并进行调试，可靠、稳定后方可进行正式试验。选择1个试件，检查荷载波形是否满足试验精度要求，位移(应变)信号接收是否正常。

4.3 按T 0805—1994方法测定混合料的抗压强度，荷载速率为1mm/min，作为动态模量试验的破坏强度P。

4.4 将试件放入加载设备中心，圆形钢板置于试件底部和顶端安放稳定。在上压板直径线两端安装位移传感器。

4.5 设定波形函数发生器，输入Haversine荷载波形，频率为10Hz，无间歇时间，荷载级位一般设定为5～6级(一般为0.1P、0.2P、0.3P、0.4P、0.5P、0.6P)，每级荷载作用次数为200次。

间歇时间对动态模量的影响是存在的，由于间歇时间的存在，使试件有时间产生更大的变形,因此动态模量比无间歇连续模式的小。如在试验中需要考虑间歇时间的影响,半刚性材料动态模量试验的间歇时间可取 0.9s。

4.6 将各传感器与数据采集仪相连接,校正并调零。

4.7 对试件施加 $0.3P$ 荷载,预压 30s。

4.8 荷载由低到高逐级加载,每级荷载的最后 1s,采集连续 10 个荷载波形的最大荷载和最小荷载,以及相应的最大变形和最小变形。

动态荷载 F_t 的波形为 Haversine 波(半正矢波),在一个加载周期内其函数式为:

$$F_t = \frac{(1-\cos\omega t)F_0}{2} + F_c \qquad (\text{T 0857-1})$$

式中:F_0——荷载振幅(N);

F_c——预压荷载(N);

ω——圆频率(rad/s);

t——时间(s)。

5 计算

5.1 量测最后 10 次加载循环的平均荷载和变形振幅。

$$F_0 = F_{max} - F_{min} \qquad (\text{T 0857-2})$$

$$l_0 = l_{max} - l_{min} \qquad (\text{T 0857-3})$$

式中:F_0——荷载振幅(N);

l_0——变形振幅(mm);

F_{max}——最大荷载(N);

F_{min}——最小荷载(N);

l_{max}——最大变形(mm);

l_{min}——最小变形(mm)。

实测荷载振幅与设定荷载振幅的误差应不超过±5%。

5.2 采用二次曲线模型对荷载振幅与相应的变形振幅进行曲线拟合,如图 T 0857-1所示。相关系数应在 0.95 以上,否则需要重新试验。

二次曲线型式:

$$l_0 = aF_0^2 + bF_0 + c \qquad (\text{T 0857-4})$$

5.3 对曲线原点进行修正。从理论上讲,当荷载振幅为零时,变形振幅也应为零。因此,将测定的变形振幅减去回归曲线的常数 c,作为修正后的变形振幅。

5.4 按式(T 0857-5)计算不同荷载级位下的动态抗压回弹模量值。

$$E_{dc} = \frac{\sigma}{\varepsilon} = \frac{F_0 \times l}{(l_0 - c) \times A} \qquad (\text{T 0857-5})$$

式中:E_{dc}——动态抗压回弹模量值(MPa);

F_0——荷载振幅(N);

l_0——变形振幅(mm);

c——变形振幅修正值;

l——试件高度(mm);

A——试件截面积(mm^2)。

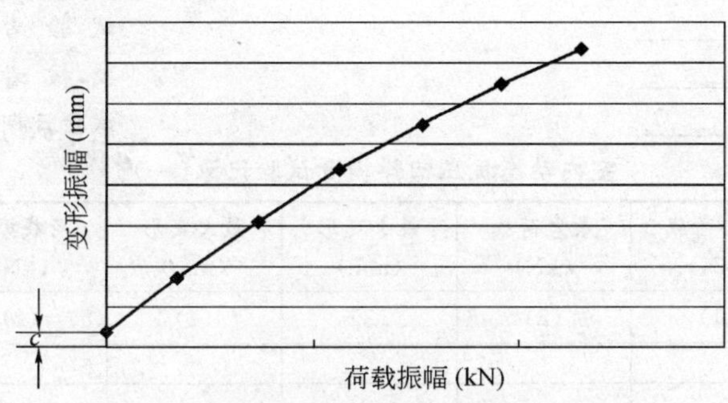

图 T 0857-1 荷载振幅与变形振幅的回归曲线

6 结果整理

6.1 动态抗压回弹模量用整数表示。

6.2 同一组试件试验中,采用3倍均方差方法剔除异常值,大试件可以有2~3个异常值。异常值数量超过上述规定的试验重做。

6.3 对于无机结合料稳定细粒土,模量试验结果的变异系数不超过10%;中粒土模量试验结果的变异系数不超过10%;粗粒土模量试验结果的变异系数不超过15%。如不能保证变异系数小于上述规定,则还应按允许误差10%和90%概率重新计算增加试件数量,并另做新试验。新试验结果与老试验结果一并重新进行统计评定,直到变异系数满足上述规定。

7 报告

试验报告应包括以下内容:

(1)集料的颗粒组成;

(2)水泥的种类和强度等级,或石灰的有效钙和氧化镁含量(%);

(3)重型击实的最佳含水量(%)和最大干密度(g/cm^3);

(4)无机结合料类型及剂量;

(5)试件干密度或压实度;

(6)吸水量以及测动态抗压回弹模量时的含水量(%);

(7)动态抗压回弹模量(MPa),用整数表示;

(8)n个试验结果的最小值和最大值、平均值$\overline{E}$、标准差S和变异系数C_v(%)。

8 记录

本试验的记录格式见表 T 0857-1。

无机结合料稳定材料动态抗压回弹模量试验记录　　表 T 0857-1

工程名称______　　试件尺寸______

路段范围______　　试验方法______

材料名称______　　试 验 者______

试样编号______　　校 核 者______

最大粒径______　　试验日期______

室内动态抗压回弹模量试验记录(一)

设定荷载振幅(kN)	周期	最小荷载(kN)	最大荷载(kN)	最小变形(mm)	最大变形(mm)	荷载振幅(kN)	变形振幅(mm)
		(1)	(2)	(3)	(4)	(5)=(2)−(1)	(6)=(4)−(3)
	1						
	2						
	3						
	4						
	5						
	6						
	7						
	8						
	9						
	10						
平均值							

室内动态抗压回弹模量试验记录(二)

设定荷载振幅(kN)	平均最小荷载(kN)	平均最大荷载(kN)	平均最小变形(mm)	平均最大变形(mm)	平均荷载振幅(kN)	平均变形振幅(mm)	动态抗压回弹模量(MPa)
	(1)	(2)	(3)	(4)	(5)=(2)−(1)	(6)=(4)−(3)	
	$l_0=aF_0^2+bF_0+c$			相关系数			

T 0858—2009 无机结合料稳定材料冻融试验方法

路面材料的抗冻性是路面材料性能的重要指标，对季节性冻土地区，需要评价半刚性基层材料的抗冻性能。水泥混凝土和沥青混凝土都有相应的冻融试验来评价材料的抗冻性能。如《公路工程水泥及水泥混凝土试验规程》(JTG E30—2005)T 0565—2005“水泥混凝土抗冻性试验方法(快冻法)”，《加气混凝土抗冻性试验方法》(GB 11973—1989)等。本方法同《公路沥青路面设计规范》(JTG D50—2006)中的附录A.2“半刚性基层材料抗冻性试验方法”等效。

1 适用范围

本方法适用于无机结合料稳定材料的抗冻性评价。半刚性基层材料的抗冻性以规定龄期(28d或180d)的半刚性基层材料在经过数个冻融循环后的饱水无侧限抗压强度与冻前饱水无侧限抗压强度之比来评价。

2 仪器设备

2.1 游标卡尺。

2.2 低温箱：控温−18℃，控温精度±1℃。

2.3 控温水槽：控温20℃，控温精度±1℃。

2.4 天平：感量0.01g。

2.5 压力机或万能试验机(也可用路面强度试验仪和测力计)：压力机应符合现行《液压式压力试验机》(GB/T 3722)及《试验机通用技术要求》(GB/T 2611)中的要求，其测量精度为±1%，同时应具有加载速率指示装置或加载速率控制装置。上下压板平整并有足够刚度，可以均匀地连续加载卸载，可以保持固定荷载。开机停机均灵活自如，能够满足试件吨位要求，且压力机加载速率可以有效控制在1mm/min。

3 试件制备和养护

3.1 试件采用1∶1的圆柱形试件。无机结合料稳定细粒土、中粒土、粗粒土均采用ϕ150mm×150mm的圆柱形试件。

3.2 按照本规程T 0804—1994确定无机结合料稳定材料的最佳含水量和最大干密度。

3.3 按照本规程 T 0843—2009 方法制备 18 个 ϕ150mm×150mm 的标准试件，其中 9 个为冻融试件，9 个为不冻融对比试验。

3.4 按照本规程 T 0845—2009 的标准养生条件进行养生。冻融 5 次循环的试件，标准养生 28d；冻融 10 次循环的试件，标准养生 180d。

3.5 养生期的最后 1d，应该将试件浸泡在水中，水面高于试件顶面约2.5cm。在浸泡于水中之前，应再次称试件的质量 m_3。

4 操作流程

4.1 浸水完毕后，取出试件，用湿布擦除表面的水分，称质量；用游标卡尺测量试件的高度，精确至 0.1mm。

考虑到无机结合料稳定材料在道路基层中，可能不会处在饱水状态，编写组进行了养生结束后直接进入冻融循环和养生结束后饱水进入冻融循环的对比试验。共成型水泥稳定碎石和二灰稳定碎石两组试件，每组成型 27 个，9 个进行常规养生测抗压强度，9 个试件养生结束后直接冻融（干冻），9 个试件养生结束并饱水后冻融，试验结果见表 5-11。结果表明，湿冻对水泥稳定材料的影响更大，对二灰集料的影响相对要小。

无机结合料稳定材料的冻融试验结果　　表 5-11

混合料类型	未冻		湿冻			干冻		
	抗压强度均值（MPa）	变异系数	抗压强度均值（MPa）	变异系数	BDR	抗压强度均值（MPa）	变异系数	BDR
水泥稳定集料	6.9	9.49%	5.6	8.79%	82.37%	5.97	5.64%	87.05%
二灰稳定集料	5.7	6.55%	4.8	8.43%	84.59%	4.39	18.13%	76.93%

4.2 取其中一组试件按本规程 T 0805—1994 方法测定非冻融条件下的无侧限抗压强度 R_c。

4.3 取其中冻融的一组试件，按编号置入低温箱开始冻融试验。低温箱的温度为−18℃，冻结时间为 16h，保证试件周围至少留有 20mm 空隙，以利于冷空气流通。冻结试验结束后，取出试件，量高、称质量；然后立即放入 20℃的水槽中进行融化，融化时间为 8h。槽中水面应至少高出试件表面 20mm，融化完毕，取出试件擦干后量高、称质量，该次冻融循环即结束。然后放入低温箱进行第二次冻融循环。

4.4　如试件的平均损失率超过5%,即可停止其冻融循环试验。

4.5　试件达到规定的冻融循环次数后,按照本规程T 0805—1994方法进行冻融后的抗压强度(R_{DC})试验。抗压试验前应称重并进行外观检查。详细记录试件表面破损、裂缝及边角缺损情况。

5　计算

半刚性材料的抗冻性指标按式(T 0858-1)、式(T 0858-2)计算。

$$BDR = \frac{R_{DC}}{R_c} \times 100 \quad (T\ 0858\text{-}1)$$

式中:BDR——经n次冻融循环后试件的抗压强度损失(%);

R_{DC}——n次冻融循环后试件的抗压强度(MPa);

R_c——对比试件的抗压强度(MPa)。

$$W_n = \frac{m_0 - m_n}{m_0} \times 100 \quad (T\ 0858\text{-}2)$$

式中:W_n——n次冻融循环后的试件质量变化率(%);

m_0——冻融循环前试件的质量(g);

m_n——n次冻融循环后试件的质量(g)。

研究单位在进行半刚性材料的抗冻性评价时,可根据需要增加冻融前后的弯拉强度变化规律研究。

6　报告

试验报告应包括以下内容:

(1)材料的颗粒组成;

(2)水泥的种类和强度等级,或石灰的等级;

(3)重型击实的最佳含水量(%)和最大干密度(g/cm^3);

(4)无机结合料类型及剂量;

(5)试件干密度(保留3位小数,g/cm^3)或压实度;

(6)吸水量以及测抗压强度时的含水量(%);

(7)非冻融条件下的抗压强度和冻融条件下的抗压强度,保留1位小数;

(8)若干个试验结果的最小值和最大值、平均值$\overline{R}_c$、标准差S、变异系数C_v和95%概率的值$R_{c0.95}$($R_{c0.95} = \overline{R}_c - 1.645S$)。

7　记录

本试验的记录格式见表T 0858-1。

无机结合料稳定材料的冻融试验记录表　　表 T 0858-1

工程名称＿＿＿＿＿＿　试件尺寸(cm)＿＿＿＿＿＿
路段范围＿＿＿＿＿＿　养生龄期(d)＿＿＿＿＿＿
混合料名称＿＿＿＿＿＿　加载速率(mm/min)＿＿＿＿＿＿
结合料剂量(%)＿＿＿＿＿＿　冻融试验周期(d)＿＿＿＿＿＿
最大干密度(g/cm³)＿＿＿＿＿＿　非冻融强度代表值(MPa)＿＿＿＿＿＿
试件压实度(%)＿＿＿＿＿＿　试验日期＿＿＿＿＿＿
试验者＿＿＿＿＿＿　校核者＿＿＿＿＿＿

试件编号	1	2	3	4	5	6	7	8	9
冻融前质量(g)									
第一次冻融后质量(g)									
第二次冻融后质量(g)									
第三次冻融后质量(g)									
第四次冻融后质量(g)									
第五次冻融后质量(g)									
无侧限抗压强度值(MPa)									

冻融后无侧限抗压强度代表值：R_{DC}=＿＿＿＿＿＿(MPa)

T 0859—2009　无机结合料稳定材料渗水试验方法

传统意义上的无机结合料稳定材料的强度较高，细料含量较多，本身非常致密，几乎不透水或者是渗水性很差。但近些年由于半刚性基层沥青路面的水损坏现象比较普遍，无机结合料半刚性基层材料的级配设计经历了一些改变，出现了透水性的半刚性基层材料。同时对密实性半刚性材料其本身的透水性能需要作出评价，以便科学分析半刚性基层沥青路面水损坏的根源。

1　适用范围

本方法适用于无机结合料稳定材料的抗渗性试验。半刚性基层材料的抗渗性测试分为两种：对孔隙较大的断级配粒料基层或排水基层，本试验用于测定其渗水系数；对孔隙较小的密实型无机结合料基层，本试验用于测定其在一定压力下的渗水性能。

2　仪器设备

2.1　渗水仪:渗水仪的底座直径100mm(可在路面材料渗水仪基础上进行改造,底座的直径改为100mm)。

2.2　水桶及大漏斗。

2.3　密封材料:如石蜡(内掺松香约2%)。

2.4　接水容器。

2.5　渗透仪:应能使水压按规定的方法稳定地作用在试件上。

2.6　螺旋加压器、烘箱、电炉。

2.7　其他:水、红墨水、粉笔、扫帚等。

3　试件制备和养护

3.1　试件采用1∶1的圆柱形试件。无机结合料稳定细粒土、中粒土、粗粒土均采用ϕ150mm×150mm的圆柱形试件。

3.2　按照本规程T 0804—1994确定无机结合料稳定材料的最佳含水量和最大干密度。

3.3　按照本规程T 0843—2009方法成型ϕ150mm×150mm的标准试件,一组试验平行成型6个试件。

3.4　按照本规程T 0845—2009标准养生方法养生。标准养生龄期为28d,也可以根据试验需要确定,但不能低于7d。

3.5　用于测定渗水性能的试件,在养生结束的最后1d不要浸水。

4　试验步骤

4.1　透水性基层

新规程中透水性基层的渗水试验方法来自于《公路工程沥青及沥青混合料试验规程》(JTJ 052—2000)的T 0730—2000"沥青混合料渗水试验",并根据半刚性基层材料的成型条件,对渗水仪的底径进行了调整。

4.1.1　在洁净的水桶内滴入几滴红墨水,使水变成淡红色。

4.1.2　试件到龄期后取出,擦干表面,用钢丝刷刷净两端面;待表面干燥后,在试件侧面滚涂一层熔化的密封材料;然后立即在螺旋加压器上压入经过烘箱或电炉预热过的试模中,使试件底面和试模底平齐。

4.1.3　在试件表面沿渗水仪底座圆圈位置抹一薄层密封材料,边涂边用手压紧,一直抹到试模壁。使密封材料嵌满试件表面混合料的缝隙,且牢固地黏结在试件上。密封料圈的内径与底座内径相同,约100mm。

4.1.4　将渗水仪底座用力压在试件密封材料圈上,再加上铁圈压重压住仪器底座。

4.1.5 用适当的垫块放在试件下，将试件垫起，试件下方放置一个接水容器。关闭渗水仪细管下方的开关，向仪器的上方筒中注入淡红色的水至满刻度，总量为600mL。

4.1.6 迅速将开关全部打开，水开始从细管下部流出，待水面下降至100mL时，立即开动秒表，每间隔60s，读记仪器管的刻度一次，水面下降至500mL时为止，并记录所需时间。测试过程中，应观察渗水的情况。正常情况下，水应该通过混合料内部空隙从试件的反面及四周渗出。如水是从底座与密封材料间渗出，说明底座与试件密封不好，应另采用干燥试件重新操作。如水面下降速度很慢，从水面下降至100mL开始，测得3min的渗水量即可停止。

4.1.7 按以上步骤对用同一种材料制作的6个试件测定渗水系数，取其平均值，作为检测结果。

4.2 密实型半刚性基层材料

密实型半刚性基层材料的渗水试验方法参照《公路工程水泥及水泥混凝土试验规程》(JTG E30—2005)中T 0569—2005“水泥混凝土渗水高度试验方法”，并根据半刚性基层材料的成型条件，对试件尺寸进行了调整。

4.2.1 试件到龄期后取出，擦干表面，用钢丝刷刷净两端面；待表面干燥后，在试件侧面滚涂一层熔化的密封材料；然后立即在螺旋加压器上压入经过烘箱或电炉预热过的试模中，使试件底面和试模底平齐。待试模变冷后，即可解除压力，装在渗透仪上进行试验。

4.2.2 渗水仪的上面加上施压装置，在试件的下方放上接水容器，水压控制恒定为0.8 MPa±0.05MPa。

4.2.3 加上水压的同时开始记录时间(精确至1min)，并观察水从试件下流出的时间。若试件透水，记录24h内流出水的量；若试件不透水，24h后停止试验，取出试件。

5 计算

透水性试验结果是以水面从100mL下降至500mL所需的时间为标准；若渗水时间过长，亦可采用3min通过的水量计算。

$$C_w = \frac{V_2 - V_1}{t_2 - t_1} \quad \text{(T 0859-1)}$$

式中：C_w——渗水系数(mL/min)；

V_1——第一次读数时的水量(mL)，通常为100mL；

V_2——第二次读数时的水量(mL)，通常为500mL；

t_1——第一次读数的时间(s)；

t_2——第二次读数的时间(s)。

6 报告

试验报告应包括以下内容：

(1)集料的颗粒组成；

(2)水泥的种类和强度等级，或石灰的有效钙和氧化镁含量(%)；

(3)重型击实的最佳含水量(%)和最大干密度(g/cm^3)；

(4)无机结合料类型及剂量；

(5)试件干密度或压实度和混合料级配类型；

(6)试验设备；

(7)材料的渗水系数。

T 0860—2009 无机结合料稳定材料抗冲刷试验方法

基层材料的冲刷及由之而产生的唧浆现象在实际工程中是明显存在的。法国和澳大利亚都进行了半刚性基层材料的抗冲刷试验。我国在1985年交通部颁布的《公路路面基层施工技术规范》中对基层材料的抗冲刷能力已开始考虑。例如，对一些抗冲刷能力比较弱的无机结合料稳定细粒土的使用范围做出限制，并规定了无机结合料稳定粒料土中细料的粒径大小及其含量。我国近些年也开展了无机结合料稳定材料的抗冲刷性能研究。

1 适用范围

本方法适用于水泥稳定类、石灰稳定类、二灰稳定类等基层材料进行抗冲刷试验。

2 仪器设备

2.1 MTS试验机或其他能够施加振动荷载的试验设备(如冲刷试验机)。

2.2 冲刷桶：装水桶，可固定在加载设备上且使固定试件不受磨损(图T 0860-1)。

2.3 橡皮垫：具有纵横和竖向连通孔隙，减少刚性压头对试件的冲击，同时模拟轮胎的泵吸作用。采用邵氏硬度80±2的橡胶垫，尺寸根据冲刷试件的大小，采用ϕ150mm×20mm和ϕ100mm×20mm，平面孔距为10mm，厚度方向的孔距为5mm，孔的直径是ϕ3mm。

2.4 电子天平：量程4 000g，感量0.01g；量程15kg，感量0.1g。

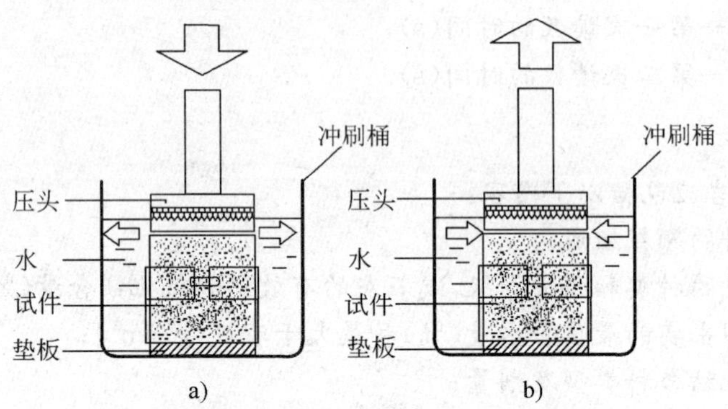

图 T 0860-1　试验中压头上下运动时水流的运动方向

2.5　试模。

2.6　脱模器。

2.7　量筒、拌和工具等。

3　试件准备

3.1　试件为圆柱形，径高比为 1∶1。在冲刷试验中，无机结合料稳定细粒土、中粒土、粗粒土均采用 ϕ150mm×150mm 的圆柱形试件。按照室内击实试验所确定的最大干密度和最佳含水量及要求的压实度，采用静力压实或振动成型法制备试件。

3.2　按照本规程 T 0804—1994 确定无机结合料稳定材料的最佳含水量和最大干密度。

3.3　按照本规程 T 0843—2009 方法成型试件。

在成型试件的过程中，混合料是否拌和均匀对试验的结果影响很大。此外，在按规定的干密度用静力压实的方法制备试件时，应注意使试模两头的压柱同时等速地压入试模，因为这样所得的试件内部压实度最稳定，冲刷试验后所得的结果也最稳定。如果两头的压柱以不同的速度压入试模，制成的试件内部压实度变化将无一定的规则，冲刷试验时所得结果的离散性会因此加大。试验结果表明，试件的压实度对冲刷量有很大的影响。

3.4　无机结合料稳定细粒土每种配比应平行成型 3 个试件，稳定中、粗粒土则应平行成型 6 个试件。

3.5　按照本规程 T 0845—2009 标准养生方法养生。

3.6　为避免冲刷试验中试件垮塌，试件需要达到一定的强度，具体的养生龄期见表 T 0860-1。

冲刷试验试件养生龄期　表 T 0860-1

材料种类	养生龄期(d)	材料种类	养生龄期(d)
水泥稳定类	28	二灰稳定类	90

试件成型后的养生方法、养生龄期对半刚性基层材料抗冲刷性能影响很大。养生时间太短，试件强度不足就容易被冲散；养生时间太长，试件的强度太高，冲刷量很小，不同类型材料的试验结果的差别太小。

3.7　试件养生结束后，将试件浸水 24h 备用。

4　试验步骤

4.1　将饱水后的试件从水中取出，拭干表面的水分，称其质量 m_0。

4.2　把准备好的试件放入冲刷桶内，用夹具将试件固定于冲刷桶的底面(为保护试件免受夹具的损伤，在试件与钢夹之间沿着径向垫上一层胶皮垫)，然后将装有试件的冲刷桶牢固地安置在试验机上。

4.3　向冲刷桶中注入清水，水面应高于试件顶面 5mm。在试件上垫上有纵横竖向孔的橡皮垫。

4.4　调整好试验机的施力状态，冲击力峰值为 0.5MPa，冲刷频率为 10Hz。

4.5　冲刷时间为 30min。

4.6　冲刷完成后，将冲刷桶从冲刷试验机底板上卸下，把桶中混浊的水连同冲刷物小心地倒入金属盆中进行沉淀。

4.7　冲刷物沉淀 12h 后，将盆中上部的清水小心地倒出，剩下的沉淀物放入烘箱中烘干，然后称其质量，得到 30min 的累计冲刷量 m_f。

在冲刷量的计算方面应注意以下几点：①经过冲刷试验后的试件除了受到冲刷作用的顶面有损失以外，试件的其他部位不应有明显的破坏，否则该次试验无效；②冲刷试验结束后的收集物中，稳定细粒土正常情况下应为细泥浆，如其中含有较大的块状物应将其取出；对于稳定中、粗粒土，若冲刷物中含有较大的石块，不将其计入冲刷物中；③在试验中应始终保持冲刷桶及试件的稳定性，若试验过程中冲刷桶或试件出现松动，则应立即停止试验，加固后方可继续试验。

5　计算

按式(T 0860-1)计算试件的冲刷质量损失。

$$P = \frac{m_f}{m_0} \times 100 \qquad (T\ 0860\text{-}1)$$

式中：P——冲刷质量损失(%)；

m_f——冲刷物质量；

m_0——试件质量。

6　结果整理

6.1　同一组试验的变异系数 C_v（%）符合下列规定，方为有效试验：细粒土、中粒土 $C_v \leqslant 10\%$；粗粒土 $C_v \leqslant 15\%$。

6.2　当试验结果满足要求时，将几个平行试件的试验结果取平均值作为最终结果。

7　报告

试验报告应包括以下内容：

(1)集料的颗粒组成；

(2)水泥的种类和强度等级，或石灰的有效钙和氧化镁含量(%)；

(3)重型击实的最佳含水量(%)和最大干密度(g/cm^3)；

(4)无机结合料类型及剂量；

(5)试件干密度或压实度，混合料级配类型；

(6)试验设备；

(7)材料的冲刷质量损失。

附件　无机结合料稳定材料配合比设计试验示例

1　原材料的试验

试料来源:昌平华创石料场。

水泥来源:普通硅酸盐 42.5 级水泥。

根据工程要求,确定的水泥稳定碎石的设计级配范围见附表 1。

水泥稳定碎石材料设计级配范围(通过率,%)　　附表 1

筛孔(mm)	31.5	26.5	19	16	13.2	9.5	4.75	2.36	1.18	0.6	0.3	0.15	0.075
上限(%)		100	86	79	72	62	45	31	22	15	10	7	5
下限(%)	100	90	75	68	61	51	35	19	11	6	3	2	0

1.1　集料筛分试验结果

将昌平华创石料场的集料在 105℃烘箱中烘干后进行筛分,所得的 10～30mm、10～20mm、5～10mm、0～5mm 档的筛分结果见附表 2。

粗集料的筛分(%)　　附表 2

工　程　名　称×××国道工程上基层　　　　混合料名称　水泥稳定碎石

石料含水量(%)　　0　　　　石 料 来 源昌平华创石料场

石　料　档　次　　10～30mm　　　　试　验　者　×××,×××

校　核　者　　×××　　　　试验日期　　×××

平行试验	总质量	26.5mm	19mm	16mm	13.2mm	9.5mm	<9.5mm
1号(g)	4 078.37	48.29	3 521.18	439.62	51.13	1.76	16.39
各档含量(%)		1.18	86.34	10.78	1.25	0.04	0.40
2号(g)	4 258.05	109.64	3 500.83	554	60.32	11.05	22.21
各档含量(%)		2.57	82.22	13.01	1.42	0.26	0.52
平均各档含量(%)		1.88	84.28	11.89	1.34	0.15	0.46
平均通过率(%)		98.12	13.84	1.95	0.61	0.46	

按照以上试验方法进行 10～20mm、5～10mm 和 0～5mm 档的筛分,试验结果见附表 3。

华创石料场的各档筛分结果（通过率，%） 附表3

筛孔 mm	31.5	26.5	19	16	13.2	9.5	4.75	2.36	1.18	0.6	0.3	0.15	0.075
10～30mm	100	98.12	13.84	1.95	0.61	0.46							
10～20mm	100	100	99.81	86.41	56.52	11.78	0.82						
5～10mm	100	100	100	100	100	95.83							
0～5mm	100	100	100	100	100	100	100	59.80	42.66	31.66	23.00	18.45	12.86

1.2 计算集料组成

通过各档筛分结果，采用电算法，计算符合要求的级配范围和组成集料的各档比例，见附表4。

目标配合比的各档通过率（%） 附表4

工 程 名 称 ×××国道工程上基层　　混 合 料 名 称 水泥稳定碎石

石料含水量（%） 0　　石 料 来 源 华创石料场

石料档次 10～30mm，10～20mm，5～10mm，0～5mm　　各档比例（%）28：20：12：40

试 验 者 ×××，×××　　校 核 者 ×××

试 验 日 期 ×××

筛孔(mm)	31.5	26.5	19	16	13.2	9.5	4.75	2.36	1.18	0.6	0.3	0.15	0.075
上限(%)		100	86	79	72	62	45	31	22	15	10	7	5
下限(%)	100	90	75	68	61	51	35	19	11	6	3	2	0
设计配比(%)	100.0	99.5	75.8	69.8	63.5	54.0	40.2	23.9	17.1	12.7	9.2	7.4	5.1

1.3 备料

为了保证试验级配的准确性，将进行试验的集料和水泥，在配料前统一烘干。设定的水泥含量为6%，设定进行击实的含水量是5%、5.5%、6%、6.5%、7%；击实试验配料单的计算结果见附表5，共配料12份，分两次配料。

击实试验配料单 附表5

工 程 名 称 ×××国道工程上基层　　混 合 料 名 称 水泥稳定碎石

石料含水量（%） 0　　石 料 来 源 华创石料场

水 泥 来 源 普通42.5级　　结合料含水量（%） 0

结合料剂量（%） 6　　试 验 者 ×××，×××

校 核 者 ×××　　试 验 日 期 ×××

类 别	档 次（mm）	比 例（%）	各档配料质量(g)
石料	10～30	28	1 540
	10～20	20	1 100
	5～10	12	660
	0～5	40	2 200
	合计		5 500

续上表

类别	档次（mm）	比例（%）	各档配料质量(g)
水泥		6	330
水		5	275
		5.50	302.5
		6	330
		6.50	357.5
		7	385

2 击实试验

根据设计的配比，进行两次平行击实试验，试验结果见附表 6～附表 9 和附图 1、附图 2。

水泥稳定碎石击实试验结果(第一组)　　附表 6

工　程　名　称×××国道工程上基层　　结合料含水量(%)　0

试　样　编　号　1号　　试　验　方　法T 0804—1994

混合料名称　水泥稳定碎石　　试　验　者×××,×××

结合料剂量(%)　6　　校　核　者　×××

集料含水量(%)　0　　试　验　日　期　×××

设定含水量(%)	5		5.50		6		6.50		7	
击实筒号	2号		1号		2号		1号		2号	
击实筒质量(g)	4 637		4 677		4 637		4 677		4 637	
击实筒体积(cm³)	2 224.74		2 224.92		2 224.74		2 224.92		2 224.74	
击实筒+料质量(g)	10 150		10 217		10 255		10 300		10 245	
湿密度(g/cm³)	2.478 0		2.490 0		2.525 2		2.527 3		2.520 7	
盒号	5号	11号	6号	3号	7号	19号	15号	17号	18号	31号
盒质量(g)	313.46	314.47	316.22	310.63	325.5	312.94	313.72	315.98	327.3	338.74
盒+湿料质量(g)	2 550.03	2 276.79	2 726.7	2 442.48	2 814.1	2 653.37	2 731.61	2 739.39	2 767.83	2 114.26
盒+干料质量(g)	2 463.88	2 191.2	2 626	2 348.34	2 698.72	2 542.08	2 607.79	2 614.9	2 632.82	2 019.52
含水量(%)	4.01	4.56	4.36	4.62	4.86	4.99	5.40	5.42	5.86	5.64
平均含水量(%)	4.28		4.49		4.93		5.41		5.75	
干密度(g/cm³)	2.376 3		2.383 0		2.406 7		2.397 7		2.383 8	

水泥稳定碎石击实试验结果汇总(第一组)　　附表 7

平均含水量(%)	4.28	4.49	4.93	5.41	5.75
干密度(g/cm^3)	2.376 3	2.383 0	2.406 7	2.397 7	2.383 8
最佳含水量(%)	4.93				
最大干密度(g/cm^3)	2.406 7				

水泥稳定碎石击实试验结果(第二组)　　附表 8

工程名称×××国道工程上基层　　结合料含水量(%) 0

试样编号 2号　　试验方法 T 0804—1994

混合料名称 水泥稳定碎石　　试验者 ×××,×××

结合料剂量(%) 6　　校核者 ×××

集料含水量(%) 0　　试验日期 ×××

设定含水量(%)	5		5.50		6		6.50		7.0	
击实筒号	1号		2号		1号		2号		1号	
击实筒质量(g)	4 677		4 637		4 677		4 637		4 677	
击实筒体积(cm^3)	2 224.92		2 224.74		2 224.92		2 224.74		2 224.92	
击实筒+料质量(g)	10 170		10 196		10 293		10 270		10 310	
湿密度(g/cm^3)	2.468 9		2.498 7		2.524 1		2.532 0		2.531 8	
盒号	20号	24号	27号	21号	26号	32号	25号	23号	22号	28号
盒质量(g)	348.6	353.44	368.87	366.06	350.51	364.52	368.81	348.95	337.7	371.07
盒+湿料质量(g)	2 719.06	2 675.16	2 617.2	2 536.9	2 720.56	2 528.57	2 929.17	2 303.61	2 870.53	2 863.66
盒+干料质量(g)	2 618.37	2 586.28	2 518.56	2 442.8	2 611.57	2 419.9	2 800.17	2 199.21	2 731.71	2 719.69
含水量(%)	4.44	3.98	4.59	4.53	4.82	5.29	5.31	5.64	5.80	6.13
平均含水量(%)	4.21		4.56		5.05		5.47		5.96	
干密度(g/cm^3)	2.369 2		2.389 7		2.402 7		2.400 6		2.389 3	

水泥稳定碎石击实试验结果汇总(第二组)　　附表 9

平均含水量(%)	4.21	4.56	5.05	5.47	5.96
干密度(g/cm^3)	2.3 692	2.3 897	2.4 027	2.4 006	2.3 893
最佳含水量(%)	5.05				
最大干密度(g/cm^3)	2.4 027				

两次重复性试验最大干密度的差不超过 0.08g/cm^3(稳定中粒土和粗粒土),最佳含水量的差不超过 0.5%(最佳含水量小于 10%)。所以取两组的平行试验结果作为击实的最佳含水量和最佳干密度。最终确定的最佳含水量为 5%;最大干密度为 2.404 7g/cm^3。

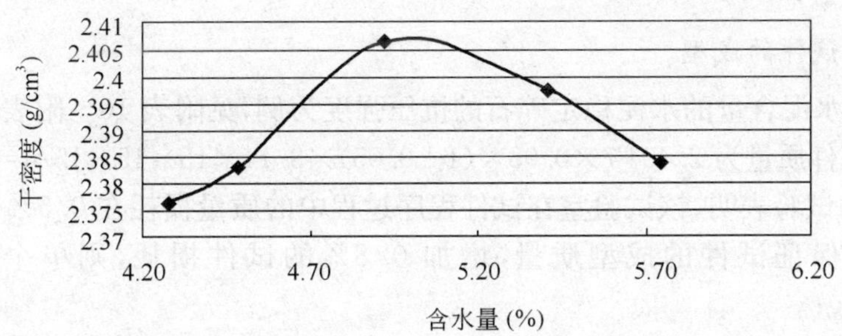

附图 1 水泥稳定碎石击实曲线(6%水泥,第一组)

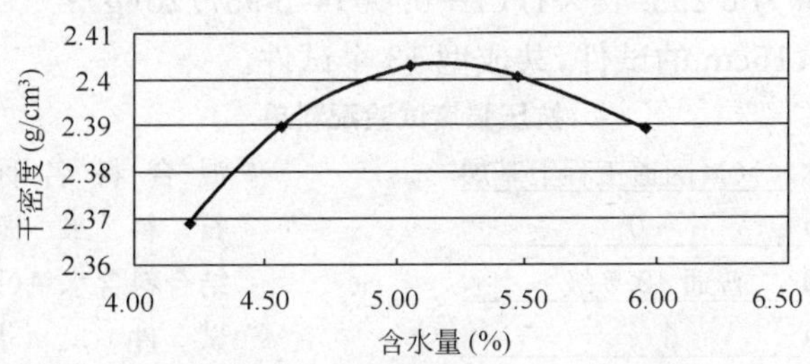

附图 2 水泥稳定碎石击实曲线(6%水泥,第二组)

3 击实报告

6%水泥剂量的击实报告包括以下内容:

(1)石料来源:华创石料场;

(2)水泥来源:普通 42.5 级;

(3)试样的最大粒径、超尺寸颗粒的百分率:0%;

(4)水泥的剂量(%):6%;

(5)所用试验方法类别:T 0804—1994 中 4.3 乙法;

(6)最大干密度(g/cm^3):2.404 7g/cm^3;

(7)最佳含水量(%):5%。

注:按以上方法进行配合比设计的其他水泥含量下的击实试验,进行最佳水泥含量的选取。

4 水泥稳定碎石的抗压强度试验

根据以上击实结果,按照 98%的压实度标准,静压法成型 ϕ15cm×15cm 的圆柱形试件,在 20℃±1℃,98%湿度的环境下养生 6d,再饱水 24h,测量试件的无侧限抗压强度。

4.1 试件的成型

以6%水泥含量的水泥稳定碎石的抗压强度为例，见附表10～附表13。

单个试件质量为2.404 7×0.98×(1+0.05)×3.14×15×15×15/4=6 556(g)。

大量的试验表明，该试验室在试件程序过程中的质量损耗在0.5%～1%的范围内，为了保证试件的成型质量，增加0.8%的试件损耗，则单个试件质量为6 608.16g；

干料的总质量为6 608.16/(1+0.05)=6 293.48(g)；

则水泥的质量为6 293.48×0.06/(1+0.06)=356.24(g)；

集料的总质量为6 293.48×1/(1+0.06)=5 937.25(g)；

采用ϕ15cm×15cm的试件，共成型13个试件。

抗压强度试验配料单 附表10

工程名称 ×××国道工程上基层	混合料名称 水泥稳定碎石
石料含水量(%) 0	石料来源 华创石料场
水泥来源 普通42.5级	结合料含水量(%) 0
结合料剂量(%) 6	试件尺寸 ϕ15cm×15cm
试验者 ×××，×××	校核者 ×××
试验日期 ×××	

类别	档次(mm)	比例(%)	各档配料质量(g)
石料	10～30	28	1 662.43
	10～20	20	1 187.45
	5～10	12	712.47
	0～5	40	2 374.90
	合计	100	5 937.25
水泥		6	356.24
水		5	314.67
试件质量			6 608.16

5 无侧限抗压强度试验报告

(1)石料的来源：昌平华创石料场；

(2)材料的颗粒组成：10～30mm∶10～20mm∶5～10mm∶0～5mm=28∶20∶12∶40；

附表 11

无侧限抗压强度试件成型表

工程名称 ×××国道工程上基层　　混合料名称 水泥稳定碎石　　结合料剂量(%) 6

石料来源 华创石料场　　水泥来源 普通 42.5 级　　最佳含水量(%) 5.0

最大干密度(g/cm^2) 2.404 7　　试件尺寸 ϕ15cm×15cm　　试验方法 T 0843—2009

试验者 ×××,×××　　校核者 ×××　　试验日期 ×××

编号	高度 (cm)			平均高度 (cm)	直径 (cm)			平均直径 (cm)	质量 (g)	体积 (cm^3)	成型湿密度 (g/cm^3)	成型理论干密度 (g/cm^3)	压实度 (%)
1	15.02	15	15.02	15.01	15.04	15.04	15.04	15.04	6 567.6	2 665.89	2.4 633	2.3 460	97.58
2	15.00	15.04	14.97	15.00	15.04	15.03	15.03	15.03	6 567.3	2 661.75	2.4 672	2.3 497	97.73
3	14.94	14.96	14.95	14.95	15.06	15.06	15.07	15.06	6 562.8	2 662.89	2.4 642	2.3 469	97.61
4	15.03	15.04	15.03	15.03	15.05	15.05	15.05	15.05	6 563.9	2 672.99	2.4 553	2.3 384	97.26
5	15.01	14.96	14.98	14.98	15.04	15.03	15.04	15.04	6 555.2	2 659.39	2.4 649	2.3 475	97.64
6	15.00	14.99	15.00	15.00	15.02	15.03	15.02	15.02	6 555.4	2 657.03	2.4 670	2.3 496	97.72
7	15.03	15.05	15.04	15.04	15.04	15.03	15.04	15.04	6 565.9	2 669.44	2.4 593	2.3 422	97.42
8	15.01	14.98	14.99	14.99	15.04	15.07	15.03	15.05	6 564.9	2 664.70	2.4 633	2.3 460	97.58
9	15.05	15.07	15.07	15.06	15.03	15.02	15.01	15.02	6 532.5	2 667.66	2.4 486	2.3 320	96.99
10	15.14	15.16	15.15	15.15	15.02	15.01	15.02	15.02	6 559.3	2 681.82	2.4 457	2.3 293	96.88
11	15.03	15.06	15.03	15.04	15.01	15.03	15.04	15.03	6 564.4	2 665.89	2.4 622	2.3 450	97.53
12	14.99	15.01	15.02	15.01	15.06	15.03	15.03	15.04	6 573.1	2 664.71	2.4 667	2.3 492	97.71
13	15.06	15.05	15.02	15.04	15.02	15.02	15.03	15.02	6 571.1	2 665.30	2.4 654	2.3 480	97.66
平均				15.02				15.04	6 561.8	2 666.11	2.4 610	2.3 438	97.48

结论:大试件的高度误差范围应为−0.1～0.3mm 之间,大试件应不超过 15g,以上试件均满足成型要求。

无侧限抗压强度试验记录表 附表 12

工程名称×××国道工程上基层　混 合 料 名 称水泥稳定碎石　养 生 龄 期 7d　石料来源 华创石料场

水泥来源 普通 42.5 级　加载速度(mm/min) 1　结合料剂量(%) 6　试件尺寸 ϕ15cm×15cm

压实度(%) 98　最大干密度(g/cm³) 2.404 7　试验者×××,×××　校核者×××　试验日期 ×××

编号	1		2		3		4		5		6	
养生前试件的高度(cm)	15.01		15.00		14.95		15.03		14.98		15.00	
养生前试件质量(g)	6 567.6		6 567.3		6 562.8		6 563.9		6 555.2		6 555.4	
浸水前试件质量(g)	6 570.2		6 566.7		6 562.3		6 563.3		6 557.1		6 554.7	
浸水后试件质量(g)	6 609.9		6 604.8		6 598.9		6 597.2		6 593.6		6 592.6	
浸水后试件高度(mm)	14.93		14.98		14.92		14.96		14.93		14.98	
养生期间质量损失(g)	−2.6		0.6		0.5		0.6		−1.9		0.7	
吸水量(g)	39.7		38.1		36.6		33.9		36.5		37.9	
增加含水量(%)	0.60		0.58		0.56		0.52		0.56		0.58	
压力环读数	180		200		175		200		206		211	
压力(N)	76 528.6		84 988.6		74 413.6		84 988.6		87 526.6		89 641.6	
压强(MPa)	4.33		4.81		4.21		4.81		4.96		5.08	
盒号	25	13	14	15	10	5	26	1	12	17	4	2
盒质量(g)	130.02	275.87	117.96	114.8	111	112.81	285.32	109.54	120.01	112.12	126.72	119.02
盒+湿料质量(g)	1 451.24	1 507.24	1 487.85	1 517.79	1 513.07	1 344.15	1 640.84	1 355.4	1 340.54	1 301.04	1 253.7	1 275.83
盒+干料质量(g)	1 386.22	1 446.11	1 425.68	1 455.48	1 448.7	1 287.38	1 579.77	1 298.05	1 283.44	1 249.07	1 207.89	1 223.63
含水量(%)	5.18	5.22	4.75	4.65	4.81	4.83	4.72	4.83	4.91	4.57	4.24	4.73
平均含水量(%)	5.20		4.70		4.82		4.77		4.74		4.48	
压力环型号(t)	10		10		10		10		10		10	

注：本表中列出了该次试验的 1～6 号试验结果，其余结果与表中类似。

无侧限抗压强度结果汇总 附表 13

试验编号	1	2	3	4	5	6	7	8	9	10	11	12
抗压强度(MPa)	4.33	4.81	4.21	4.81	4.96	5.08	4.21	5.08	4.09	3.87	5.01	4.41
抗压强度平均值(MPa)	4.6		变异系数(%)		9.38	代表值(MPa)	3.9					

结论：大试件 C_v≤15%，本次强度试验结果满足平行精度要求。

(3)水泥的种类:普通 42.5 级水泥;

(4)最佳含水量的结合料用量:6%;

(5)最佳含水量:5%;最大干密度:2.404 7g/cm^3;

(6)试件干密度(保留 3 位小数,g/cm^3)或压实度:97.48%;

(7)吸水量以及测抗压强度时的含水量:4.76%;

(8)抗压强度,保留 1 位小数:4.6MPa;

(9)若干个试验结果的最小值:3.87MPa;最大值:5.08MPa;平均值 $\overline{R}_c$:4.6MPa;标准差 S :0.43;变异系数 C_v :9.38%;95%保证率的值$R_{c0.95}$:3.9MPa。